U0468736

"小学语文十大青年名师"丛书编委会

顾　　问　杨再隋　周一贯
总 主 编　杨永建
主　　编　杨　伟
编　　委　杨永建　杨　伟　郭艳红　郝　波
　　　　　宋园弟　郝　帅　杨壮琴　田　晟
　　　　　刘　妍

小学语文十大青年名师

总主编 杨永建
主编 杨伟

汤瑾『慧教』思趣语文

汤瑾 著

山东城市出版传媒集团·济南出版社

图书在版编目(CIP)数据

汤瑾"慧教"思趣语文/汤瑾著.—济南:济南出版社,2022.6
ISBN 978-7-5488-5149-3

Ⅰ.①汤… Ⅱ.①汤… Ⅲ.①语文课—教学研究—中小学 Ⅳ.①G633.302

中国版本图书馆 CIP 数据核字(2022)第 089386 号

汤瑾"慧教"思趣语文
汤 瑾 著

出 版 人	田俊林
责任编辑	张慧泉　梁广堂
封面设计	李 一　刘 畅
出版发行	济南出版社
地　　址	济南市二环南路1号
印　　刷	济南新科印务有限公司
版　　次	2022年7月第1版
印　　次	2022年7月第1次印刷
开　　本	170mm×240mm　16开
印　　张	19.25
字　　数	265千字
定　　价	58.00元

济南版图书,如有印装质量问题,请与出版社出版部联系调换。
电话:0531-86131736

序·"语文"代有才人出

周一贯

我自15虚岁以绍兴越光中学初一学生的身份参军入伍，就与语文教学结缘：在部队当文化教员，为干部战士扫除文盲，深感贫苦农民子弟对识字学文的强烈心愿。我才明白原来学语习文对生命成长是如此重要，也因此种下了我对语文教学深情厚爱的种子，乃至在转业地方时，我只要求当一名农村小学语文教师。由此一直干到八十七岁，从事语文教学事业整整七十二年。

在我从事语文教育的生涯里，一直有着名师的榜样引领和精神鼓舞，才令我得以将语文教育奉为终生的事业而乐此不疲。

绍兴是"名士之乡"，自然也是"名师之乡"，因为名士的背后少不了名师的引领。记得我上小学三年级时，我的二姐和三哥都已上初中。假期归来，他们张口闭口说的都是《爱的教育》，出于好奇，我也开始读他们带回来的《爱的教育》，才知道翻译这本书的还是我们绍兴的一位语文老师夏丏尊。于是，又进一步知道他是哥哥姐姐们当时常念叨的上虞春晖中学的老师。他应当是令我心动的第一位名师。

在转业地方后，我也当上了语文教师，最感兴趣的是春晖中学语文名师团队。除夏丏尊之外，朱自清、范寿康、蔡冠洛……都令我十分关注，由衷钦佩。

改革开放以后，百业俱兴，教育事业也乘风破浪，一日千里。我不仅与我特别关注并深受感召的名师王有声、霍懋征、斯霞、袁瑢、丁有宽等见过面，还有过深深的交谈，他们自然对我感召有加，成为我心中的楷模。

在面向新世纪的那些岁月里，我与诸多语文名师，如靳家彦、于永正、贾志敏、支玉恒、徐鹄、孙双金、窦桂梅、王崧舟等自然有了更为深入的交往，他们的专业成就也同时内化为我的生命力量。

我国小语界名师队伍的俊彦迭起，名流荟萃，令我方落数笔，已觉烟霞满目，神驰意飞……

名师队伍得以不断发展壮大，最关键的在于有强健的内在"机制"。"机制"是什么？第一，其本义应当指机器的构造和动作原理（《辞海》），但现在已有了十分广泛的引申，可以泛指所有内在的工作方式和相互关系。"名师培育"这一事关提升教育质量、事关立德树人关键举措的伟业，其内在机制，首要的当然是教育行政部门的引领和扶掖。第二，当是研修平台的搭建和展示，诸如课堂教学评优、教育论著评选、专业能力评审等，都是名师进阶不可或缺的平台。第三，它更要教育传媒的提携和播扬。在这方面，《小学语文教学》编辑部做得可谓有理有据，有声有色。《小学语文教学》曾经是我国小语会的会刊，一直为国家小语事业的改革开放尽心尽力。现在一样为全国小语界的繁荣发展而殚精竭虑。如《小学语文教学》与《小学教学设计》杂志社已联合为"全国十大青年名师"的遴选举办了六届，推选出了60位全国各地的优秀语文青年名师。2019年联合济南出版社，出版了"十大青年名师"丛书（第1辑），有徐俊、杨修宝、李斌、鱼利明、王林波、许嫣娜、史春妍、孙世梅、张学伟、彭才华等十位名师的专著问世，社会反响十分热烈。因此，2022年又将出版李文、李虹、李祖文、赵昭、张龙、陈德兵、汤瑾、顾文艳、付雪莲、徐颖等十位老师的十部论著。

当然，在价值多元时代，教师专业发展的高度正在被不断解构，记录被不断刷新，因此，名师也在不断发展之中。"与时俱进"应该是名师们共有的生命信念。我们都会时刻警惕：切忌对未来展望的可怕短视，对已有成就的自我高估和对现实问题的视而不见。这是语文名师的大忌，也是我们所有语文教师的大忌。

在人类崇高且富有审美情趣的语言化生存中，我们正在构筑的是一道美丽的生命风景。我们应当为此而欢呼。

语文代有才人出，共襄伟业万年春！情动笔随，书写到此，该画上句号了。恭以为序。

2022年6月11日于越中容膝斋

有思有趣是语文

高子阳

我把喜欢的名言进行排序，排第一位的是法国著名哲学家、诗人巴什拉的："一棵树远不止是一棵树。"二三十年来，当写不出来东西，课上得不如意时，就冒出这句话。这句名言改变了我。

我算是老教师了，工作三十多年来，听课数量远不及大教育家佐藤学的10000节，算来算去，大概听了三四千节课吧。不过，许许多多的课被我彻彻底底忘记了。为什么？因为很多课记不住呀。那些经过反反复复打磨、试上过N遍的，一会儿响起音乐、一会儿眼泪汪汪、一会儿影片呈现、一会儿掌声雷动又蹦又跳的语文，不给我任何思考的空间，把我的头脑弄得满满的，所以记不得。换言之，那些课就是那些课！

什么样的课能让人记住？课备得有思考！课教得有思考！课中的学生也在思考！是有时间思考，是慢慢的思考！课应该给予听课老师思考的空间！

这么多年来，全国著名特级教师汤瑾展示出来的课，有很多了，虽未全读，但所看到的课都具备这些特质。她以"思趣语文"成书，就可证明她的课有"思"。什么样的语文课能让学生有所改变？什么样的课能给予师生共同的成长？以"思"行走，才是正道。

有一年，汤老师约请我去杭州给学生上一节作文课。课上完，汤老师告诉我，这所学校不远处就是钱塘江。小时候，我学过钱塘江大潮的课文，现在教统编小学语文教科书，这篇老课文还在。由于我所知道的钱塘江及大潮都是文字版的，所以教这类课文，我一直是害怕的，因为我没有去过这些地方。即使我去过的，用我的观察验证了此类课文的任何描述，也只是作者眼中的、心中的，不可能是全部的。所以，我一直以不要完全相信课文来教此类文章，并建议学生有机会看到这一处处景后也写写，即把他们眼中的景写下来与作者比一比。我将这样的作文任务称为"长线作文"。

汤老师这么一说，我真有想看钱塘江的念头了。汤老师说："为了弥补高老师人生的一大空白，今天，就让你看看真正的钱塘江。不过，很遗憾，现在不是看大潮的时候。以后大潮时再约你来。"

从那之后，每年如期而至的钱塘江大潮来了几次，她没有约我。为什么？因为她的时间都用来思考语文了，早已经忘却了那份承诺。

那天傍晚，我们走在钱塘江边上，江水很浅，不管远看、近看，还是看水、看岸、看景色、看来往的行人，都与课文中的那些壮观描述无关。当然，这一切都不重要了，因为我不是去看钱塘江那个景的，而是走在钱塘江边上听身边的汤老师说语文的、说语文教育教学的。一位老师对语文教育教学有没有兴趣，学生是否喜欢其课，从茶余饭后、消遣养生之时还聊不聊语文教学就知道了。时时谈，天天谈，才有"语文远不止是语文"的大趣。老师对语文教学有了趣，才能真正地站在课堂的中央，让一节又一节课有趣，学生才能在老师的感染下，把深藏的语文之趣拿出来，向上向上。读这本书，读汤老师其他的书，汤老师对语文教学的"趣"太浓了。

有思有趣大语文，"思趣"同行是语文。

这几年，我至亲家中的孩子都已经大学毕业了，所以很少关注高考分数了。读汤老师的思趣语文让我做了一个搜索：搜一搜近十年我国各省的高考本科、专科录取分数线，不比不知道，一比真的吓一大跳！十年间，各省的本科高考文理分数线，按总分数的及格线来看，85%以上的省本科分数线没有达到及格。而全国本科录取率至2020年不到48%。全国各省的专科分数线都在100-220分之间，6科750分的试卷，每门平均17—40分之间！这是什么样的分数？2020年，上海某区传出一张中考语数外的分数段，外语、数学的优秀率远远高于语文。语文优秀率千分之四都不到！资料显示，全国各省只有60%左右的初中生可以读普通高中。如果全体初中生都上了高中参加了高考，本专科录取分数是多少？真的不敢想象。这让我想起了二十世纪末的全国语文教育大讨论。想起了1978年，语言学界泰斗吕叔湘先生在《人民日报》著文评论说："十年的时间，2700多课时，用来学习本国语文，却是大多数不过关，岂非咄咄怪事！"想起了1995年，语文界第二代掌门人张志公先生说："中国人学自己的语文甚至比学外语还要难，这是说不过去的事！我们这些搞语文的人是要承担责任的。"

2021年，是新课程改革20周年。这20年，语文教育教学质量如何呢？看来问题还是不少。原因的确很多，但从当下的语文课来看，与课堂较少思考有关，与学生从小学一年级开始对语文就没了兴趣有关。而没有思考的课堂，从学生2000多节语文课主动的发问次数可以看出。这些年，全国各地名师课堂太多太多了。在这些课堂中，老师提多少问题，一数便知，学生提几个问题，同样是一数便知。说99%以上的名师公开课上，学生一个问题都没有问老师，你会反对吗？名师公开课上学生几乎不提问，平时的语文课堂又有多少提问者？答案不言而喻！学生都不主动提问，还会有多少思考？这些年，中小学作文教学质量如何？高考作文有个明确的要求是"不套作"，就可以看出问题多严重了。套作是典型的、没有创造性思考的表现。

读汤老师的"思趣语文"有很多话要说，因为这一著作给予我深入思考语文的灵感。感谢汤老师！

有思有趣的语文，是语文！抓住"思趣"两字，坚持用这两字之思想上语文课，学生有福。

目 录

教学主张

2 绘本,开启习作新思路

8 绘本在统编教材习作中的实践运用

16 支架,在低段写话教学中的运用
　　——以统编教材二年级写话教学为例

23 写话教学:"为何写"与"如何写"
　　——以统编教材为例

32 基于教材,有效开发低段写话资源

37 童本取向　思趣写作
　　——基于统编教材的教学实践

46 小学高段习作教学的价值追求及策略探究

56 低段口语交际教学实施路径

62 小学口语交际教学的误区透视及应对策略

68 触点·落点·增点:推进功能型口语交际教学

77 在中段文言文教学中发展学生思维力

85　指向表达运用　落实单元整组教学
　　——三年级下册习作单元教学实施
91　实践语文要素　整合多元指向
　　——以统编教材四年级下册《母鸡》为例
97　将《中小学学生阅读指导目录》有机融入统编教材教学

教学实录

104　让学生有好故事可以说
　　——二年级上册《看图讲故事》教学实录与点评
114　藏在"表情"背后的故事
　　——二年级上册《看图写话》教学实录与点评
123　爱它，总有千万种理由
　　——二年级下册《我想养……》教学实录与点评
133　用一种好玩的方式
　　——三年级下册习作《说说我自己》教学实录与点评
147　换个角度看世界，会不会更有趣？
　　——三年级下册《这样想象真有趣》教学实录与点评
159　立根原在"语言"中
　　——三年级上册《父亲、树林和鸟》教学实录与点评
174　基于语境的"真"交际
　　——五年级上册《父母之爱》教学实录与点评
188　一片繁星入梦来
　　——四年级下册《短诗三首》教学实录与点评
202　柳暗花明又一村："思趣"课堂下的思维漫画
　　——五年级下册《漫画的启示》教学实录与点评

教学设计

214 乘着绘本的翅膀飞翔
　　——六年级上册习作《变形记》教学设计

220 巧设游戏　交际互动
　　——一年级上册《我们做朋友》教学设计

226 趣运南瓜　巧学表达
　　——一年级上册《小兔运南瓜》教学设计

232 由题目入手　展想象之翼
　　——三年级下册《奇妙的想象》教学设计

238 走进颠倒的想象世界
　　——三年级下册《这样想象真有趣》教学设计

243 思·辨：选择决定人生
　　——三年级下册《池子与河流》教学设计

249 倾听心跳的声音　表达真实的感受
　　——四年级上册《我的心儿怦怦跳》教学设计

教育随感

256 "负重的骆驼"何以远行

260 安顿教育的心灵

263 品师者风范　悟为师之道
　　——重读《论语》有感

267 要有光

269 一念执着

名师评说

272 好一朵木槿花
　　——我眼中的汤瑾老师 / 郭湘辉
279 来自理想的支持 / 褚清源

成长故事

284 芬芳往事
287 奔跑吧，姐妹
290 岁月花开
293 特别的"公开课"
295 做有"度"之师

教学主张

绘本，开启习作新思路
绘本在统编教材习作中的实践运用
支架，在低段写话教学中的运用
写话教学："为何写"与"如何写"
基于教材，有效开发低段写话资源
……

绘本，开启习作新思路

新型的课程结构必然要求我们的习作教学拓宽教学渠道，开发、引入更为丰富的教学资源。以绘本为载体，从课程视角巧妙地让绘本与写作融合，文学与生活链接，给我们原本单一枯燥的写作课堂带去美妙而清新的风。

利用绘本指向写作不是简单的句式表达训练，也不是更为高级的看图写话。"绘本习作"充分发掘并运用绘本这一宝库，结合课程标准学段目标、教材文本以及学情，辅以精心设计、巧妙引导，激发表达的欲望，引导学生发现写作的奥妙，让富有灵气、真情的文章自然而然地在学生们的笔下成就。

一、"绘本习作"的价值考量

（一）激发言说欲望

绘本多以童年为母题，爱、顽童、自然、真、善、美都是它要表达的主题。绘本符合儿童的生活经验，与儿童生活息息相关，充溢想象之力，表达儿童之语。

众所周知，绘本一般通过图文合奏讲述故事。绘本图画符合儿童的视觉特征，丰富情感，激发想象，能唤醒学生表达的欲望。不同的绘本有着自身的特色，语言风格多样：或优美生动，富于诗意；或幽默诙谐，值得玩味；或思辨深刻，颇有张力。绘本不拘一格的语言特色、表达方法值得学生们学习、借鉴。

绘本的介入让学生陶醉于缤纷的画面，震撼于跌宕的情节，痴迷于精彩的对白，感动于动人的情怀……他们津津乐道、回味悠长。让绘本和习作教学牵手，激情萌趣，唤醒学生的习作热情，触发学生的习作灵感，让学生入境入情，情动而辞发。

(二) 丰富习作素材

我们经常说："巧妇难为无米之炊。"我以为，这个"米"一方面是阅读的积累，另一方面是生活的体验。绘本习作能很好地解决这两个方面的问题。

首先，绘本习作很好地完成了从阅读到习作的过程。学生阅读绘本的过程就是开拓思路、联想与想象的过程；就是潜移默化地增强语感，学习和提高语言表达能力的过程。阅读《逃家小兔》，学生们流连于小兔子和兔子妈妈之间富于趣味的奇妙对话，体验了一场在想象中展开的欢快而又奇特的追逐游戏。阅读体验、朗读感悟、句式训练、模仿表达，不知不觉中，学生们发现了绘本在语言表达上的特点，体会到语言的味道。他们展开想象，尽情写下所感所悟，畅快表达。就这样，阅读与发现，阅读与想象，阅读与表达巧妙地融为一体。

其次，绘本拓展了学生们的生活面。绘本关注生活、情感、态度、心理，涉及生命、为人、处世等各个方面，种类繁多，内容丰富。教师把绘本带进课堂，为学生打开了一扇扇窗，让他们看到了更为广阔的世界。《大卫，不可以》中有学生们生活中的影子，《花婆婆》会让他们想到慈爱、睿智的长者，《我有友情要出租》让他们找到了各自的友情密码……真实丰富的生活，新鲜灵动的语言，绘本润泽着心灵，更唤醒了学生们的生活体验，为他们提供了源源不断的习作素材。

(三) 提供技法借鉴

正如苏霍姆林斯基所言："如果孩子的智力生活仅仅局限于教科书，如果他做完功课觉得任务已经完成，那么他是不可能有自己特别爱好的学科的，那些除了教科书什么也不阅读的学生,他们在课堂上掌握的知识就非常肤浅。"毋庸置疑,绘本也是文学创作。一切写作技法都可以被我们从中发现、学习和借鉴。结构的设置、情节的铺展、人物的刻画、环境的渲染等写作技巧都可以在绘本中找到。教师巧妙地分类整合、增添删减,精心设计,都能很好地将这些技巧为习作教学所用。比如,《亲爱的小鱼》《红点点绿点点》都是学生喜欢和接受的诗性文本。教学中将其进行整合设计,变为童诗,设计一节"读绘本写童诗"的习作教学,会让学生在兴致盎然中潜移默化地得到熏染,让诗意的语言从学生心头自然流淌。

(四)放飞习作之翼

绘本是一片可以尽情创造的自由天地。绘本习作可操作的空间极为广阔。文本的留白处可让学生自由想象,畅快表达,如《母鸡萝丝去散步》中暗藏着另外一个故事;文本的生疑处可让学生大胆猜想,自主表达,如《淘气小子乖乖女》,每一种猜想都烙着儿童自身的生活经验;文本的延展处可让学生联系生活,衍生故事,如《长大当个好爷爷》让孩子有描写自己的爷爷、表达真情实感的冲动……

《小鼹鼠的土豆》讲述了一个寻找与失去的故事,它由四个小故事组成。当读到小鼹鼠失去自己视为珍宝的土豆时,学生们的眼中泪光闪闪。我乘机让他们来设计结尾。此时,学生们情动而辞发,写出了颇具创意的文字和最真挚的感悟。记得有学生在结尾处这样写道:"拥有时,请珍惜;失去时,勿灰心。也许,阳光就在转角处……"

二、"绘本习作"的操作策略

(一)教学内容选真撷趣

面对浩如烟海的绘本,教师要有一双慧眼,在大量的阅读过程中做科学的筛选,选择适合学情的、有表达特色的绘本,并进行有效的开发、智慧的设计、独特的创造，使之成为适切的儿童习作教学内容。

阅读了不少绘本，我感觉它们都有一种直指心灵的温暖与美好。似乎大部分绘本都逃不开"爱"的主题。读《猜猜我有多爱你》，你会被那温馨浪漫的爱的语言打动。兔宝宝说："我爱你一直到月亮那里。"兔妈妈说："我爱你一直到月亮那里，再从月亮上回到这里来。"多么唯美而诗意的表达！这样的情节怎么能不勾起孩子美好的回忆？它通过语言的描写让母亲的形象立体而丰满起来。其实，以此为例，教师不仅可以让学生学习刻画人物语言的方法，还可以通过其他的细节，如动作、神态的描写让人物更加立体丰满，深入人心。

《爷爷一定有办法》讲述爷爷如何给旧的东西赋予新的生命与用途。正是"爷爷一次又一次地有办法"，让约瑟的心里种下"爱物惜物"的情怀，将由旧变新的秘密写成一个故事，一个可以永久流传的故事。而这本绘本最奇妙的地方在于，除了约瑟一家，地板下面还生活着老鼠一大家子，他们用爷爷剩下的布料，过得滋润无比。读完这个故事，老师可以让学生们放飞想象，写写老鼠一大家子的故事。

（二）表达方法巧借妙展

讲述父子亲情的书籍多如牛毛，但很少有像《我爸爸》这样的角度和方式，真正撼动心灵地描绘了孩子对于父亲的热爱和崇拜。这个绘本的语言也很了不起！

作者把天马行空的想象与爸爸的特质巧妙链接。吃得多的爸爸是河马，温柔可爱的爸爸是泰迪熊，游泳技术高超的爸爸是飞鱼……他可以变身杂技演员，走高高的晒衣绳；可以变成舞蹈家，跳起韵味十足的探戈；可以一跃而起，跨越月亮，与繁星共舞……让学生在想象的世界自由驰骋，他也能拥有可爱而非凡的创造力。当然，比喻、夸张、排比的句式表达则会让丰富的想象真正落地生根。

在执教绘本习作《走进心灵倾听心语》时，我从《鸭子骑车记》这一绘本入手，带着学生一起跟随一只鸭子骑上了一辆自行车，一路上，透过农场里动物们不同的心理活动描写感受他们内心的波澜。在这个绘本中，入木三分的心理活动描写让鲜活的形象跃然纸上。在做习作教学设计时，我一方面直接借鉴文本内容，引导学生学习直接心理活动描写；另一方面，我依据绘本中的图画引导学生进行观察，学习通过神态、动作的刻画来表现人物心理；与此同时，我通过嫁接、示范，指导学生写人物的内心独白。也就是说，借助这一绘本我进行了充分的拓展，让学生学习、运用了三种不同的心理活动描写方法。

"授之以鱼不如授之以渔"，表达方法的巧借妙展潜移默化地提高了学生的写作技能，促使习作水平呈螺旋式上升。

（三）习作指导润物无声

儿童诗作家金波认为："儿童不应当远离诗。"北师大版五年级下册教材明确提出了学写童诗的习作要求：让学生用儿童诗的形式来写一写生活或有情趣的事物。如何落实指导呢？面对书中仅有的几首童诗的范例，老师们似乎陷入了盲区。

于是，我将《红点点绿点点》《亲爱的小鱼》这两个诗性绘本进行了整合。以《红点点绿点点》为素材，指导学生从"生活、畅想、真情"这三个维度来进行童诗创作。随后，引入《亲爱的小鱼》来印证这样的创作方法，并以此为话题，进行了下水文的创作，再引导学生联系自身，寻找自己生活中"亲爱的小鱼"进行童诗创作。在此教学案例中，你会看到儿童诗教学不是刻意地、直接地教学生如何写诗，而是在阅读、赏析、品味、联想、评议的过程中悄然地渗透，了无痕迹地指导与点拨，让学生在感知、体验、实践中自己去领悟。由此可见，绘本习作是教材的有机补充，是生活的文学拓展。

（四）习作实践彰显个性

语文新课标指出："为学生的自主写作提供有利条件和广阔空间，减少学生写作的束缚，鼓励自由表达和创意表达，鼓励写想象中的事物。"绘本习作为创意表达提供了广阔的空间。

不少绘本都有一个开放式的结尾，这就给创意写作提供了极好的契机，学生们可以尽情地自由创编。《我有友情要出租》让学生续写故事："大猩猩会遇到谁呢？他能交到新的朋友吗？又会发生怎样的故事呢？"实践中，我发现学生们都有属于自己的独特的故事。那从心底流淌出来的故事，是令人期待的；那从心里释放出来的语言，是令人欢愉的。

无字绘本让学生在写作中充分彰显个性。波兰无字绘本《MAMOKO》，整本书没有一个字，就是为孩子自由编故事而创作的。孩子们可以选一个自己喜欢的人物，在每幅图里任意发挥想象，编一个属于自己的故事。100个孩子可以编100个故事，是不是很神奇？不仅如此，就算是同一个孩子，下次看到还可以编另外的故事，实在是太有趣了！你要相信，孩子们不但爱编，而且会编。

在教学实践中，我们欣喜地看到，将绘本与习作巧妙融合，激发学生的习作兴趣，聚焦习作的精准知识，涵养了底气，渗透了方法，学生在安静的阅读和快乐的写作中展现了美好的成长。

我想，绘本研究不应止于阅读教学抑或是低段的写作表达，中高段绘本习作研究是一块待开垦的沃土。绘本习作应当成为小学语文习作教学的一种新的有效路径。可以将其作为课程来开发，让它成为一种全新的语文课程样态，开启另一扇儿童文学应用之窗。

绘本在统编教材习作中的实践运用

绘本资源进入语文课程视野，不仅仅具有阅读价值，也不仅仅是滞留于"读写结合"这个层面。实践证明，绘本完全可以突破"仅作为阅读的资源"或者"仅作为读写结合的资源"这些观念的局限，突破仅用于低段写话的局限。绘本与统编教材习作牵手，为教材提供行之有效的习作支架，能极大激发学生的言语动机，为教材习作教学打开一扇明亮的窗。

一、聚焦：教材习作的核心目标

统编教材习作，在单元篇章页就对整个单元的习作提出了明确的要求。通过研读分析，就能聚焦到比较清晰的习作教学目标上来。笔者以统编本三年级教材上册为例，归纳出本册教材的习作要求及目标。详见下面表格。

习作内容	习作要求	习作目标
猜猜他是谁	写出一两点让你印象深刻的地方	抓住人物的独特之处
写日记	了解日记的格式，学写日记	写真实的生活及感受
我来编童话	展开想象写童话	根据时间、地点、人物，想象故事的情节
续编故事	根据故事情节展开想象续编故事	根据故事情节展开想象续编故事

（续表）

习作内容	习作要求	习作目标
我们眼中的缤纷世界	仔细观察事物，把观察到的写下来	运用多种观察方法把事物（场景）写清楚
这儿真美	运用学到的方法，围绕一个意思写身边的美景	围绕一个意思写
我有一个想法	关注生活中的现象或问题，把现象和想法写清楚	把现象和想法写清楚
那次玩得真高兴	写出玩的过程，表达自己当时快乐的心情	写一件简单的事，把过程写清楚

由此可见，教师读懂才能把握教材的习作价值，并在此基础上聚焦核心目标，梳理出课堂教学的具体目标，有效实施教学，提高习作课堂教学的效率。例如，三上七单元习作，要求关注生活中的现象或问题，把现象和想法写清楚。在实际教学时，教师可以聚焦到更为明晰、细致的教学目标上来。可以确定如下两个目标：一是根据生活中的现象和事件自由发表自己的想法；二是能用说观点、摆理由、提建议的方法把想法说清楚。基于这样的目标定位，课堂教学设计就有了明确的方向。因此，就可以这样设计：创设一个话题情境，抛出一个热点话题，引发学生广泛讨论。出示范文，提供嵌入习作知识的支架，让学生有模仿的凭借。学生根据生活中的各种现象和各类事情发表自己的想法，将学到的表达方法进行迁移运用。

聚焦教材习作中的关键目标，习作选材和习作指导就不再是"无源之水，无本之木"。习作的方向明确了，教师便有了更多的富有创意的设计空间，习作教学的质量和效率便会显著提升。

二、看见：绘本中的习作因子

在"绘本习作"的实践探索中，我们已然将绘本资源运用到中高段的习作教学当中，在绘本价值的深度发掘中努力探寻或创生习作因子。

（一）文本适切统整

在"绘本习作"中，对绘本的阅读只是一个发端。读绘本不是目的，而是通过阅读绘本激发兴趣，产生联想，诱发想象，且在饶有兴趣的阅读中发现文本秘妙。让学生欣然"写作"是"绘本习作"的根本目的。因此，对于绘本中的素材要删繁就简，适切统整，这样才能为教材习作所用。

统编教材三年级上册第三单元习作《我来编童话》最核心的目标是让学生根据时间、地点、人物来想象故事的情节。可是，我们将绘本《犟龟》删繁就简：只凸显故事发生的时间、地点，以及故事的起因——犟龟陶陶听两只鸽子说狮王二十八世要举行婚礼，决定去参加婚礼；将故事中他遇到的不同人物，如蜥蜴、乌鸦等进行删减。最后展现故事结局：犟龟陶陶赶上了狮王二十九世的婚礼。用这样一个整合后的微型绘本凸显童话创作的关键要素，且将"人物加一加""对话写一写""结局变一变"的写作技法暗含其中，让学生一边读绘本一边发现，习作指导水到渠成，润物无声。

（二）写法迁移运用

绘本习作教学不仅仅停留在照本宣科、关注情节的阅读层面上，而应当将语言文字的学习落实到运用中。绘本习作着力引导学生发现绘本在表达上的秘妙，在模仿借鉴、迁移运用中形成新的认知，习得写作方法，逐步提升学生的表达水平。

统编教材三年级下册第六单元《身边那些有特点的人》明确要求：通过一件典型的事例来描写一个人某一个方面的特点。教学时，我借助绘本《怕浪费婆婆》舔"我"脸上的饭粒这个有趣的典型事件来表现婆婆怕浪费的特点。在一片欢声笑语中，学生自然习得了这一写作方法并能自如运用到自己的习作当中。

（三）图画聚焦放大

众所周知，绘本是图文的合奏。在绘本中，不可忽视的是其中丰富形象的图画。图画能唤醒学生的生活经验，且为他们提供想象的凭借。

统编教材三年级上册第五单元习作《我眼中的缤纷世界》，除了写观察到的动物、植物，也可以写一处场景。如何指导学生写一处场景？除了平时的细致观察，课堂教学中提供恰当的媒介进行指导、帮助想象也是很有必要的。笔者选用了绘本《荷花镇的早市》。教学中，引入作者周翔的一段文字："对我来说，菜场是可以玩耍和解馋的地方。那时的我跟着大人，慢慢走过一个又一个摊子，特别是摆放着各种食品的小摊子，眼巴巴地看着那些香气扑鼻的小点心，想象它们各种各样的味道。"再相机出示文中的一个画面，引导学生聚焦典型画面，将静态的画面通过想象让它生动起来：琳琅满目的各种商品，交织在一起的多种声音，不同人物的不同举动……由图画唤醒学生的生活经验，让学生在想象中勾勒出早市热闹的场景。看，绘本习作既在绘本的情境之中，又努力通过唤醒、类推、移情等方式创生新语境，让学生源源不断的自然表达汩汩流淌。

深以为，"看见"绘本中的习作因子非一日之功，它需要教师首先做个广泛的绘本阅读者，其次，要成为敏锐的发现者和智慧的创作者。阅读绘本时，只有从教学视角去发现、分析、解构、重组，才能找到潜藏其间的习作因子。

三、遵循："绘本习作"三原则

（一）童化——让儿童站在习作教学中央

绘本习作致力于儿童语言生命的激发与书写。它倡导把儿童放在习作（写话）教学的中央，让每一个孩子说童真的话，写童真的事，抒童心的情。尊重儿童的天性，顺应儿童的身心发展规律，与儿童的生活、成长建立丰富的联结，把学生们引上乐于表达、善于表达的习作之旅。绘本习作不仅仅停留在创意写作的层面，在教材习作教学中也能绽放美丽。

统编教材二年级下册最后一次写话让学生为自己想养的动物写几条理由。从儿童的心理和生活出发，教师引入绘本《丽莎想养一条狗》，通过让学生为丽莎说几条养狗的理由激发言语动机，并在此过程中巧妙渗透说理由要一条一条说清楚以及在理由中可以讲一讲动物的习性、作用等以表达自己的喜爱之情的习作技巧。这样的立足于学生角度的儿童化指导不仅走心，而且还有满满的干货。

（二）趣化——激发每一颗好奇的心

绘本和统编教材牵手会让习作更富有情趣。绘本资源的介入使得教学从儿童的天性出发，力求激发每一颗好奇的心。教师寻找适合儿童个性发展的有意思、有志趣的习作教学策略，使学生能够在一种自由的状态中积极主动地参与到充满悬念、环环相扣的教学进程中来。

统编教材三年级下册第六单元《身边那些有特点的人》要求写出人物的特点。常规的找身边人物说特点的教学方法已经很难激发学生的兴趣了。绘本《我家是个动物园》就能很好地解决这个问题。这是一个无比有趣的绘本，作者将家庭成员各自的特点用形象的动物来比喻，例如，"爸爸是只大狮子，最爱吃肉，不太爱吃蔬菜。早上他脾气不太好，头发乱蓬蓬的，叫起来像狮子吼"。既生动又让人印象深刻。当然，教学不止步于此，还可以让学生用植物、水果等物品来打比方，将人物独特之处生动地跃然于纸上，怎一个"趣"字了得！

（三）优化——从儿童的"学困处"出发

杜威提出，儿童是教育的起点，是中心，而且是目的。那么，习作教学的起点在哪里？简而言之，就是依据学情探寻学生学习的难点和障碍点。基于学生的认知水平及实际能力关注学生怎么感受、学习、思考、发展、成长，从而找到习作教学设计最优化的路径。

在统编教材三年级下册两次引导学生写想象作文。对于想象作文学生是充满兴趣的。但是，想象作文看似容易，实则不易写。通过教学实践笔者了解到：对三年级学生来讲，想象作文的难点在于不知道如何落笔，写出具体的、想象的内容。因此，想象作文的指导应着力于"写什么"。教学中可以借助富有想象力的绘本，如《给乌鸦的罚单》《鸭子当总统》等来激发学生的想象力、表达力和创造力。

四、创生：适切的绘本习作策略

（一）引发生活话题

绘本中描述的故事和生活中的真实场景常常有着惊人的相似。就算看似一个与自己毫无关联的故事也可能隐藏着作者的隐喻。不同的人在阅读的时候都会找到不同的自己。因此，用绘本打开话匣子引发生活话题是极好的选择。

统编教材三年级下册第三单元要求写一写中华传统节日，可以借用写春节的绘本《团圆》聚焦父亲回来的四天发生的事情。大年三十的晚上，家家户户都亮起了大红灯笼，爸爸忙着在家门上贴春联。初一，我们一起包汤圆，"我"吃到了好运硬币。初二，爸爸带我看舞龙灯。而后面的寻找好运硬币则不作为重点，只介绍"我"去串门和伙伴们玩耍。于是，教师在"初一我们包汤圆"部分嫁接文字：我们如何包汤圆以及我是怎么吃到好运硬币的？为何要做这样的处理呢？因为此绘本按照时间顺序记叙事件的特点比较突出，能够引导学生有顺序地记叙传统节日。将"初一包汤圆"部分写得更为具体也是给学生做出适当的示范。这样一来，习作教学从"入境—模仿—迁移"的梯度推进，学生能从绘本情境中自然链接到自己的生活情境，便有话可说，有情可抒。

（二）创设趣味情境

在绘本语境中一切都是那么有趣而生动。借助绘本创设趣味情境，营造安全轻松的心理氛围，能唤醒学生的言语动机，让他们无拘无束地自由表达。

《我想对您说》是统编教材五年级上册第六单元的习作。本次习作明确提出要用恰当的语言表达自己的看法和感受。如何让学生向亲人、长辈勇敢自如地表达自己的看法和感受呢？教师引入绘本《狮子牙和丝绸爪子》，它讲述了老鼠一家的有趣故事。在这个故事中教师巧妙嫁接了一封丝绸爪子给父母的信，以此表达渴望尊重和理解的真实感受。在这样的情境之中学生置身真实情感的"场"，情动而辞发，实现了自由而真实的表达。

（三）借鉴表达方法

绘本中文字精练简洁，故事性强，是优质的表达范本。习作教学中可借助绘本引导学生关注内隐的写作密码，感受探秘文字之乐，在趣味性的推动下迁移到绘本之外、教材之中。

统编教材三年级下册习作《这样想象真有趣》要求引导学生反向思考，逆向思维：一旦动物失去了原来的主要特征或是变得与原来完全相反，它们的生活会有什么变化？又会发生哪些奇异的事情呢？在这次习作教学中，教师巧妙引入了相契合的绘本《爱笑的鲨鱼》，不仅让学生见识了一个爱笑的鲨鱼，还将"角色加一加""巧合用一用"的表达方法渗透其中，引导学生体验感受、学习借鉴。教师从儿童的立场出发，设计有趣的教学活动；教师从儿童的视角思考，选用有效的指导方法。这样，一切水到渠成，自然而然。

（四）打破思维定式

绘本中精彩的故事往往通过作者与众不同的思路写就。阅读时让学生发现作者的行文思路，尝试模仿并运用。经常练习，学生的思维将不断发散，笔下的文字将无限精彩，不再刻板无奇。

统编教材三年级下册习作《小小动物园》就来自绘本《我家是个动物园》的创意。此篇习作引导学生用一种动物来写自己的家庭成员，为学生提供了一种新奇的写作思路。当然，教师还可以引导学生往前一步深入思考：

如果把人物比作植物或者其他物品呢？我们可以试着找一找相似点。于是，就有了《我的妹妹是根藤》《爸爸是盏灯》《我是个大榴莲》这样不走寻常路的选材与构思，读来让人忍俊不禁，回味无穷。

（五）引发创意表达

绘本提供了丰富的意象，能启迪想象，创造灵感。借助绘本去找寻、发现，去异想天开，并且积极主动地组织语言，进行有创意的表达。常常练习，学生必将会享受到习作的快乐与满足。

《变形记》是统编教材六年级上册第一单元的习作，表达要素是：习作时发挥想象，把重点部分写得详细一些。学生从三年级开始就学习了有关想象和表达的习作内容，如续编故事、创编童话等，学生已经积累了一定的写作方法，有丰富的想象力，所以这一题材对他们来说并不陌生。而此次的想象有别于之前的想象作文，首先需要学生尝试转变自己的视角，以第一人称来表达；其次，从习作要求上来看，需要学生发挥想象，把重点的部分写详细。本次习作是在原有基础上的巩固和提高，着重于自己的想象，展开具体的情境进行描述。如何让奇思妙想具象化，真正落于笔端，这是高段学生写想象作文的难点所在。因此，在教学过程中教师紧紧抓住变形记的"变"，借助绘本《卡夫卡变虫记》引导学生想象，从"想象"这种"语体"出发，开发出"形象变化、心理变化、角色变化"，指导学生将想象变为有趣的故事，让故事更有画面感。

《变形记》是六年级的习作，因此我们还可以借助绘本进行选材与构思视角的高位指导。比如借助绘本《小石狮》尝试用"变形之物"的视角来讲述所见所闻，抒发所想所感。于是，就有了桥的故事、井的变迁和门的追忆……

"绘本习作"联结小学语文统编教材，聚焦并落实习作目标，充分满足儿童习作的需求，促进儿童的写作成长，创生绘本习作新样态，开辟了教材习作教学的新天地。

支架，在低段写话教学中的运用
——以统编教材二年级写话教学为例

语文课程标准对第一学段学生的写话要求是"对写话有兴趣"。如何让低年级的学生对写话有兴趣？如何激发学生的言语动机？写话教育要教到什么程度上才不为过？这些都是让一线教师困惑的问题。由于理解的偏差，从教学实际情况来看，目前写话教学主要存在两种误区：一种是教师因害怕写话指导而拔高要求，学生产生畏难情绪，于是采用"想怎么写就怎么写"的所谓"放手"写的方法；另一种是由于教师自身对习作教学研究不够，采用一连串提问的方式来指导学生写话的套路式教学，如"图上有什么？""他会干什么？想什么？"而忽略了"写自己的话"——对学生写作个性化的尊重。

第二学段的习作要求是"乐于书面表达"，如果低段写话训练落实不到位，那么进入中年级后的习作自然有难度，更谈不上"乐于书面表达"。我以为，低段写话教学不是写写玩玩而已，不是写到哪里算哪里，而是应开始进行有针对性、有策略性的指导，否则就只有"写话"而"阉割"了"教学"。也只有兼顾了"写话"与"教学"才能为适应中年级习作的顺利过渡铺路搭桥。

依据语文课程标准中"对写话有兴趣，留心周围事物，写自己想说的话，写想象中的事物。在写话中乐于运用阅读中生活中学到的词语"的要求，我们看到，统编教材给予低段写话应有的操作内容和过程，明确了写话的内容及要求。纵观二年级教材，共安排了七次写话练习。

册别	写话内容	写话要求
二年级上册	写自己喜爱的玩具	写玩具的样子和好玩的地方
	学写留言条	掌握留言条的格式，写清楚要交代的事情
	看一幅图写话	写图上的事情，想象之后发生的事情
二年级下册	写一个好朋友	写好朋友的样子及经常一起做的事情
	看多幅图写话	用上时间词语写小虫子、蚂蚁和蝴蝶用鸡蛋壳做了哪些事情及它们这一天的经历
	向大自然提问	用问句的形式向大自然提出心中的"问号"
	写自己想养的动物的理由	写出几条养动物的理由

透过这张表格我们会发现教材强化了两个方面的写话。一是写生活内容。引导学生联系生活实际，将自己的生活体验和真实感受写下来。如，写喜爱的玩具、自己的好朋友、想养的动物等，并且强调书面表达的交际功能，如，通过写留言条的方式与人沟通。二是发挥看图写话在低中学段的衔接作用，从单幅图到多幅图，从写图内的事物到图外想象中的事物，各次写话之间都是前后衔接、螺旋上升。如此循序渐进地进行写话教学，可以为学生的书面表达打下坚实的基础。

笔者在二年级起步阶段的写话教学实践中发现，构建支架不仅能帮助学生解决"写什么"和"怎么写"的问题，还能极大地激活学生的言语动机，激发学生乐于表达的内驱力，真正实现"对写话有兴趣"，"写自己想说的话"，"写想象中的事物"。

叶黎明老师曾强调：习作支架是整合、嵌入习作知识和技巧的显性的学习支持系统，是在学生的现有水平与潜在发展水平之间搭建的"脚手架"，有提示、建议、触发、指导写作的功能，帮助学生完成无法独立完成的写作任务。那么如何操作呢？我以为，应从学生主体出发，教师不妨进行这样的审问：它适合学生吗？学生会感兴趣吗？能帮助写话实践吗？这样的设计有挑战性吗？是否"适合学生"，考虑的是学生的"最近发展区"；学生"感兴趣"的，重视的是学习动机的激发；"帮助写话实践"是能否起到了"脚手架"的作用；有"挑战性"的任务，则是从脑科学发展理论出发，关注的是学生潜能的激发。基于以上四个原则，如何搭建支架，可以有以下三条实施路径。

一、聚焦精准的切入点

我以为，对低年级学生而言，"写什么"比"怎么写"更重要。要解决"写什么"的问题无须"胡子眉毛一把抓"，教师可选择一个精准的切入点帮助学生发现与确定"这一次"写的关键点，并在写的过程中进行有意识的聚焦与指导，让学生既得言，又得法。从某种意义上说，解决了学生"写什么"的问题也就明确了教师要"导什么"。教师明确了每一课要"导"的关键点，深入研究，自然会迸发出教学的智慧。

就拿看图写话来说，基本上不少教师都会这样指导学生：图上有什么？他在干什么？可能会想什么？说什么？试图通过这样的方法指导学生观察，并在此基础上完成写话。其实，这样泛化的观察与想象的指导如同隔靴搔痒，且每一课教学方式单一而相似。实践证明，如果每一次写话都有比较明确的指向，能聚焦精准的切入点来指导学生如何去想、如何去写，那么写话教学效益的增量就会比较明显。

统编教材二年级上册第一次看图写话呈现了这样的场景：一只电脑前瑟瑟发抖的小老鼠，一只电脑里虎视眈眈的大猫。图画上面写着：看看下面这幅图，小老鼠在干什么？电脑屏幕上突然出现了谁？接下来会怎样？

仔细看图不难发现，图上最能引起学生关注的就是小老鼠和大猫生动的表情。如果以表情为切入点，一方面学生有话可说，另一方面能推动情节的发展。于是，我们这样设计：分步出现小老鼠和大猫，聚焦他们的表情，引导学生细致观察并重点描述。

|写话|

看看下面这幅图，小老鼠在干什么？电脑屏幕上突然出现了谁？接下来会怎样？
快把你想到的写下来吧！

然后，学生猜测在这两个相对应的表情引发的原因。由此，引导学生基于有针对性的观察展开想象，说好图上的内容。接下来会发生什么呢？依然可以表情为切入点聚焦小老鼠的表情变化，出示展现其表情变化的思维图示，以此激活学生的思维及表达，引导他们根据小老鼠表情的变化选择一种可能性，来想象、续编后面的情节。图示如下。

看图写话，观察是基础，想象是关键。观察要有抓手，想象同样需要抓手。选取一个精准的切入点进行聚焦，并由此拓展开来，实际上就是为学生提供了思维与表达的支架，且删繁就简，以一贯十，学生以此展开了有意趣的写话之旅。诚然，对于不同的写话来说内容不可复制，但其间所渗透的习作视角和所运用到的写作思维会在不断的实践中螺旋上升，最终内化为个体的写作能力。

二、巧借可视化的媒介

课标提出，低段写话教学要努力让学生"对写话有兴趣"。确实，兴趣是最好的老师，是写话的内驱力。小学低年级的学生对新鲜事物比较好奇，对直观形象的事物比较感兴趣。他们富于想象，善于模仿，表现欲强。但学习时明显受心理因素支配，学习持续时间较短。因此，轻松的学习情境、生动的学习材料、体验式的学习方式最能触发他们的言语动机，激发学习的动力和潜能。

实践中发现，要激发起学生"乐意写"的情感和态度可以借助可视化的媒介，一方面在生动的阅读中激趣、习得，另一方面展现过程，让思维可视化，促进学生积极主动地参与到阅读与写话中来。

二年级上学期第二次写话是学写留言条。在日常生活中，人们常常会遇到这样的情况：有事情要告诉对方，或有事托付对方，可是对方不在，却又没时间等候对方回来。这个时候，就需要写张字条留给对方，以便把事情说清楚。但是，生活中，多数学生这样的生活体验还是比较少的。如何拉近他们与生活、与书面表达的距离，激发他们想写、乐写的情感呢？我们需要找到一种适合的媒介。

众所周知，绘本是通过图文合奏来讲述故事的，其图画符合儿童的视觉特征，其语言生动有趣，深受孩子们的喜爱。于是，我找到了一本与教学内容极为契合的绘本《我要大蜥蜴》。故事讲述了主人公阿力通过写留言条的方式与妈妈沟通，最终达成理解，获得妈妈同意，得到心中梦寐以求的大蜥蜴的故事。看，这个鲜活的故事不正告诉了学生用留言条交流的益处吗？整个绘本中留言条贯穿始终，孩子写给妈妈，妈妈写给孩子，有来有往，关于留言条的格式及如何说清楚一件事也都蕴含其中。因此，可视化媒介之一的绘本与写话指导巧妙融合，通过阅读绘本聚焦写留言条的格式，可为学生独立完成留言条搭建支架。如图。

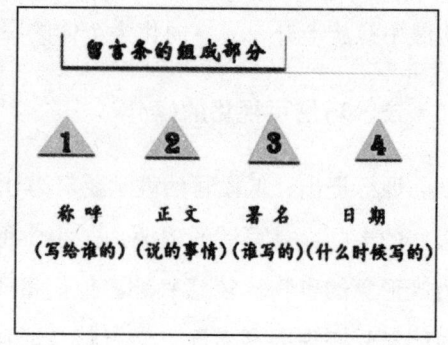

二年级下册的最后一次写话要求交流自己想养的动物，并充分说明理由。此课的教学可引入绘本《丽莎想要一条狗》。在这里，绘本的介入不是在阅读中习得表达方法，而是为了创设一种情境，引导学生进入表达状态，为丽莎代言，阐明想养狗的理由。

教学中引入绘本这一可视化的媒介，通过对绘本整合、运用，在绘本的语境、情境的触发下引发学生共鸣，激发学生交际动机，激活学生言语思维，就会让低段的写话教学变得更加有意趣。当然，这个可视化的媒介不拘泥于绘本，也可以是图片、视频、表演、生活场景等。

三、提供可操作的范例

进行低段写话教学要遵循学生身心发展的规律，那种像对待中高年级学生那样，教师不做指导先让学生尝试写，再通过教师指导让学生对比、修改，在实际教学中难以落实，且收效不大。因为书面表达是通过组织语言文字符号来表情达意，低年级学生缺乏阅读储备和语言积累，且书写速度较慢，一下子难以进入写的状态，必然要经过由听到写、由看到写、由说到写、由玩到写的过程。因此，对于低年级学生来说，写前指导与作后指导具有同样的重要性。

如何落实低段写话的写前指导？行之有效的方法就是提供范例。通常，教师会提供范文，让学生模仿、借鉴。但在实践中我们发现，低年级学生表现更为明显的趋从心理。如果借助范文，他们往往会陷入范文中出不来。所以，即使教师用了范文，也必须经过阅读、讨论、评讲、提炼，为学生提供支架，打开学生思路，避免单纯的模仿，使得"同个内容"的指导更具针对性和丰富性。另一方面也可将相关知识内化为学生的思维方式，实现从"这一个"到"这一类"的迁移。

统编教材二年级下册第七单元写话要求：如果可以养小动物，你想养什么？写写你的理由，试着多写几条。这次写话的核心目标就是帮助学生打开思路，不只是记事、想象，也要会说理。于是，我做了这样的设计：先让学生猜一猜小明想养的动物，激励学生帮助小明想出养鹦鹉的理由，再出示小明所写的理由,即范文。但教学到这里并没有就此止步,教师相机带领学生对所出示的所养小动物的理由进行梳理、归纳,提炼出如下几个方面的理由:写出自己的感受、抓住动物的特点、发现动物的用处。如图1、图2所示。

我想养一只鹦鹉。 第一,鹦鹉很可爱,他能每天陪伴我,听我说心里话。 第二,我喜欢带着我的鹦鹉去散步,这样很威风哦! 第三,他的翅膀张开来,可以帮我扇风;嘴巴强劲有力,可以帮我啄开坚硬的果壳。 第四,他会模仿人说话,会玩小杂技,能给我们的生活带来很多的欢乐。	我想养一只鹦鹉。 第一,鹦鹉很可爱,他能每天陪伴我,听我说心里话。——写出了自己的感受 第二,我喜欢带着我的鹦鹉去散步,这样很威风哦!——抓住了动物的特点 第三,他的翅膀张开来,可以帮我扇风;嘴巴强劲有力,可以帮我啄开坚硬的果壳。 第四,他会模仿人说话,会玩小杂技,能给我们的生活带来很多的欢乐。——发现了动物的用处

这样一来,既有范文又有写作知识,符合儿童语言发展的年龄特征和心理规律,实现了儿童语言思维层面的发展。学生可借助"拐杖"自如地写自己想说的话,写出自己对周围事物的认识和感想。

苏霍姆林斯基认为:"只有让学生在认识过程中感受自己的智力,体会到创造的愉快,才能激发学生高昂持久的兴趣。"从低段开始,用切实可行的方法激活学生言语动机,适度渗透写作思维,教师应该有所作为。实践证明,在起步阶段,从学生这一主体出发,设计多样而丰富的支架能实现儿童语言"拾级而上"的扎实发展,长此以往,学生的写作水平自能发生质的飞越。

写话教学："为何写"与"如何写"

——以统编教材为例

语文课程标准在评价建议中指出："关于'写作'的目标，第一学段定位于'写话'，第二学段开始'习作'，这是为了降低学生写作起始阶段的难度，重在培养学生的写作兴趣和自信心。"把第一学段的习作教学定位为写话教学，可见"写话"是小学生写作的起点，即学生将自己想说的话文从字顺地通过书面语的形式表达出来。实践证明，写话是今后习作的基础，写话教学对中高年级的习作教学起着重要的作用。

汪潮老师曾指出，写话教材的编写、写话教学的设计和写话的课堂实施都要遵循学生学习的心理原理和心理特点。第一学段写话能力的培养教师要顺应学理，研读教材，解读教材秘妙，找准学生语言生长的着力点，为学生搭设言语实践的"扶梯"，让学生在真实的学习过程中提升语言建构的质量。

一、看见：统编教材的写话基因

统编教材尊重语文教育规律和儿童认知的规律，体现了语言文字、价值取向与教学取向的三者统一。教材加大了语言表达，特别是书面表达在教科书内容中的比重，达到阅读理解和语言表达内容上的均衡。

统编教材在编写时充分考虑学生的学习起点，重视词句积累，做到了先说后写的有序编排。从一年级上册开始，教材就安排"说一说"的练习，在补充短语、排列句序、照样子写句子等写话练习中也都是以"说一说,写一写"为要求,先练说再练写。学生的写话能力正是从词到短语再到句子、段落逐步发展起来的。因此,教材的编排不是直接出现正式的写话任务,而是先由许多小练习组成。如统编教材一年级下册的《我多想去看看》的课后习题:"以'我多想'开头,写下自己的愿望,再和同学交流。"《荷叶圆圆》一课,让学生看图仿写。在二年级上册正式开启写话后,还是有不少写话小练习穿插其中,如二年级下册的《黄山奇石》的课后仿写,《坐井观天》的想象写话等。

我们看到统编教材实行双线并行的教材单元,建构起多板块、多层级的写作体系。从二年级开始在课后练习题中便设计了写话练习,第三册开始在语文园地中出现单元写话。整个二年级阶段共安排了七次写话。

册别	写话内容	写话要求
二年级上册	写自己喜爱的玩具	写玩具的样子和好玩的地方
	学写留言条	掌握留言条的格式,写清楚要交代的事情
	看一幅图写话	写图上的事情,想象之后发生的事情
二年级下册	写一个好朋友	写好朋友的样子及经常一起做的事情
	看多幅图写话	用上时间词语写小虫子、蚂蚁和蝴蝶用鸡蛋壳做了哪些事情及它们这一天的经历
	向大自然提问	用问句的形式,向大自然提出心中的"问号"
	写自己想养的动物的理由	写出几条养动物的理由

可以看到,二年级的写话教学大体可以分为以下三类:应用文类,如,写留言条,写养动物的理由;写实类,如,写自己的一个好朋友,写自己喜爱的玩具;看图写话,有单幅图写话和多幅图写话。

吕叔湘先生指出:"语文的使用是一种技能,一种习惯,只有通过正确的模仿和反复的实践才能养成。"学生在循序渐进的写话练习中,表达素养的建构拾级而上，螺旋上升。因此，我们要用好统编教材，遵循儿童书面言语发展的逻辑，激发写话兴趣，夯实写话教学，层层推进，提升学生表达的水平。

二、审思：写话教学"为何"

（一）基于学理，关注儿童，兴趣为先

心理学研究表明：六七岁的儿童正处于智力开发的最佳时期，求知欲强，既有丰富的情感，又善于形象思维，正是口头语言向书面语言发展的过渡期。语文课程标准也对低年级写话明确提出，"对于写话有兴趣，乐于把自己想说的话写下来"。课标之所以把低年级习作称之为"写话"，意在明确"写话"就是一种儿童真实而自然的表达。因此，写话教学中要高度关注儿童，关注儿童的心理发展规律，为儿童营造安全的氛围，鼓励自主、大胆地表达，让学生写真话，抒真情。

激发学生写话的兴趣，除了鼓励学生写自己喜欢、感兴趣的事物，还要着力通过教学引发学生"写"的兴味。统编教材依据学理，从词句积累到自由表达，从句子练写再到专项写话，由说到写，符合学生的认知规律。因此，在写话教学中，教师要充分发挥"导"的作用，采用多种形式，调动学生"说"与"写"的情感，让口头语言逐步发展到书面语言。

（二）走出套路，依托抓手，一课一得

从学生习作能力的学理起点分析可以看出，在母语学习环境下，学生的写话能力不是"零起点"，而是言语结构趋向清晰、完善的过程。因此，教学中，教师切忌采取"灌输式"教学，忽视学生原有的语言基础，将写话教学模式化，而是要充分尊重儿童话语的个性化，只在语言转化的关键点上予以点拨、指导，有层次地搭建学习框架，让学生经历学习的过程，跳一跳摘取"果实"，而切忌千人一面的模式化、套路化。

教学二年级上册看图写话《猫和老鼠》，笔者只聚焦图画中角色的"表情",并以此为抓手,引导学生细致观察,并将观察到的细节描述出来,再通过引导学生扣住小老鼠表情的变化来创想故事的结局。自始至终,表情的观察与想象贯穿整个教学过程,学生学得集中,学得有效,充分体现了一课一得。

实践证明,写话教学要努力做到三点:一是有趣味,用一种好玩的方式激发学生言说的欲望;二要有抓手,选准一个精当的切入点,能牵一发而动全身;三要有来自学生的巧思,聚焦、整合、延展,能将学生的观察、想象、表达融为一体,以实现二年级写话教学困境的突围。

三、探寻:写话教学"何为"

在统编教材二年级写话教学实践中,"何为"是怎样"为"。教师可结合学生特点和教材内容探索、选择适切的策略,以有利于写话教学的目标实现,激发学生的写话兴趣,促进学生表达能力的提升。

(一)说写策略

身处汉语环境,学生从咿呀学语开始,口头语言就孕育萌芽,形成了口头语言先于并优于书面语言发展的学理现状。统编教材遵循儿童身心发展的规律,对写话练习进行了科学的安排。从一年级上册开始,教材就安排"说一说"的练习,伴随着年级的增长,引导学生从说词语到说句子,从自由说到根据规定的内容说,逐步从说到写,螺旋上升,步步踩实。由此,在写话教学中,基于学理的思考,要落实先说后写、以说促写的"说写"策略。

案例1:《说说我的好朋友》写话教学片断

(播放儿歌《找朋友》)

师:找呀找,找到一个好朋友。敬个礼啊,握握手,你是我的好朋友。你们的好朋友是谁啊?他长得什么样呀?来,说说吧。

生:我的好朋友是李子涵。他虎头虎头的,特别可爱。

生:我的好朋友是妞妞。她是个漂亮的女孩,笑起来还有两个小酒窝呢。

师:是啊,有个好朋友多好啊。(出示绘本《好朋友》)

师：看，一个人抬不动的东西，有朋友帮忙就抬得动。一个人玩没劲儿，两个人一起就好玩了。你和好朋友经常在一起干什么呢？

生：我和妞妞在一起捉迷藏。每次我躲的地方她都找不到。哈哈哈……

生：我们都喜欢下跳棋。李子涵总是赢。下回我也要赢一次！

生：我和好朋友经常在一起做作业。遇到不会的题目他就会教我，就像一个小老师。

师：真好！那还等什么，赶紧写写你的好朋友，把他介绍给更多的人吧。

（二）情境策略

写作心理转换理论认为，写作时，学生把思维活动转变为语言表达的心理过程要经历三级转换：一是从思维到内部语言，二是从内部语言到口头语言，三是从口头语言再经由思维加工、重组到书面语言。低年级学生少有三级转换，书面语言多为口头语言的复制，若缺乏具体生动的情境，就不能引发学生完全表达出口头语言的意蕴，也就难以落实书面表达。

案例2：《我想养……》写话教学片断

师：来，汤老师带你们出去玩一玩，好不好？准备好了吗？我们出发了！（出示PPT）看，这是哪里呀？

生：哇，动物园！

师：同学们，瞪大眼睛好好观察哦。看一看动物园里有你最喜爱的动物吗？（播放动态PPT）

生：我最喜欢小白兔。

师：为什么呢？

生：因为小兔子有长长的耳朵。

师：观察得很仔细哦。

生：我喜欢小猴子，因为它的尾巴很长，可以吊在树上。

师：我仿佛看到了小猴子吊在树上荡来荡去的样子。

生：我喜欢雕。

师：为什么喜欢雕？

生：因为它目光锐利。

师：哎呀，我们班的孩子这么会说。还有呢？

生：我最喜欢熊猫。因为它的黑眼圈很有趣。

师：如果我们没休息好就会有"熊猫眼"了，"熊猫眼"不好看，可大熊猫的黑眼圈很可爱，是不是？

生：我也喜欢大熊猫，因为它胖乎乎的，很好玩！

师：同学们说了这么多，是不是心里有点痒痒了，是不是想养这些小动物？

生：想！

（板书题目：我想养……）

贴近儿童心理、思维和语言的表达类教学要点亮共性、激活个性，就要站在儿童立场，创设最符合儿童天性的教学情境。"我想养什么"因受生活经验和思维品质的限制，凭空想象的结果一般比较狭隘。因此，在这个案例中，教师引导学生置身于动物比较集中、儿童比较熟悉的动物园情境下，儿童思维与生活世界的通道就被打通了，童真、童趣和奇思妙想就被激活了，表达的内在动机也就被触发了。创设适切的情境，链接生活元素，努力把写话教学变成一次次学生真实的生活实践活动，对于激活学生表达的欲望乃至写话表达的质量至关重要。

（三）游戏策略

儿童游戏精神的本质告诉我们，玩就是儿童认识世界、感受生活、表达分享的最好方法。写话教学中，可以通过多样而有趣的游戏引导学生自然而然地入情入境，唤醒儿童表达的结构意识，进入放松的表达状态。

案例3：《猫和老鼠》写话教学片断

师：同学们，来，我们来玩个"我猜，我猜，猜猜猜"的游戏，好吗？

生（欢呼）：好！

师：看这个有趣的QQ表情，猜猜这是什么表情。（出示：QQ表情）

生：他很难过。

师：你从哪里看出来的？

生：他的脸上有两行眼泪。

生：他的眉毛皱着，就像个"八"字。

师：再来看，猜猜这是什么表情。

生：哇，这是喜欢的表情。他的眼睛里有两个爱心呢。

师：回忆一下，你什么时候有这种表情呢？

生：看到好吃的东西。

师：哈哈，看到好吃的，你的眼睛都发光了。

生：看到同学考了一百分。

师：哦，这眼神里还有羡慕呢。

师：再来看一个。猜猜这是什么表情。

生：调皮。

生：他睁一只眼，闭一只眼，还吐着舌头，好像在做鬼脸呢。

师：多么有趣的表情。（板书：表情）你们还根据表情推想出了故事呢，真了不起。（板书：故事）

本案例中，教学伊始教师便用一组有趣的表情包——难过、喜欢、羡慕、调皮激发学生猜测、接受挑战的欲望。当然，游戏并没有止步于此，后面继续以"闯关"的方式引导学生深入学习，让学生在好胜心、好奇心的驱使下，为完成任务而一次又一次自然倾吐。整个写话过程犹如"玩游戏"一般，每一个阶段任务的完成都伴随着游戏获胜的快乐体验。

（四）比较策略

看图写话是作文起步阶段的基础训练，是培养儿童认知、思维、想象和表达能力的有效途径。无论是单幅图写话还是多幅图写话，笔者以为，观察能力的培养应放在首位。单幅图的观察强调的是留心细节，而多幅图的观察则需要强调从整体入手，发现图与图之间的联系及照应。多幅图有着相对复杂的结构，观察的时候要引导学生关注图上的场景和内容的变化，进而拓展到图外，去想象情节的发展。

案例4：二年级下册第四单元《看图写话》教学片断

师：在这四幅图中找一找，你们发现四幅图上有哪些事物是相同的？

生：这四幅图都有小虫子、蚂蚁、蝴蝶和半个蛋壳。

师：同学们的眼睛真亮，一下子就发现了四幅图片中都有半个蛋壳。请大家再仔细观察，这半个蛋壳在每一幅图中又有什么不一样呢？

生：第一幅图的蛋壳在草坪上。

生：第二幅图的蛋壳在天空中。

生：第三幅图的蛋壳在雨中。

生：第四幅图的蛋壳在弯弯的月亮下面。

……

师：同学们观察得细致，说得也很清楚。是的，在四幅图中，这半个蛋壳所处的地点、环境都不一样。在不同的环境中就有着不同的故事呢。你喜欢哪个环境里的小蛋壳就选择哪一幅图来展开想象，编织一个属于你的故事吧。

（生选择一幅图来具体表达）

这是二年级第一次出现的多幅图写话。比之单幅图，多幅图是发展的，而且这种发展具有连续性，这种连续性又体现了过程性的情节。所以，在这节写话课中通过比较多幅图之间的异同，引导学生感受、想象不同情境中蛋壳的有趣经历，再巧用"时间词"将多幅图的不同情节串连成一个完整的故事。实践证明，多幅图的写话可采用比较策略，从整体入手，先找到多幅图中的相同点，再以某一个切入点为抓手，展开局部观察，引导学生发现、描述每一幅图的不同之处，从而将"如何看图"和"如何写话"巧妙地融为一体，促进学生思维及语言能力的整体提升。

（五）"支架"策略

写话不同于说话。说话较为随意而灵活，而写话则需要合理而规范。写话教学要符合书面语言表达的基本规则和要求。所以,在起步阶段,就需搭建表达支架,让学生的写话有进步的台阶。支架的呈现形式可以是多样的,关键词语、句式、思维导图、提供范例、微课等,这些"脚手架"可以有效帮助学生实现有话可写,且有话会写。

案例5:《学写留言条》写话教学片断

师:我们来看看阿力是怎么给妈妈写留言条的。

(师出示绘本《我要大蜥蜴》,生阅读阿力写给妈妈的留言条)

生:阿力通过留言条告诉妈妈,他想养一只大蜥蜴。

师:哦,写留言条是为了说清楚事情的。

生:他称呼妈妈为亲爱的妈妈。

师:留言条是写给谁的一定要交代清楚。他加"亲爱的",表达了对妈妈的爱。说不定,能为成功养到大蜥蜴加分哦。

生:留言条是阿力写的,所以,署上了自己的名字:"你多愁善感的儿子阿力"。

师:对,留言条不能忘了署名。

生:我觉得阿力还应该写上时间。

师:绘本当中没有,如果加上日期,这个留言条就更加规范了。

师:妈妈是怎么回复阿力的呢?她也写了留言条和阿力进行沟通。你们想不想看啊?

(师出示绘本《我要大蜥蜴》,生阅读妈妈写给阿力的留言条)

教学中,教师为学生搭建了绘本支架,将绘本阅读与写话指导巧妙融合,通过阅读绘本,聚焦写留言条的格式,为学生独立完成留言条埋下伏笔。教师的教是为了学生更好地学。有效的学习支架激发了学生的学习潜能,以利于其在相似写话任务中形成迁移,将所学予以合理的运用。

"千里之行,始于足下",在启蒙阶段,对于写话教学,教师要予以足够的重视,既要用宽容、欣赏的心态评价学生写话的内容,珍视童真童趣,又要用发展、关怀的眼光关注学生写话中的言语品质,打好语言文字基本功,实现从写话到习作的顺利过渡。

基于教材，有效开发低段写话资源

小学生从写自己想说的内容到尝试运用积累的语言表达自己的感受，再到懂得写作的意义，积累写作素材，是一个循序渐进、螺旋上升的过程。学生从写一句完整的话到写一段有顺序的话，再到神形兼备地写一篇文章，也是一个逐步丰富完善的过程。在这一过程中，教师要从兴趣入手，在不断有效的说与写的过程中有意识地进行表达能力的培养。语文课程标准把第一学段的习作教学定位为写话教学，可见"写话"是小学生写作的起点，即学生将自己想说的话文从字顺地通过书面语的形式表达出来。实践证明，写话是今后习作的基础，写话教学对中高年级的习作教学起着重要的作用。

纵观现行的统编语文教材，到了二年级才有单元写话练习（第一学期三次，第二学期四次）。事实证明，如果到二年级才进行写话练习，从时间上和数量上来看是远远不够的。如何从一年级开始有效开发写话资源是广大一线教师关心的问题。

经过大量的一线实践，基于教材，我们进行了低段写话资源的有效开发。

一、转化：实现"一句话"的梯度成长

一年级上学期，因为学生识字、写字的数量比较少，所以，提倡以说为主，引导学生结合课后练习题进行说话练习。当然，在这一时期，我们也可以开展有趣的剪字贴字的写话练习，引导学生在生活中识字，并将新认识的

汉字及时进行剪辑和收藏，运用这些汉字来写一句话日记，表达自己的所见所闻、所思、所感。

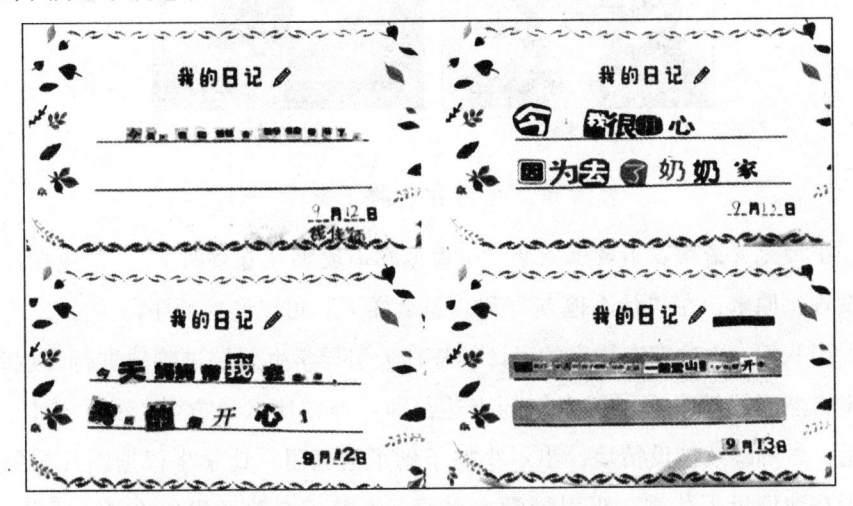

进入一年级下学期，就可以让学生尝试进行写的表达了。一年级下册第六单元《语文园地》"字词句运用"中有这样一道题：读一读，照样子说一说。

小白兔割草。

小白兔在山坡上割草。

小白兔弯着腰在山坡上割草。

小鸭子游泳。

小鸭子_____。

小鸭子_____。

如何将这个看似平常的练习变成有效的写话练习呢？设计小白兔挑战迷宫的游戏。挑战成功就奖励他一项活动。小白兔可割草，那他会在哪里割草呢？结合图片，联系生活，学生会想到：在山坡上、在田野里、在草地上……于是，第一次说清楚谁在什么地方干什么。

教师出示生活中人们割水稻、割韭菜的图片，引导学生发现：人们是怎么割水稻和韭菜的？学生可以从不同的角度来说，比如：弯着腰、弓着背、蹲下身子……此时，让学生连起来说：小白兔在什么地方怎么样割草。（出

割水稻 　　　　　割韭菜

弯着腰、弓着背、蹲下身子……

示：小白兔弯着腰在山坡上割草。小白兔在山坡上弯着腰割草。）学生在比较中发现：原来，在"什么地方"和"怎么样干"可以调换顺序。

当我们一次次在有梯度的设计的基础上引导学生层层进阶地进行表达时，学生自然而然地学会了四素句的表达，即：谁在什么地方怎么样、干什么。于是，教师继续创设情境，出示小鸭子到了池塘里，让学生根据图片想象小鸭子在池塘里干什么。再引导学生表达：小鸭子在池塘里怎么样、干什么。继续去强化四素句的表达。

写话练习是不是到这里就结束了呢？当然不是。教师适时出示情境图，引导学生观察其他小动物在什么地方怎么样干什么，并自主选择一种小动物进行介绍。

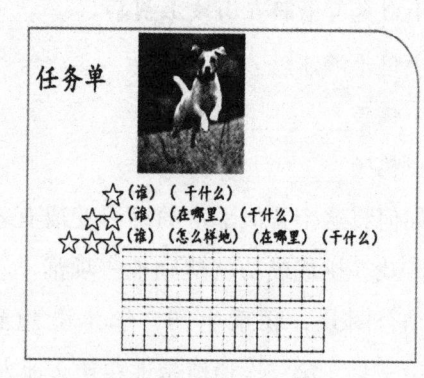

在点评完学生作品后，教师巧妙地将学生作品进行连接。看，当我们把写每一种小动物的句子连起来，就是一段话：小猫咪低着头在草坪上玩毛线球；小狗吐着舌头开心地在草地上奔跑；小蜜蜂张开翅膀在花朵上采蜜……

这就是同学们一起合作完成的草坪上的活泼泼的图画。我们还可以在前面或者后面加上一句话：瞧，草坪上真热闹啊！这样，帮助学生初步建构段的意识，润物无声。

二、提炼：落实文本隐性的语文要素

统编一二年级小学语文教材虽然没有单元篇章页，没有明确单元语文要素，但是通过研读单元教学内容、关注课后练习题及语文园地，我们还是可以提炼出隐含其中的语文要素的。

统编教材二年级下册第二单元是识字单元，如《场景歌》《树之歌》《拍手歌》《田家四季歌》，这些儿歌朗朗上口，不仅为学生学习生字搭建了支架，也为学生语感的形成、语言的积累提供了丰富的文本资源。细细研读你会发现，这些儿歌都有共同之处，那就是强调了数量词的准确运用。基于此，我们可以设计一些有趣的写话，引导学生为事物找到合适的量词朋友，让表达更准确、更有趣。例如：秋天到了，种满梧桐树的马路可真美啊，地面上落满了金色的树叶。你能准确地运用量词写写这幅美景吗？再如：随着我们的生活越来越美好，家乡盖起了崭新的房子。家乡的人们心里喜洋洋的，想把这美好的变化传达给远方的亲人，你能帮帮他们吗？用好量词来说说吧。在这一设计中，我们试图提出以下要求。首先，量词使用准确。其次，量词使用有变化。事物并不是只有唯一的量词朋友哦。一"个"鱼塘也可以说一"方"鱼塘，一"条"船也可以说一"只"船、一"艘"船，在不同的语境中有不同的运用。其三，形容数量多的量词，有两种不同的用法。形容花朵很多，可以说一"朵朵"花，也可以说一"簇"花；形容竹子多，可以用一"株株"翠竹，也可以说一"丛"翠竹。

写话练习不仅要基于教材，还要超越教材。通过有价值的写话教学在落实文本隐性的语文要素的同时，提升学生的表达能力。

除了单元语文要素的提炼，我们还可以结合课文后面的练习题来提炼本篇课文的语文要素。比如，二上第四单元的《妈妈睡了》一课，生动描写了妈妈睡觉时的样子、表情，读来很有画面感，让人不禁想起自己的妈妈。再看课后练习题：你看过家人睡觉的样子吗？说一说。由此，教师可引导学生先去观察家人睡觉的样子，放大细节，从样子、动作、声音几个方面进行广泛的交流，最后试着写下来。

结合教材的单元文本，提炼出隐含的语文要素，适度拓展，以写话的形式进行迁移运用，进一步深化了语文要素的落地和实施。

三、聚焦：强化单元主题的内化迁移

统编教材采用双线并行单元教学结构，每一个单元都有贯穿始终的人文主线。即便在一二年级的教材中，虽没有明显的单元篇章页，但是通过研读文本教师依然可以进行提炼。比如，二上第七单元的文章都与天气有关，若加上人文要素的导语，我们可以这样写：风霜雨雪，都是天气魔法师。他们给我们的生活带来了意想不到的乐趣。学会观察，善于发现，说不定，你们会和他们成为朋友呢。由此，引导学生关注天气的变化，感受天气与人们生活密不可分的关系。

再来看这个单元的《语文园地》，"字词句的运用"中有这么一道题：你见过下面这些词语描写的景象吗？选一两个，跟同学说一说当时的情景。

云开雾散　微风习习　冰天雪地　风雨交加
云雾缭绕　寒风刺骨　鹅毛大雪　电闪雷鸣

可见，从一个描写天气的词语想开来，进行具体描述是本次练习的训练重点。一方面引导学生由一个词语展开想象，发展学生的具象思维，引导他们进行具体表达；另一方面，通过这样具体化的描写帮助学生进一步理解词语的意思。

综上所述，我们就可以根据单元的主题内容进行写话教学资源的开发，通过聚焦单元人文主线来设计写话内容，进一步强化单元主题的内化与迁移。

写话是习作的基础。语文课标中明确提出写话的目标，即对写话有兴趣，写自己想说的话，写想象中的事物；写出自己对周围事物的认识和感想，在写话中乐于运用阅读和生活中学到的词语；根据表达的需要，学习使用逗号、句号、问号、感叹号。由此我们不难看出写话在小学习作教学中的重要性。

童本取向 思趣写作
——基于统编教材的教学实践

时至今日，习作教学依旧是令教师们头痛并困惑的问题，特别是在小学生习作起步阶段，习作教学该教什么，怎么教，确实值得进一步深入研究。"童本取向 思趣写作"立足统编教材，以儿童的视角采用儿童喜欢并适合的方式，强调习作过程中情感的高投入、思维的高运转、技巧的高站位，使得习作教学在起步阶段便不空洞，不跑偏，不低效，进而让学生走上习作的可持续性发展之路。

一、审视：习作起步阶段教学误区

纵观目前小学习作起步阶段教学，主要存在以下三个问题：其一，由于儿童视角的缺失，忽视了儿童写作的主体性，没有引发儿童在习作过程中情感的高度投入。写作，儿童才是主体。如何激发儿童的情感，调用阅读积累，激活生活经验，这应当成为写作教学中教师需要首先考虑并落实的问题。其二，素材的发掘和内容的选取被一些教师作为习作教学的第一要务，而缺乏表达的指导。不少教师不能结合学生的认知特点及习作要求给予适切的方法指导和技法点拨，习作指导泛化、概念化和标签化的情况较严重。其三，习作教学还处在"浅表学习"层面，教学实效不明显。一些教师忽视在习作过程中培养学生的写作思维，是培育写作智慧。

"童本取向 思趣写作"强调关注儿童情感，启迪写作思维，是伴随写作方法指导的习作过程的体验，试图引导学生在习作的起步阶段就走上言语生命表达的健康之路。

二、剖析："童本取向　思趣写作"的内涵

笔者提出"童本取向"是强调将儿童作为教育活动的本体，习作教学的设计及活动的展开应建立在儿童发展的方式之上，要着力体现以下四个要点。首先，凸显教学的对象是儿童。要让学生在自己所处的世界中体验归属感和意义感，建构他们关于自身的认知和认同，形成对周围世界的理解，并在此基础上获得成长。其次，尊重儿童的特质。儿童具有"好问，好玩，好奇"的特质，要呵护其天性，了解并顺应学生的学习心理和认知结构，满足学生的认知需要和发展需求。其三，选择合适的教学。要尽可能为学生提供适切的教学内容和学习情境，采用学生喜欢的方式展开教学。其四，促进自主的发展。在教学过程中，充分调动学生的生命潜能，将教师的"教"转化为学生的"学"，促进学生主动学习，自主发展。"童本取向　思趣写作"在教学过程中要着力落实以下几个方面。

（一）儿童情感的持续投入

为激发每一颗好奇的心，实现儿童情感的持续投入及学习的长久坚持，"思趣写作"积极探寻适合儿童个性发展的有意思、有志趣的习作教学策略，使学生主动参与环环相扣的写作过程，让学生的生命在言语表达的过程中尽情舒展。

在这里，儿童写童话，能天马行空，不拘一格；儿童写生活，能融入自己，用自己的语言表达对生活的认知。在这里，源自生命的言语表达的诉求被予以尊重、善待与激发。写作，成为一种生命的本真需求和自然倾诉，"人"的天性在无拘无束的表达中得以释放。"人的言语欲求、言语意思、言语才情、言语智慧、言语能力、言语抱负和言语信仰，是从每一个人的鲜活自在的内在生命中生长、绽放出来的花朵。""童本取向　思趣写作"试图让

每一个学生成为自由、自主、自信的言说者，让学生勇敢地发出源自心灵深处的声音，获得情感的极大满足。

(二) 写作思维的持续激发

思维是习作的核心，"童本取向　思趣写作"关注学生思维力的激发和培养，力求让思维伴随写作全程。传统的习作教学教的大多是遣词造句方面的言语表达技巧。"思趣写作"更重视教授学生写作的思维，并充分展现写作思维的过程，让学生在习作体验中发现、探究、运用，在经历中发现语言的密码，提升书面表达能力。

学生是写作的主体，更是思维的主导。在习作过程中学生真切地存在着，身体和思想共同在场。"思趣写作"是一场身心融入的"头脑风暴"。在一个个学生真实参与的习作现场，教师试图让写作思维的过程可观、可感，引导学生确定写作方向，调整写作路径，通过思维为自己的写作保驾护航，确保自己的内部语言得到有效输出。学生正是在一次次由浅入深、循序渐进的思维过程中获得思维力的提升，实现习作能力的螺旋式上升。

(三) 表达技巧的持续指导

毋庸置疑，写作能力的提升与阅读、交往、环境、天赋等因素息息相关，但仍需要教师的"教"。"思趣写作"就是在教师"深耕"下学生"细作"产生新的"写"的结果的活动。因此，"思趣写作"要求在习作的过程中有习作技法的持续指导。

"童本取向　思趣写作"注重引导学生进行语言的自主建构。在写作过程中，教师是语言建构的协助者、促进者，而学生才是信息加工的主体，是语言的主动习得者、建构者。学生亲历真实的习作过程，探索、发现语言文字表达的密码，并与自己原有的语言结构产生联系，进而完成新的语言建构。这一过程是积累的过程，是体验的过程，是发现的过程，更是创造的过程。

基于这样的认知与思考，教师应从学生的学习起点出发考量其实际的写作水平，在习作过程中关注学生是怎么感受、学习、思考、发展、成长的，巧妙渗透习作技法的指导，以期抵达学生的心灵深处，指导学生习得言语智慧，促进学生言语个性和精神创造力的生长。

三、体悟：统编教材习作编排的新亮点

统编教材尊重语文教育规律和儿童认知的规律，体现了语言文字、价值取向与教学取向的三者统一。新教材加大了语言表达，特别是书面表达在教科书内容中的比重，以达到阅读理解和语言表达内容上的均衡。

统编教材实行双线并行的教材单元，建构多板块、多层级的习作体系。从三年级开始，每册有一个习作单元，建立起精读、交流平台、小练笔、习作例文与大习作的联合体。还增加了以习作能力发展为主线组织的习作单元，改变了以阅读为中心的编排体系，改变了多年来语文教学实践中重阅读轻习作的状况。写话与习作关注了在语境中的习得和交际运用，重视培养学生的交际意识和交际习惯，强调了以学生的语言交际功能为核心，推进真实性习作教学。

认真研读统编教材，笔者发现统编教材习作突出了三个"指向"：即指向儿童，要求将儿童放在习作教学的中央，激励每一个孩子说童真的话，写童真的事，抒童心的情；指向生活，力求将习作与儿童的生活、成长建立起丰富的联结；指向实践，强调学生在习作体验的过程中学习表达，习得言语智慧，实现习作能力的螺旋式上升。

"童本取向 思趣写作"的理念和统编教材高度契合。因此，借助统编教材，瞄准儿童的心理特征，从情感和思维入手触发言语动机，激活言语天赋，进行"思趣写作"的耕耘，能促进学生写作能力的整体发展，让学生在起步阶段就轻轻松松地渐入写作的佳境。

四、探寻："思趣写作"教学实施路径

（一）创设交际性语境

"思趣写作"的发生基于学习者的内在需求和学习兴趣，取决于个体的学习投入程度和学习的坚持力。实践证明，当表达与情境相关联时，写作就不再是孤立的一道"作业"，而是一种充满吸引力的真实表达，是一种接近真实的写作。于是，我们将"为什么写"放在首位，用心研究，从儿童生活经验和兴趣出发，着力创设真实、适切的交际情境，激活学生的言语动机，让学生有话想写，有话愿写。

案例1：统编本三上第六单元《这儿真美》

师：最近比较忙，比较忙，想出去欣赏欣赏美景，可就是没有时间啊。怎么办？

（生忙着支招）

师：哈哈，告诉你们，我发现了一个足不出户就可以欣赏美景的好方法。想知道吗？

生（笑）：想！

师：请看！（出示一则朋友圈的美景）

生：哇，真美！

师：知道这是哪里吗？

生：大草原！

师：看，一则朋友圈的图片让我们尽览草原风光。可是，有点遗憾，有图没文字啊。你们可以为它配上一句话吗？

生1：草原真美啊！

生2：草原风景美不胜收。

生3：一来到大草原，我就被这里的美景吸引了。

师：真好。看，有了文字就是不一样。这样的朋友圈点赞无数啊。同学们，今天就让我们也把自己身边美丽的地方向大家推荐推荐吧。在朋友圈里，大家不仅能够点赞，还可以尽情发表自己的评论呢。

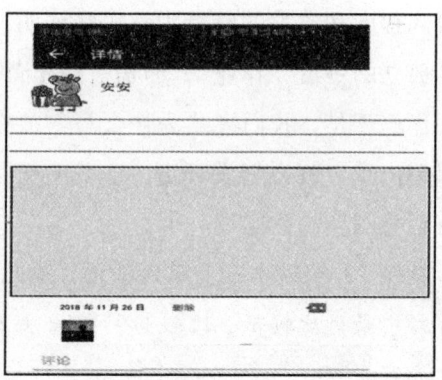

统编教材三年级上册习作《这儿真美》要求学生围绕一个意思写一处身边的美景。在此教学案例中，教师巧妙创设了跟着"朋友圈"看遍天下美景的交际语境，通过欣赏朋友圈"草原、家乡、校园"三处美景，既为"写什么"提供了自由选择的空间，又唤醒了学生"为什么写"的言语冲动和表达欲望。在学生写下喜欢的美景之后，教师鼓励学生发朋友圈进行分享。老师笑言："当读者读了你的作品，有一种去看看、去玩玩的想法时，就说明你的推荐成功了！"以此，巧妙地将情境化写作任务进行到底。

"发泄情绪、交流观点、达成愿望、沟通想法，都是言语需要。"（潘新和语）一旦学生有了这样的言语需要，就会积极地借助语言主动表达。

（二）设置游戏化活动

儿童的文化精神便是自由的游戏精神。儿童正是通过"玩"去认识自然、认识世界的。所以"玩"就成了孩子最好的学习。教学时，可以通过设置好玩的游戏化活动，将学生带入情境之中，引导他们进入自由放松的表达状态。

案例2：统编教材三下第八单元《这样想象真有趣》

师：现在，我们来玩个游戏好吗？我们让这个故事的主角随机转动起来，停到谁，我们就选谁，好不好？

（大屏幕随机滚动，师生合作）

师：开始！

生：停！

师：主角是——

生：飞天的小鱼。

师：我们再看话题。

师：开始！

生：停！

师：话题是什么呀？

生：助人。

师：谁能根据这两个提示，编一个故事呢？别紧张，我们来故事接龙。谁来说故事的开始？

生：有一只小鱼，他会在天上飞。

师：故事开始了，主角出场了，接下来会发生什么事呢？

生：他是一条漂亮的小鱼，特别喜欢帮助别人。

师：哦，介绍了主角的特点。他会遇到什么？

生：有一天，他遇到了一只小老鼠，小老鼠想把奶酪放回家，但是中间有一条河……

师：看，他加了一个角色，谁呀？

生：小老鼠。

师：加得妙不妙？

生：妙。

师：对，独角戏不好玩，角色加一加，故事更精彩。小老鼠出场了，他在搬奶酪，可是他搬不回家，怎么办呢？谁来继续编？

生：小鱼看到了这只小老鼠，对他说："没关系，我帮你送回家。"

师：我们的小鱼会说话了，他加上了对话，故事就更精彩了。这时候小老鼠怎么说？

生：谢谢你，小鱼。

师：对话很精彩。谁来用一句话给这个故事画上完美的句号？

生：小鱼就用嘴叼着奶酪，把小老鼠驮在背上，不一会儿，就把小老鼠和奶酪送回了小老鼠家。

师：怎么样？掌声送给他。看，同学们合作完成了一个故事。故事的主角是谁？

生：会飞天的小鱼。

师：这个故事的话题是什么？

生：助人。

师：圆满完成任务。还想继续挑战吗？

生：想！

在此案例中，教师通过设置游戏化的活动，巧妙将故事中具有相反特征的主角和话题嵌入其中。通过类似抽奖式的大屏幕滚动的方式，随机选取故事的主角和话题，放飞学生想象的翅膀；引导学生通过合作完成故事接龙，不仅降低了讲述的难度，也让每一个学生时刻都处于用心倾听的状态，让学生之间有了更多的协作。

（三）构建支架式写作

"思趣写作"强调以"学"为中心，教师的"教"是为了学生更好地"学"。在习作过程中，教师要想方设法为儿童搭建支架，激发其学习的潜能，以利于在相似习作任务中形成迁移，在新情境中分析、判断，将所学予以合理运用。叶黎明曾强调："习作支架是整合、嵌入习作知识和技巧的显性的学习支持系统，是在学生的现有水平与潜在发展水平之间搭建的'脚手架'，有提示、建议、触发、指导写作的功能，帮助学生完成无法独立完成的写作任务。"

案例3：统编本三下第七单元《国宝大熊猫》

师：聪明的你们课前已经通过上网、查阅书籍、询问家长等多种途径查找了大量信息，真了不起！那么，你们知道有关大熊猫哪些方面的资料呢？快和小组同学一起说说吧。

（生交流并在3分钟内完成思维导图）

（小组汇报，随机板贴，教师引导学生进行分类）

师：让我们进入"盼盼课堂"来观看大熊猫的动漫视频吧。

（播放视频）

师：看了视频，你们又有哪些新的收获？

（生交流）

师：看，我们探寻了大熊猫如此多的秘密。像这样，把不同方面的相关资料汇总到一起就是一张清晰的信息表。借助它，我们就能自如地介绍大熊猫了。（出示表格）

在此案例中，通过课前提问、搜集资料以及组内交流等一系列的自主学习活动，学生已基本了解了大熊猫的相关信息。本课教学重点是指导学生学习如何进行信息的梳理与整合。于是，课上教师借助思维导图、视频、表格为学生搭建支架，引导学生进行分类、添加、整理，为后续能够清楚地介绍大熊猫做好准备，有效提升了思维的广度与深度。实践证明，构建支架式写作能有效帮助学生运思、选材、表达，聚焦"怎么写"，通过方法的指导与技法的传授，让学生真正"有话会写"。

习作是学生学会体验生活、感悟生活、思考生活的习得过程，也是学生言语经验在真实语境和表达困惑中逐步学得的过程。习作起步阶段，习作教学不能"放任自流"，也不能"虚晃一招"，应着力激活表达需求，关注认知体验，点燃写作思维，实现交际运用，让写作在课堂真实发生。

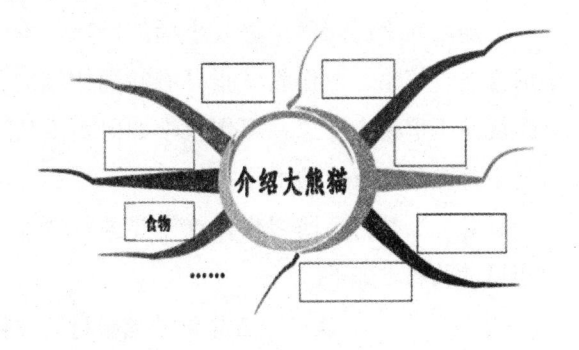

"童本取向　思趣写作"从儿童生活经验出发，引导儿童进行自我表达，让情感高度参与，让思维轻舞飞扬，让生命自由舞蹈。追求有品质的习作教学，"童本取向　思趣写作"的实践研究正在路上。

小学高段习作教学的价值追求及策略探究

一直以来，习作教学是广大一线语文教师教学的难点，也是学生和家长的痛点。但令人欣喜的是，基于学生的真实需求，不少教师勇于直面问题，开始了习作教学的一线研究。经过前期大量的实践调研，我发现，在学生习作的起步阶段不少教师能够针对当前小学习作教学存在的儿童写作主体地位缺失，习作指导泛化、概念化、"浅表化"等问题，通过创设交际性语境，设置游戏化活动，构建支架式写作等习作教学策略激发学生的习作兴趣，促进习作能力的提升。

但随之而来的问题是进入小学高段后，不少教师仍在沿用中段习作教学中的方法、策略，习作教学指导有趋同化倾向，教学增量不显著。这不禁令人担忧并于审视中反思：习作教学如何实现从中段向高段的转身？高段习作教学中怎样落实有效的指导？

针对统编教材高段习作，首先要进行深入的研读，展开纵向梳理。具体习作目标及要求如下。

表一　五年级统编教材习作目标及要求

单元	五年级上册：习作目标及要求	五年级下册：习作目标及要求
一	写出自己对一种事物的感受	把一件事的重点部分写具体
二	结合具体事例写出人物的特点	学习写读后感
三	提取主要信息，缩写故事	学习写研究报告

（续表）

单元	五年级上册：习作目标及要求	五年级下册：习作目标及要求
四	学习列提纲，分段叙述	尝试运用动作、语言、神态描写，来表现人物的内心
五	搜集资料，用恰当的说明方法，把某一种事物介绍清楚	尝试把一个人的特点写具体
六	用恰当的语言表达自己的看法和感受	根据情境编故事，注意情节的转折
七	学习描写景物的变化	搜集资料，介绍一个地方
八	根据表达的需要，分段叙述，突出重点	看漫画，写出自己的想法

表二 六年级统编教材习作目标及要求

单元	六年级上册：习作目标及要求	六年级下册：习作目标及要求
一	习作时发挥想象，把重点部分写得详细一些	习作时，注意抓住重点，写出特点
二	尝试运用点面结合的写法记一次活动	学习写作品梗概
三	写生活体验，试着表达自己的看法	习作时，选择合适的内容写出真情实感
四	发挥想象，创编生活故事	习作时，选择适合的方式进行表达
五	从不同方面或选取不同事例，表达中心意思	展开想象，写科幻故事
六	学写倡议书	学写策划书
七	写自己的拿手好戏，把感受、看法写出来	
八	通过事情写一个人，表达出自己的情感	

通过归纳、梳理我们发现，五年级习作侧重于学习运用说明方法及人物描写方法，六年级则重在能围绕中心意思写，并能表达真情实感。根据高段不同的习作目标要求，针对学情变化，小学高段习作教学要立足"两个关注"，凸显"三个改变"，切实提升学生的写作素养。

一、关注构思，构建表达框架

进入高段，要切实关注学生构思力的培养。通过一次写的实践和二次写的提升帮助学生搭建可行的写作框架，并给予表达方法上的方向性引领，以留有更多的时空让学生自主表达。在教学中，首先引导学生从整体上把握习作内容与要求，树立篇章意识，着力培养学生的构思力。

五年级下册第四单元习作《他_____了》写作要求为：把一个人在特定情境中的表现写具体，并尝试进行多角度描写。这是本次习作重点。不可忽略的是要让学生明确人物的刻画应该放在具体的事件之中，要清楚地写出事情的前因后果。因此，在学生聚焦描写"他怎么了"之前，教师有这样三个巧妙的教学设计：第一步，出示一组生动的表情包，引发学生的好奇心，鼓励学生猜测表情背后的故事。第二步，聚焦三个不同的表情，逐一出示关于表情背后的故事的小视频，让学生体验"原来如此"般的恍然大悟。第三步，让学生说一说自己难忘的一幕——"他怎么了"，说清楚当时的情况。这三个环节环环相扣，处处体现出人物的表现与事件的关联性，引导学生将人物描写放入事件之中。最后，用思维导图（如图1）为学生搭建习作支架，既关注谋篇布局又将聚焦人物多角度描写的写作方法蕴含其中，切实提升学生习作的构思力和表达力。

又如，六年级下册第三单元习作《心愿》属于开放性写作，要求学生根据不同的对象、不同的内容选择恰当的材料和适切的表达方式来表明心愿，表达出自己的真情实感。因此，在设计教学时，教师先引导学生针对不同的对象确定自己的心愿，再通过思维导图（如图2）引导学生从心愿想开来，完成构思与选材。最后，学生结合具体的心愿内容和自身喜好来选择合适的表达方式，如叙述故事或写书信、日记等，自如运用小学六年以来学过的表达方法进行自主表达。

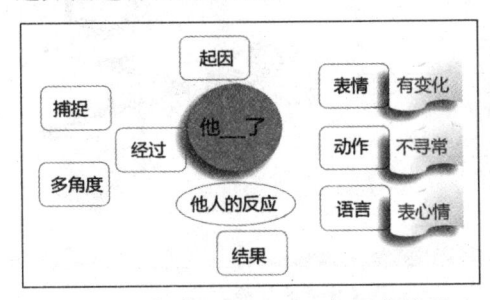

图1：习作《他_____了》思维导图　　　图2：习作《心愿》思维导图

二、关注预学，创意定制习作单

人教社何源老师在《统编小学语文教科书编排思路与教学建议》中曾强调要在习作教学中体现过程性写作，倡导让学生经历预写作、起草、修改、校订、发表等环节。一线教学实践告诉我们，一篇习作很难一课时完成，这就要求教师关注学生写作的全过程，重视习作的准备，将习作的重难点在课堂教学中进行聚焦与突破。特别是在高段习作教学中，要以学生的预写作为起点，切实落实过程性写作，提升习作教学效率。当然，针对学生的预学，教师要进行设计、收集、整理，并在课堂上进行有针对性的反馈。以下图片就是老师们精心设计的预学单及预学反馈。

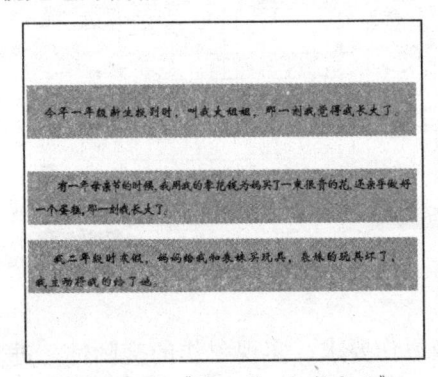

图3：五下《那一刻，他长大了》　　　图4：六上《笔尖流出的故事》

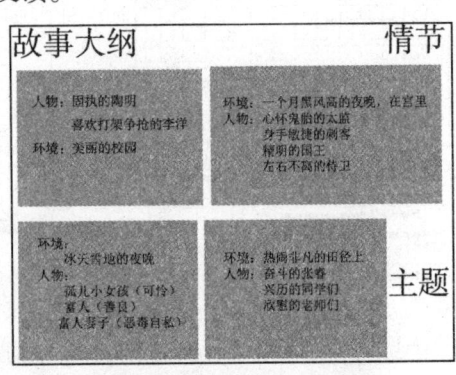

写作过程包括构思、表达与修改，在这一过程中各方面紧密联系，不是呈线性结构，而是圆周形的。在教学过程中，以预学为起点，带领学生步步深入，进而画出一个与起点相呼应的圆，这便是最有张力的习作教学。《心愿》一课，教师从课前学生的心愿单聊起，将学生心愿缘起的习作素材进行罗列、对比，引导学生选择恰当的材料进行课堂习作。学生根据心愿内容自主选择恰当的表达方式进行表达。最后，通过创设安全的交际情境激励学生根据不同的心愿对象用自己的方式勇敢地表达心愿。由此可见，一节好的习作课是能从学生写作起点出发，在环环相扣的推进中画出一个完满的圆的。

图5：五下《神奇的探险之旅》

图6：五下《那一刻，我长大了》习作单

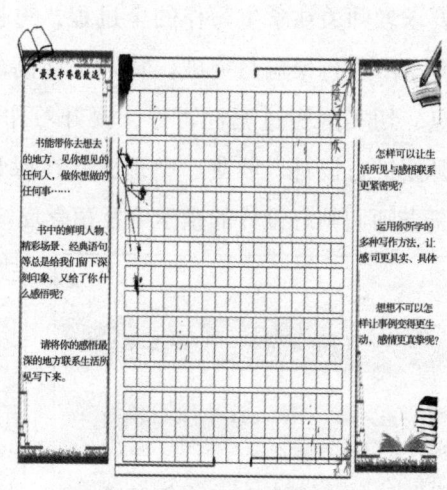

图7：五下《写读后感》习作单

中段习作单多以星级评价为主，明确习作要求，实现习作的交际性。进入高段，我们依据不同的习作内容，创意研制了各具特色的习作单，充分体现了习作单的趣味化、具体化、个性化。"一课一单",量体裁衣,辅以有针对性的习作提示语、指导语,有的还图文并茂,生趣盎然。学生人手一份的私人定制的习作单就是最直接的写作支架。

三、从预设例文转向巧用现场习作

习作例文是体现写作知识的形式和内容统一的"写作支架"。习作起步阶段,习作例文会提前预设好,在教学的某一个环节通过课件展示来帮助学生写作。到了高年级,则要强调写作现场的生成性,试图让写作知识、写作技法从灌输走向师生的合作生产。因此,在课堂上,学生进行第一次习作实践时,教师要走近每一个学生,及时且准确地选出适切的现场例文,为下一步的集体交流反馈做好准备。现场习作的选择之功,需要教师在日常的阅读中蓄积,在学生习作评改中磨炼,也需要教师对习作目标要求进行精准把握,从而逐渐生成对典型语段或语篇的敏锐嗅觉。

案例1:《他_____了》教学片断

(出示一名学生的现场习作片段)

师:这位小作者的哪些描写让你印象深刻,甚至有身临其境之感呢?

生:爸爸一下子变得严肃起来,眉头皱了起来,那张脸就像一张揉皱的纸。他厉声呵斥:"这次怎么考这么差?"他一抬手,把试卷扔了过来。我低头不语,真担心他会随时扑过来。

师:看,这些表情、动作、语言的描写,让你们感受到了什么?

生:爸爸因为"我"考试没考好特别生气。

师:是的,这位同学捕捉到了爸爸生气时的具体表现,通过表情、动作、语言的描写表现出来了。除了直接写爸爸,还写了什么?

生:"我"的心情。

师:对,这也是一种角度,叫作侧面烘托。看来,刻画一个人在具体事件中的表现可以像这样进行多角度描写。(师适时板书:多角度)

在教学现场,教师经过甄选适时展示了具有代表性的学生现场习作作品,并组织评议。一方面启迪、指导了其他学生，另一方面也展现了教师真实评改的过程，能有效提升学生的"语力"，体现了习作评改的可视化、时效性。

四、从先教后写转向边写边教、先写后教

对于每一次习作任务，教师的写作技法指导都是根据学生完成本次习作的言语困境而生的。在习作起步阶段，提倡教师做到精指导，粗评改。在学生写作之前，就通过习作例文将相关习作技法隐含其中，将指导前置，落实的是先教后写。进入高年级，我们则倡导先让学生实践，再根据相关预设及现场习作真实情况进行指导，先写后教或边写边教。究其原因，是因为对于高年级学生而言，他们已有一定的阅读积累和习作经验，他们的习作不再是"零起点"了，因此，写作技法的指导可以适当后置。教学时，可根据学生习作情况进行指导，指向学生力所不逮之处，关注学生内在的实际需求。

在五年级下册第八单元习作《漫画的启示》教学中，教师便运用了边写边教先写后教的方法，课堂40分钟安排了三次学生现场的"写"。第一次写，通过指导学生有顺序地观察图画，指导学生及时有序地写下图画的内容。第二次写，重在引导学生把漫画的启示写具体。在学生漫谈启示之后，教师从"故事、人物、现象"等角度进行梳理，帮助学生拓宽思路，启发他们联系生活来写启示。第三次写，在师生结合现场进行习作评改之后，教师适时拿出了类似的漫画，激活学生的逆向思维，在对比与感悟中启迪学生写"漫画的启示"。还可以写一写自己的建议，给人们一个正向的引导。

由此可见，进入高段，习作教学从技法前置到技法后置，从扶得多到放得多，凸显的是儿童写作主体的地位，以现场的真评、真教、真改有效落实"从学生中来，到学生中去"的习作教学理念。

五、从低阶思维力转向高阶思维力

郑桂华教授认为，写作教学不是单纯的语言学习，还应该有思维内容的训练。对于思维能力的提升来说，有意识、有规划的训练与没有规划的思维

训练相比结果是不一样的。进入高段，习作教学要着力对学生进行高阶思维能力的培养。

（一）选材：从理解分析到综合判断

以往，教师指导学生选材的时候多是根据习作内容对学生所选的写作材料进行条分缕析，极大地限制了学生思维能力的发展，容易造成选材的雷同。在高段习作实践中，我们倡导给予学生更多的思考空间，提供丰富的素材，以巧妙的点拨促进学生自主地对习作素材进行甄别、判断、选择。

五年级下册第八单元习作《漫画的启示》，第一课时教学中教师主要引导学生聚焦第一幅漫画进行写作。这幅漫画讽刺了生活中不劳而获的思想和行为。教师先启发学生联系生活想想：在自己的身边有没有这样的人和现象呢？实际教学中，往往会出现两种情况：一是学生对"不劳而获"的理解有些偏颇，学生列举的事例并非"不劳而获"，而是一些不文明的行为，因为不文明的行为更容易被发现；二是学生列举的并非自己身边的例子，而是影视作品中的情节，与学生真实的生活距离比较远。如何让学生发现并遴选出身边这样的具体表现呢？教师从漫谈生活所见开始，借助词语支架，呈现相关实例，唤醒学生真实的生活体验与感受。随之，习作素材就生成了。

案例2：《漫画的启示》教学片断

师：来，看看我们身边的"不劳而获"的现象有哪些。比如——（师点击出示：不动脑筋等答案、拿同学的作业来抄……）同学们，你们又会想到哪些呢？

生：我觉得自己在生活中也有这样不好的行为，经常是衣来伸手，饭来张口。

生：我吧，平时不努力，还幻想能考出好成绩。

生：有的人自己不付出，却把别人的成果揽到自己身上。

师：用心观察，认真思考，你会发现这样的行为还真不少呢。我们可以选择其中一种你感受最深的现象，结合自己的所见、所感，将它写具体，以警醒更多的人。

(二)行文:从模仿借鉴到自主建构

进入高段,教学中可以尽量少给学生预设好的习作例文,而是更多借助多种形式的习作支架来帮助学生进行自主建构,以减少例文对学生的束缚,帮助学生打破思维定式,写出具有自我特色的文章来。

六年级上册第四单元《笔尖流出的故事》是小说单元的习作,意在鼓励学生尝试写虚构的故事。这对小学生来说绝非易事。通过研读教材,你会发现教材中呈现了三个有意思的写作素材,再仔细研究,你会觉察到这不就是创作小说前要写的故事大纲吗?如何有效地运用这一习作支架呢?于是,教师设计了两个学习活动,实现了习作支架的转化与拓展。如下图所示。

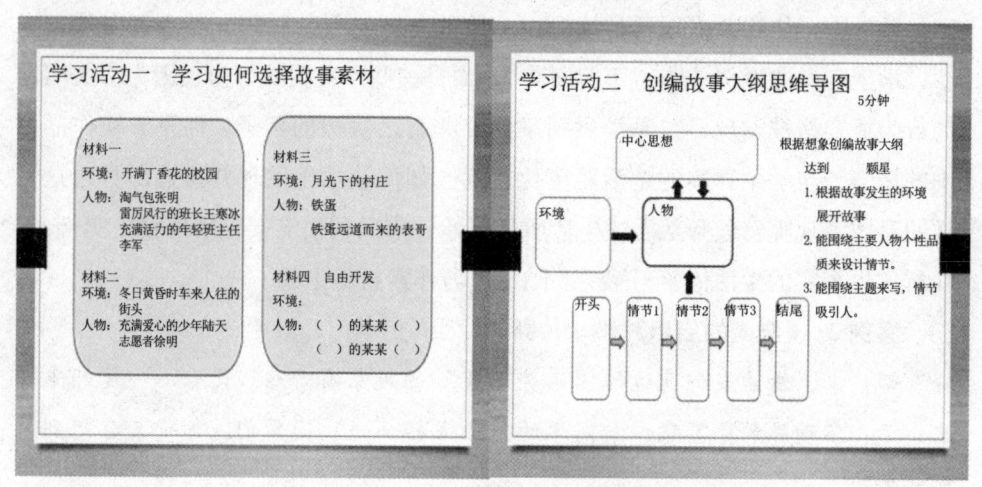

图8:六上《笔尖流出的故事》学习活动设计

这样一来,故事有了环境、人物、主题、主要情节,学生就可以依据相关框架结构来自主建构属于自己的小小说了。课上,学生可依据这样的结构图聚焦某一个情节展开具体的描述。在教学反馈中,学生各具特色的精彩故事层出不穷,举一反三,课后,学生就能继续展开想象,接着完成后面的情节。"笔尖的故事"就在学生的自主构建中自然流淌出来了。

(三) 评价：从鉴别评议到反思创新

自中年级开始，教师就要重视及时的习作评价。学生写作之前，教师可将具体的习作评价标准前置，让学生写有依据，写有方向。写后，教师可结合具体的评价标准组织学生进行评议。进入高段，我们则希望给予学生更多自我审视与自我反思的空间，也更重视习作评价中学生"反思与创新"的高阶思维能力的提升。

在五年级下册第二单元习作《学写读后感》一课的教学中，学生借助"引用文本""联系生活"的方法完成了读后感的一次写作之后，为实现学生的自我修改与自我提升，教师设计了小组合作的学习活动：学生先自主阅读资源包（两篇学生读后感片段），再进行组内交流——写好读后感还有哪些小妙招？以引发学生基于文本学习及实践体验的深度学习。

案例3：《学写读后感》教学片断

师：同学们，通过刚才的阅读，你们有哪些新的发现呢？

生：通过阅读《狼王梦》的读后感，我发现还可以巧用对比来写感受。

生：在这篇文章的结尾处作者这样写道："这一刻，我更深刻感受到了母爱，虽如紫岚般的严厉却也如紫岚般的为儿守护。"这是在点明主题。

生：第二份阅读材料《圆明园的毁灭》的读后感，借助了很多有价值的资料。

师：谢谢同学们，你们善于发现，也善于思考。点明主题、巧用对比、借助资料（师相机板书）等方法能帮助我们把读后感写得更具体、更生动，更能引发读者的共鸣。现在，就把你学到的方法运用到自己的作品中去吧。请同学们继续修改自己的习作。

由此可见，直面小学高段习作教学存在写作过程指导僵化、方式单一、效果不明显等问题，在教学实践中，教师可立足"两个关注"，落实"三个改变"，努力跳出习作窠臼，将学生带出写作困境，以实现高段习作教学的有效突围。

低段口语交际教学实施路径

统编教材对口语交际教学予以重视，将口语交际作为一种明晰而独立的课型，且口语交际每个部分的内容之间层层推进，构建起螺旋式上升的口语交际体系。

例如，一年级上下两册共有八次口语交际，教学目标主要涉及口语交际时控制音量、注意礼貌、听清楚和说清楚这四个要素。以"控制音量"为例，一年级上册设置了两次交际提示，分别是《我说你做》中提示"大声说，让别人听得见"和《用多大的声音》中提示"有时候要大声说话，有时候要小声说话"。一年级下册又在《听故事，讲故事》中再次提示"讲故事的时候，声音要大一些，让别人听清楚"。由此可见，对于"控制音量"这一交际要素，第一次出现时只是简单地要求声音响亮，让交际对象听得见；第二次出现时增加了要根据交际情境来调整，使用合适音量的要求；而到了一年级下学期时，已经将其置入具体的应用情境——讲故事中了。

从中我们可以看到，一年级统编教材口语交际内容紧密联系着学生的生活实际，且目标明晰、前后衔接。如此循序渐进地进行口语交际教学，能切实提升学生的口语交际能力。低段口语交际教学如何使其成为学生真正喜爱的课程，以实现知识的习得与能力的提升呢？

一、让学生愿意说

"第一学段主要评价学生口语交际的态度和习惯，重在鼓励学生自信地表达。"语文课标中口语交际的评价建议如是指出。可见，低年级口语交际教学，学生参与意识及情意态度的培养尤为重要。

（一）耐心等待，赏识鼓励

低年级学生通常缺乏当众言说的勇气和经验。激发他们表达的欲望，使其拥有表达的自信，是口语交际教学的首担之任。遵循儿童身心发展规律，在尊重、包容与赏识中鼓励学生进行勇敢、自由的表达，才能实现从"要我说"到"我要说"的口语交际的理想状态。

统编教材一上第四次口语交际《小兔运南瓜》借助一个有趣的童话故事展开，采用看图补白编故事的形式来引导学生想出多种多样的运南瓜的办法，以此为话题展开口语交际活动。从口语交际的要求"大胆说出自己的想法"可以看出，本次教学的重点不是指导学生如何把运南瓜的办法说清楚、说完整，而在于如何拓宽学生思维，让学生大胆、主动地说出自己想到的办法。

基于此，教师就应更多关注学生口语交际活动参与的状况，采用更多的激励性措施如微笑、肯定、等待、点拨、欣赏等。在放松、愉悦的状态下，学生想出的办法各式各样，着实有趣："乘着热气球，带着南瓜飞回去"是学生基于生活的想象；"让大象伯伯用象鼻子卷起南瓜，帮忙送回去"有着美妙的童话味道；"用跷跷板，把南瓜弹回去"是学生天马行空的创意。

（二）巧妙设计，快乐参与

学生知识的获取、能力的提升是在一次次实践中甚至是在试错中习得的。因此，口语交际教学设计要巧妙而充分地落实学生口语交际实践活动，要真正让学生在课堂上说起来、练起来、动起来，充分体验表达的乐趣。

统编教材二上口语交际第四课《看图讲故事》的小贴士这样写道："按顺序说清楚图意。认真听，知道别人讲的是哪幅图的内容。"围绕这样的交际要求，教师巧妙地设计了四个层次的交际实践活动：玩着说，通过沙画式的动态图画将单幅图一一呈现，让学生快乐、轻松地说清楚每一幅图的意思，特别是最后留白的图画，让学生展开丰富的想象，进行有新意的创编；连着说，六人小组内先一个接一个开火车说，再由小组集体展示；猜着说，由学生自主选择要说的图，让其他学生猜猜是哪幅图的内容；配音说，教师将图上的故事串联起来，适时让学生进行补充。学生在活泼泼的多维度的口语交际实践中生成了言语交际的智慧，获得了口头表达能力的有效提升。

二、让学生有话说

如何让学生在口语交际活动中有话可说？口语交际教学设计应着眼于学生最近发展区，一方面考虑学生口语表达的实际水平，消除其畏惧心理，充分调动学生表达的积极性；另一方面，与生活紧密联系，适当地让学生跳一跳"摘果子"，挖掘学生的潜能，有针对性地进行口语交际活动的拓展，将口语交际指向生活的实际运用。

（一）统整教材，适度拓展

一般而言，统编教材中的口语交际教学内容分为三个部分：一是导语，指导学生根据导语提示进入口语交际话题；二是情境图，紧密联系生活，图文并茂，引导学生在具体情境中开展口语交际活动；三是交际提示，用小贴士的形式明确了每次口语交际活动的具体要求。

教学中，教师要立足于文本，用好教材资源。特别是文本中已给出的图文并茂的示例，要根据教学实际采取多样灵活的方式，充分发挥其引领、示范、指导的价值，让学生有法可依，有话可说。

统编教材一上口语交际《用多大的声音》教学伊始，教师便以学生喜闻乐见的形式——手偶朋友"贝贝、莎莎"来校参观，自然地串起了教材中的三个口语交际场景，巧妙地将学生带入学习的"场"。通过观察插图、互动交流、模拟表演，学生对于在图书馆问座位、去办公室交拾到的物品、在教室里讲故事这三个不同的场所该用怎样的音量说话有了清晰的认识，且能在情境之中自如地进行交际应对。在对教材中的三种情境有了初步认知后,教师相机加入了运动会集合喊口令和看电影迟到询问座位的情境。这两个拓展情境与学生的生活紧密联系,既有现实基础又充满趣味性。讨论、表演、模仿、评议,课堂上,学生积极参与,乐于分享,气氛很是活跃。

在教材提供的交际情境的基础上,创造性地增加新的与之有联系的交际情境,让学生有了更广的交际空间,产生更多的交际应对。由此,从课内到课外适度拓展,循序渐进,有利于教学目标的落实,有利于学生口语交际能力的切实提升。

(二) 巧设情境,意趣浓浓

有意思的口语交际内容、有情趣的交际情境能让学生在轻松愉悦的话语体验中拥有口语交际的愿望与热情,在倾听、表达、应对中自然发展口语表达能力,提升交际交往的素养。在交际话题之下,创设真实的交际情境,并根据话题和情境选择恰当的呈现方式,是口语交际教学需要思考与设计的关键。

口语交际《小兔运南瓜》一课,教师可用一个大的情境串联起几个具体化、形象化、生动化的小情境,让学生置身其中,让他们在有来有往的交际活动中乐此不疲。面对又大又沉的南瓜,小兔该怎么办?先让学生畅所欲言,为小兔出出主意,再通过动态课件为学生提供思维的支架,让学生有话可说。教师启发道:"一路上,他看见小猴子开卡车去送信,刺猬兄弟抬着一麻袋货物,小熊推着一篮子菜,小狗踩着滑板,小猫玩着皮球……"引导学生结合图画,联系生活想开去。接着,创设第二个小情境,教师扮演小兔,与学生对话,引导学生将想到的办法说给"小兔"听。再请学生扮演小兔,学生与之进行充分交流。随后,创设小兔成功运回南瓜后与妈妈的对话情境,让小兔向妈妈讲述运南瓜的办法。紧接着,又创设小兔邀请朋友来家吃南瓜的情境,让大家向小兔询问运南瓜的办法。就这样,一个情境接一个情境,环环相扣,学生兴致盎然地开展着口语交际活动。

三、让学生能说好

低年级除了要培养小学生口语交际的习惯及态度，还要努力实现学生大胆、自信的表达。这种自信的表达一方面根植于兴趣的土壤，另一方面也源于不断提升的表达能力。

（一）独白与对白，相互推动

对白与独白，这两种交际方式的训练具有互补性。在口语交际学习中，这两种交际方式可以灵活运用，穿插起来，相互启发、铺垫、推动，促使口语交际活动由浅入深，从难到易。日积月累，学生的口语交际水平就会逐步提升，最终实现质的飞越。

还是以《小兔运南瓜》为例，无论是让学生自由自在地畅谈帮助小兔运南瓜的方法，还是提供支架，帮助学生拓宽思路，去发散思维想各种办法，这些交际方式都是独白型的，能够促进学生口头言语表达的有序性、明确性。再者，小兔向他人求助寻求办法、小兔向妈妈讲述运南瓜的经历、小兔向朋友介绍自己运回南瓜的办法，这些交际方式都是对白式的，可以提升学生的思维品质以及口头言语表达的应变性、灵活性。

（二）示范与实践，互为补充

口语交际课堂教学，教师该如何存在？我们知道，在口语交际活动中，真实的出其不意的交际应对会因为交际双方不同的理解与表达而自然产生。这一方面需要交际双方认真倾听，全情投入，另一方面需要双方根据当时的具体情境相互配合，适时呼应对方的话题，灵活应对，从而实现口语交际活动的多个回合的交流互动。这样的交际应对于小学生而言确实有一定的难度，特别是低年级学生。因此，教师要适时进行点拨、指导，做好辅助性工作，而不是把问题简单地抛给学生。

《小兔运南瓜》一课，一年级学生分别扮演小兔和兔妈妈进行对话时，往往只有一个回合的交流。如何在学生之间产生"话语信息流"呢？此时，就需要教师的有效介入。"兔妈妈，听明白了吗？不清楚的地方可以再问一问。""小兔子又聪明又能干，兔妈妈准备怎么夸奖他呢？""得到了妈妈的表扬，小兔该说些什么？"这样的点拨能促进话语信息在交际双方"走个来回"，形成信息流，凸显了口语交际的交互性。

当然，教师的示范作用也不可小觑。二年级上册口语交际《看图讲故事》一课，教师先指导学生说单幅图。实际教学中我们发现，学生往往只会就一幅图说一幅图，没有将前后内容有机地联系起来。这时候，就需要教师的示范、引领。例如，说到第二幅图时，教师这样引导："爸爸来到书房，看见儿子正趴在地上津津有味地看书呢。他对儿子说……"就这样，教师通过自身的示范巧妙地告诉学生：看图讲故事的时候要注意前后的联系，把故事说清楚，说完整。

除了口语交际课上的专项训练，教师还要重视在语文课程教学中培养口语交际的能力，并鼓励学生在各科教学活动以及日常生活中锻炼口语交际能力。让有品质的语言实践活动亲近儿童，让学生拥有言语交际的智慧，是每一位语文教师的应然追求。

小学口语交际教学的误区透视及应对策略

口语交际是小学语文教学围绕全面提高学生语文综合素养而设置的一项教学内容。统编版小学语文教材设有专门的口语交际课,全套教材中共编排了47次口语交际,每册安排4次(六年级下册3次)。口语交际教学不仅仅是培养学生的口头表达能力,更重要的是培养学生在交际实践中与人交流的意识、能力和习惯。目前,广大教师已逐渐认识到口语交际能力是学生应具备的基本素质,是小学生语文素养的重要组成部分。但在一线的实际教学中,由于长期对口语交际教学不够重视,对其实践缺乏研究,教师对口语交际教学的理解、操作出现了偏差,口语交际教学质量普遍不高,学生口语交际能力提升较慢。那么,就让我们走进口语交际教学的现场,直面问题,通过透视、分析这些误区,把握口语交际教学的本质、规律,探寻口语交际在课堂教学中有效落地的实施策略。

一、口语交际教学存在的误区及分析

有些老师对口语交际教学有想当然的认识:组织一些活动,让学生在课堂上说起来,这就是口语交际课。其实,口语交际教学并不是追求表面上的热闹。语文课程标准指出:学生应具有日常口语交际的基本能力,在各种交际活动中,学会倾听、表达与交流,初步学会文明地进行人际沟通和社会交往,发展合作精神。可见,倾听、表达、交流、应对就是口语交际真实发生的着力点，而"交际情境""交际策略""交际实践"则是其中的关键要素。然而，纵观目前口语交际教学的课堂，恰恰是对这三个关键要素的把握不到位，导致在教学中出现了问题。

（一）误区一：交际情境"假"而"碎"

为调动学生口语交际的兴趣，激发言语动机，口语交际教学常常会设置具体的交际情境。在教学中创设交际情境已成为大家的共识。但观察发现，交际情境的创设主要存在以下两个问题。一是在教师创设的"空"情境中进行着"假"交际。例如一年级口语交际《打电话》一课。教学伊始，教师便用书中的情境图导入：李中打电话给张阳，张阳妈妈接到了电话，他们会怎样进行交流呢？相机引导学生进行情境模拟。但是，在这样有距离感的情境之中学生的参与热情是不高的，课上学生始终游离于情境之外。二是情境之间缺乏内在联系，有碎片化的倾向。例如一年级口语交际《请你帮个忙》。教师充分运用教材中的三个情境图创设了三个交际情境：男孩向叔叔问路、同桌向李山借水彩笔、小男孩请大姐姐捡球，再加上老师拓展出来的两个情境，整节课，一个又一个的情境，一个又一个的人物，让学生应接不暇。空洞、割裂的情境让学生提不起交流的兴致。

（二）误区二：交际策略以"教授"为主

统编小学语文教材中每一课的口语交际策略都一目了然地写在了教材中的交际小贴士中。教学时，教师为了帮助学生掌握相关的交际策略，总是喜欢在第一个交际情境中就通过直接教授的方法将交际策略告知学生，再通过创设其他的交际情境指导学生对方法进行运用。比如教学《打电话》一课，在李中和张阳妈妈进行电话交流时，教师反复强调：打电话的人要先说自己是谁，而接电话的人若没有听清楚，可以请对方重复。教师就是这样通过自己的讲解、分析将交际策略硬塞给学生，再让学生在不同的情境中进行练习。这种"先教后学"的模式化教学方法带来的是僵化的口语交际练习。

（三）误区三：交际实践以"单向"听说为主

口语交际特别强调实践性，教师要让学生在大量实践的过程中开展充分的口语交际活动。不少教师很关注学生的言语实践，但在实际教学中却常常错把"听说教学"当作口语交际。有的教师以为，课堂上有听有说就是口语交际课了。但实际上，"听到"和"说出"的信息都呈单向，没有交流，没有互动，当然也就没有真正意义上的"交际"了。在二年级口语交际《长大以后做什么》的课堂上，学生站在前面——诉说着自己"长大以后干什么"的愿望，教师微笑点头评价，就这样，这节课成了每个学生畅谈理想的"独角戏"。其后，也有学生提问，但也只是让一个说自己的愿望，一个问"你为什么有这样的想法"而已，没有真正实现学生之间多个回合的多向交流。"单向"的听说练习忽视了口语交际教学的交际性功能。

二、口语交际教学的应对策略

综上所述不难看出，"交际情境""交际策略""交际实践"这三个关键要素虽然在教学中都有所触及，但依然存在着不同程度的问题。由此，根据以上三个方面存在的突出问题，积极采取有针对性的应对策略就能走出误区，实现口语交际教学的有效突围。

（一）交际情境：唤醒需求，由始至终

众所周知，创设真实的交际情境能激发起学生参与口语交际的兴趣，并借助兴趣的动力促使学生主动参与、乐于参与口语交际实践活动。那么，什么样的情境是真实且有效的呢？那便是能唤醒学生交际需求的情境。对于《打电话》这节课，教师可以在教学伊始创设这样的情境：先带着学生玩个有趣的小游戏。游戏结束后，选出一名获胜者，集体为他颁奖。就在孩子们沉浸在快乐之中时，教师适时提议大家把这个好消息分享出去。教师随机问获胜的学生：如果这时候让你打个电话给一个人分享你的快乐，你会打给谁？

要不，我们现在就打一个？看，教师牢牢抓住了小学生乐于分享的心理特点，唤醒了其内在的交际需求，在真实的交际情境中让学生自发展开了交际实践。再到后面，教师可以李中这一个人物为线索贯穿整个教学的始终：李中打电话给张阳约他去踢球，先和接了电话的张阳妈妈交流，再与张阳交流。可是没想到，李中踢球崴了脚，于是，他就打电话向老师请假。请假在家的李中接到了一位叔叔的电话。而叔叔打电话是找爸爸的，但爸爸不在家，李中又该怎样和叔叔交流呢？就这样，教师巧妙地将一个个小情境串成了一个大情境，学生们情不自禁地化身成李中，用一个个电话完成了与身边人有效的沟通与交流。

《请你帮个忙》一课，教师一上课便信手拈来，自然地创设了一个真实情境。只见老师神情慌张，惊呼："哎呀，我的语文书哪儿去了？"怎么办呢？老师不禁向同学们求救："请大家帮忙找一找，好吗？"看着着急的老师，学生们纷纷找了起来。一个孩子在讲台下面发现了语文书，递给了老师。老师高兴地与他拥抱，不住地表示感谢："谢谢，谢谢你的帮助。"学生们开心得手舞足蹈。他们可能会在心里激动地想：原来，老师也需要帮忙啊。就在这时，老师话锋一转："同学们，你们在生活中帮过谁的忙？或者又请谁帮过你们的忙呢？"学生一番畅所欲言后，教师再次强调：看，原来在生活中我们都经常会说——请你帮个忙嘛！

由此可见，真实的交际情境能唤醒学生的交际需求，并能勾连起他们真实的生活体验，让学生情不自禁地进入交际场。同时，由始至终的主线索将一个个小情境串联起来，形成了一个大情境。环环相扣的情境有种强烈的代入感，学生置身其中，便有了自然而然的真实的交际状态，进而迸发出人际交流的智慧。

（二）交际策略：实践习得，迁移运用

教材中的交际小贴士要不要反复地读？要不要进行分析讲解？怎么指导学生运用交际策略？这是不少教师在教学口语交际时的困惑。口语交际课强调的是语言学习的实践性。荣维东老师曾指出：语言学习的目的不在于语言符号和意义的机械识记，而在于通过语境学习语言，以获得真实的语言运用能力。可见，教师教学时应着重引导学生在实践中习得相应的交际策略，而不是直白地告知、讲解。

二年级口语交际《注意说话的语气》一课旨在引导学生在说话的时候使用恰当的语气，能让听的人感到舒服。什么时候该用什么语气，不是教师教出来的，而是学生在实践中悟出来的。教学时，教师可通过创设不同的适切的情境让学生在大量的交际实践中体会使用不同的语气会有什么不一样的效果。首先，可进行一次辨析实践，帮助学生明确：向别人解释时应该用怎样的语气。通过辨别分析学生发现："我不是故意的！"这种语气中有推脱和不耐烦的感觉，而用"我不是故意的。"语气中有一种自责、后悔和不安，更易得到对方的理解、体谅。随后，继续让学生在不同的交际情境中进行练习，深入感受不同语气带来的不同反应。在这样一次次的具体体验、真实实践中让学生自主领会"说话的语气不要太生硬""避免使用命令的语气"，并在后续的实践中不断迁移运用，加深认识，以获得提升。

"实践是检验真理的唯一标准。"口语交际不能忽视语言的生活实践的交际功能。交际策略既是口语交际的目标，又是口语交际的实践路径。唯有实践，实践，再实践，学生方能将知识内化于心，外化于形，进而将相关的交际策略在生活中自如运用，培植交际意识，发展自身的交际能力。

（三）交际实践：多向交互，层层推进

在教学中，如何展开交际实践？首先，教师要明确：倾听＋表达≠口语交际，"交流"才是口语交际真实发生的关键。口语交际要有"交流"补位，使"听"与"说"呈现动态的交互过程。诚如上文中的例子《长大以后做什么》，不能单纯地让学生说和听，要让学生说了听，听了说，说了再听，听了再说。具体来讲，当学生说到自己"长大以后做什么"时，其他同学可以自由提问，说的人继续解答，其他同学再追问，说的人再补充。当然，实践告诉我们，这种交流互动不仅仅存在于学生之间，学生和教师、学生和学习资源之间都要体现这种交互性。

　　口语交际教学提倡教师要经常主动参与学生的交际实践，一方面为学生示范，给予借鉴，另一方面可适时为学生设置交际障碍，将学生的交际思维引向深入，提升交际品质。这节课教学伊始，教师先畅谈了自己小时候的梦想——长大后成为一名小学语文老师。随后，鼓励学生自主提问，特别是就自己感兴趣的内容多问一问。看，此刻，教学现场俨然成了新闻发布会，学生的问题五花八门，层出不穷。教师一一解答，清楚地表达想法，简要地说明理由。这便是师生交流中教师的示范引领。在后面的生生交流中，教师也加入了进来，主动向学生提问。这种介入是教师试图通过提出高质量的问题来进一步激活学生的言语思维，将交际活动引向深入。当然，学习资源对于学生的启发价值也不容忽视。这节课通过播放视频中学生对父母的采访，启迪学生课后也能和父母进行交流，主动了解父母小时候"长大以后做什么"的愿望，以实现口语交际从课内向课外的拓展延伸。由此可见，口语交际教学要在多向、多回合、多形式的交际实践中寻"真"、拓"思"、促"说"，由浅入深，梯度推进，真正让学生"在游泳中学会游泳"。

　　口语交际能力是现代公民的必备能力。口语交际是语文课程的重要内容。口语交际教学研究是小学语文教学中不可或缺的重要一环。口语交际教学要择高处立，向宽处行。教学中，要牢牢抓住口语交际教学的三个关键要素，即"情境""策略""实践"，创设由始至终、能唤醒交际需求的情境，通过多向交互、层层推进的实践引导学生习得交际策略，落实有效的迁移运用，在潜移默化中全面提升学生的口语交际素养，最终达成愉悦的交流，体现沟通的智慧。

触点·落点·增点：
推进功能型口语交际教学

统编小学语文教材共编排了47次口语交际，每册安排4次（六年级下册3次），编排了更为丰富、综合的口语交际类型，主要包含独白型、交互型、功能型三类话题。话题的类型决定了交际目标的设定、教学方式的选择。其中，每册教材有1次以功能型交际为主。整套教材中的功能型口语交际内容如下所示。

册　别	交际内容
一年级下册	请你帮个忙
二年级上册	商量
二年级下册	图书借阅公约
三年级上册	请教
三年级下册	劝告
四年级上册	安慰
四年级下册	转述
五年级上册	制定班级公约
五年级下册	我是小小讲解员
六年级上册	意见不同怎么办
六年级下册	辩论

功能型交际话题来源于学生的现实生活，旨在让学生在真实的交际情境

中完成有实际意义的任务，让学生经历真实的口语交际过程，发展学生的生活交往能力。如何有效地推进功能型口语交际教学，实现文明、和谐的人际沟通和社会交往呢？

一、交际需求：功能型口语交际的触点

本质上讲，人类交际是因为个体之间存在着"需要"。任何一种成功的交际使用的是口语，获得的却是"需要"。这种"需要"后面是个人的情感、文化背景、生活经验。交流和需要恰恰是以往听说教学单纯的语言训练所欠缺的。功能型口语交际话题正是立足于社会生活交往的需要，完成有实际意义的交际任务。

（一）活用教材，勾连生活体验

统编语文教材中口语交际的内容设置应很接地气，大多以与交际话题相关的生活场景图呈现，借助贴近学生生活的交际场景引出话题，调动学生的生活经验和情感体验，让学生尝试自己解决问题。叶圣陶先生曾说过，"教材无非就是个例子"，所以，教材从本质上来说是教师教学内容的一个很好的载体，教师可充分挖掘这个教学载体背后的价值和信息，立足教材，用好教材，从而对学生的口语交际活动进行更为丰富多彩的设计安排。

《商量》是统编教材二年级上册第五单元的口语交际。教材导语"在生活中，有时候我们需要跟别人商量事情"揭示了口语交际主题——商量。第二部分教材以图文结合的方式编排了三幅例图：小丽，我想和你商量一件事。我想和你调换一下值日的时间，因为今天是我的生日，我想早一点回家，你看行吗？没关系，那我再问问别人能不能和我调换吧！这三幅例图为如何正确商量很好地做出了示范。教材的第三部分，实际演练，为学生提供了两个生活中的真实场景：向同学借的书没有看完，想再多借几天；最爱看的电视节目就要开始了，但爸爸正在看足球比赛。旨在引导学生运用商量的方法表达清楚自己的想法，将课堂知识真正运用到生活中。最后的交际提示指出了本次口语交际的两个具体要求：要用商量的语气；把自己的想法说清楚。

教学伊始，先声夺人。爸爸看球赛的画面进入学生眼帘。爸爸看得津津有味，还连连喊道："快，快，带球过人，快……"教师适时说道："看，球迷爸爸又霸占电视了。可是此刻，小明喜欢的动画片播放的时间到了，他该怎么办呢？"以此，勾连学生的生活体验，引导他们进入情境。不出所料，学生纷纷说道——商量。教师直指"商量"，强调：是啊，商量的学问大着呢，就让我们学着如何通过商量来解决生活中的问题吧。

口语交际教材中的教学资源比较丰富，教学时要避免两个误区：一是唯教材资源，一股脑地堆砌；二是抛弃教材资源，一味地自我开发。教师可依据学情进行适当的分解、整合、运用，灵活使用教材，运用其中生活化的元素唤醒学生的体验，使之欣欣然进入口语交际状态。

（二）联系生活，唤醒真实需求

生活即教育。这一观点揭示了生活是口语交际的源泉，口语交际源于生活而服务于生活。学生的生活本身就是最真实的情境，生活唤醒了学生内在最真实的需求。

口语交际课《商量》中"爸爸霸占着电视看足球赛，孩子想通过商量让爸爸让出电视"的生活情境学生们既熟悉又深有感触。教师便结合这一生活情境适时展开交际活动："现在我就是你的爸爸了，谁来和我商量商量呢？"于是，师生开始了角色扮演。在角色扮演的过程中学生似乎无师自通，他们自然而然地这样表达：

"爸爸，打扰一下，在中场休息的时候，我能看一会儿动画片吗？"

"爸爸，我的好爸爸，今天是周末，我看一会儿动画片，放松放松，可以吗？"

"爸爸，等会儿的动画片特别棒，我们老师都推荐了呢。我能看会儿吗？"

看，在交际的过程中，学生不仅能说清楚事情的理由，而且运用了"询问"的语气，礼貌且真诚。这是教师教出来的吗？显然不是。真实的需求促使学生自然地调动起生活中累积的相关经验，演示、分享自己的生活体会，自如运用交际策略，达成了交际目标。

（三）立足需求，点燃交际动机

语文课程标准指出，要注重"实际需要""现代社会需要""社会的需要"对学生语文学习动机、兴趣的激发和强化。因此，要尽可能地利用生活中的现实语境，以实际需求来激发学生的交际热情。

《商量》一课在充分运用教材的生活情境之外也尽可能地链接学生的实际生活，依据他们"商量"的需求进一步展开切实的口语交际活动。教师这样引导：此时此刻，你最想与班级中的谁商量什么事情呢？这件事情可能在你心里藏了很久，也可能是你马上要解决的，那就把握住这个机会，和你要商量的同学好好商量吧。一石激起千层浪，学生离开座位走到了自己想与之商量的同学的身边，开始了面对面的交流。随后，选取三组学生进行现场展示，让其他学生进行评议。于是，课堂上就有了调换值日顺序的"商量"，有了借本好书读一读的"商量"，有了关于去哪里春游的"商量"……学生们"商量"得不亦乐乎。

这些和生活息息相关的真实需求点燃了学生的交际动机，在活泼泼的交际实践中实现了有效的人际沟通及人际交往，充分发挥了功能型口语交际的教学价值。

二、交际语境：功能型口语交际的落点

在口语交际中要遵循它的交际规律，那就是口语交际不能脱离它的语境。语境即言语的环境，话语是依赖语境而生成的，受语境的制约。在言语交际中，教师应巧妙地借助语境，自如地将话语引向预设的目标，让学生入情入境。成功的交际语境设置不仅仅是提供言语表达的语境，更重要的是实现"要我说"到"我要说"的转变。有了"我想说"的内在需求才能促成"我要表达好"的自觉。

（一）基于需求，创设真实情境

口语交际教学的基本任务是培养学生运用语言的能力，在特定的交际语境中能准确地进行"言语表达"。实践证明，要想让学生"说"得好就必须让他们有说的兴趣，有表达的内动力。设置生活化的情境突破了课堂时空的局限，打通了语文与生活的界限，让生活走进了课堂。学生能积极参与，切实提高了言语思维力。

三年级口语交际《请教》一课，教师巧妙地运用真实的生活情境导入："同学们，你们好啊！今天这么多老师来听我们的课，王老师心里好紧张呀。我想向同学们请教，我怎么才可以不紧张呢？你们有好办法吗？"这样的情境导入既真实可信，又极具现实意义。这不，学生们被教师的真诚请教打动，赶紧纷纷支招，"请教"的情境自然而生。

教师在课前通过调查了解到班级学生对即将进行的鼓号队新队员的招募活动非常感兴趣。于是，在后面的环节中，教师紧紧扣住学生的真实需求展开交际活动：同学们，据可靠消息，学校的鼓号队要招募新队员啦，你们想成为其中的一员吗？赶紧请教一下负责本次招募的德育处主任章老师吧！于是，学生们为达成所愿开启了一场场生动的"请教"之旅。可见，语言是一种创造性的精神活动，它作为人整个机体的一部分，与内部精神力量紧密地联系着。在言语活动中，强烈的表达欲望是言语生成的精神动力。交际内容和生活相通，和人的需求相通，便会呈现出鲜活的状态。

（二）强化交际，构建虚拟情境

语文课程标准规定："教学活动主要应在具体的交际情境中进行，不宜采用大量讲授口语交际原则、要领的方式。"可见，教师不应大量地讲授口语交际知识，而应结合具体语境、具体内容，让学生真真切切地感受到口语交际的重要性。

为强化口语交际的交际性，教学中还需要构建适切的虚拟情境，让学生在一个个具体的情境中得到锻炼。

口语交际中的虚拟情境是指借助语言渲染、现代信息技术等构建的虚拟环境进行的有目的的交互体验。在此过程中，人脑会自然想象出一个典型性的状态、人物（事物）关系、场景、氛围等。例如《请教》中，因为负责鼓号队的章老师不在现场，那么就把王老师当作章老师吧，你会怎么来请教呢？这是人物关系的虚拟。又如《安慰》中，假如这儿就是运动会跑步比赛的现场，你会怎么安慰在比赛中失利的小明呢？这是场景的虚拟。再如《商量》中，你提出的要求得到了否定的回答，有点失望的你会怎么回应对方呢？这是氛围的虚拟。虚拟的情境带来的却是真实的交流、沟通和体验。学生在这样特定的情境中实践，培养了思维与表达、倾听和应对的口语交际能力。

（三）激活思维，创生思辨情境

口语交际的过程包含着丰富的思维活动，从内部语言转换到外部语言，既是选词造句、口头传达的过程，更是辨析、理解、综合的过程。这两个过程往往交织在一起，闪电般地快速交迭、重合。因此，口语交际活动要关注言语活动的内在机理，通过思辨情境的营造激活学生的言语思维，提升口语交际的思维品质。

《请教》一课，为了向负责鼓号队员招募的章老师直接请教，上课教师提议现场与章老师连线。于是，在学生们的期待中电话拨通了。但是电话里面传出的声音却是："您的电话正在通话中，请稍后再拨。"顿时，学生们沉默了。"我们该怎么办呢？"教师适时抛出问题。同学们有的说再拨一次，有的说等会儿再拨。教师进一步引导：你们平时在什么情况下不接电话呢？如果对方此刻不方便接电话，那又该怎么办？大家经过讨论，决定先发一条短信告知章老师要请教的问题，并约定请教的时间。这一情境唤醒了学生的思维，他们逐渐领悟到：请教要考虑时机，要在别人方便的时候。由此可见，思辨的情境能激活思维，让学生在认知冲突中完成自主建构，从而促进语言和思维的和谐发展。

综上所述，巧妙地营造口语交际的氛围，设计适切的交际情境，能激起学生参与口语交际的兴趣，进而主动参与口语交际实践活动，提升交际品质。

三、交际应对：功能型口语交际的增点

《义务教育语文课程标准（2011年版）》明确提出："口语交际能力是现代公民的必备能力。应培养学生倾听、表达和应对的能力，使学生具有文明和谐地进行人际交流的素养。"在真实的交际现场，人与人之间多数是即兴说话、临场发挥，这就需要具备一定的应变能力———种在无准备的情况下实时应答的能力。具备了应变能力人们才能遇事不慌，处变不惊，成功进行交际活动。功能型口语交际交互性强，反馈及时，有利于学生交际应对能力的培养。

（一）故设巧合，制造交际话题

口语交际教学不能仅仅把方法的传授、知识的获得作为唯一的价值追求。"措手不及"——这样真实的交际情感的体验，"霎时应变"——这样积极的言语思维的挑战，正是当下口语交际教学中所需要的。对学生应对能力的培养需要这种毫无准备、意外不断的言说语境。实践证明，真实的、有意外感的交际事件更能激发学生言语表达的创造性，点燃交际应对的激情。

例如，在进行口语交际课《安慰》的教学时，当教师点击鼠标进入下一个环节时，突然，电脑黑屏了。大屏幕上什么也看不到了。"哎，这怎么回事啊……"教师一边捣鼓电脑一边喃喃自语。学生们都安静地看着教师。"这可怎么办呢？"教师有点急了，嗓子也哑了，"这可是我重要的教学评比课啊……"

这时，一名女生温柔地安慰道："老师，慢慢来。没事，我们可以等！"

又一名男生站起来说："老师，您的课很棒！不用课件也可以的。"

"老师，即便这次您没有胜出，在我心中，您都是很棒的！"

一名女生竟然面向评委老师请求道："评委老师，希望你们不要因为这个突发状况给我们老师打低分啊……"

看，教师精心设计的意外插曲打破了常态的课堂情境，却又如此真实可信、触动人心，学生们几乎不认为自己在进行口语交际，而是在与朋友进行着平常的交流和平等的沟通。

意外是生活的必然，也是生活的真实。在教师故设巧合、意外之中交际话题自然生成。惊愕、好奇等各种情感体验与积极助人的交际需求形成一股强大的内驱力，促使思维快速运转起来。学生们情不自禁地进入交际状态，生成应对的智慧。

（二）巧设障碍，生成交际智慧

教师作为口语交际的参与者，常常在交际互动中潜移默化地影响和指导着学生，让他们在师生互动的交际实践中有所得，有所悟。在交际活动中，教师可以在学生毫无准备的情况下设置一些小小的"障碍"，也就是在师生即兴的现场表演中，教师故意来"为难"一下学生，把学生预想不到的情况呈现出来，以此倒逼学生及时进行思考，实现交际应对。

《安慰》一课，在师生的角色扮演中，教师扮演的考试成绩不佳的同学任凭别人怎么安慰都是哭哭啼啼，在难过的情绪中出不来。"呜——呜——，我太伤心了，怎么考得这么差？"教师演得活灵活现。安慰她的同学愣住了，这是遇到"高手"了啊。只见他略加思考，微微一笑，拍了拍"教师同学"的肩膀说道："这样吧，从明天开始，我们一起学习，我来辅导你！"同学们都哈哈大笑起来。教师这才停止哭泣，说："好嘞！"看，这一障碍的设计既考验了学生的应对能力，又帮学生生成了新的智慧——安慰，要站在对方的角度予以实质性的帮助，安慰才能真正奏效。

在交际互动中故意设置障碍，或有意答非所问，或提出刁钻的问题，或拒绝回答问题，或喋喋不休地自顾讲述等，真实地暴露出学生应变能力的原初状态，既利于教师进行针对性的指导，又利于学生直面交际困顿，在应对的过程中生成新的交际智慧。

（三）关注反馈，调整交际策略

在交际过程中设置的障碍不同，应变能力的指向也不同。如何排除会话干扰？如何集中注意力避免分心？如何在交流中根据突发事件调整内容或方法？……这就需要学生及时根据现场的真实反馈来调整交际策略。而交际策略的调整都是在学生针对"突然状况"下暴露出的真实具体的状态中展开的。

在《商量》一课中，面对看动画片的请求，扮演爸爸的学生就是不让步，而是反复强调："这是现场直播，必须要看。"怎么办呢？学生们有的撒娇，有的"拍马屁"，有的承诺好好学习，可这位"爸爸"就是不为所动。这时，一名女同学说："好的，爸爸，您看吧。我以后再看，没关系的。"没想到"爸爸"竟然被感动了，他不好意思地说："孩子，你看吧，我明天看重播。没事的。"那一刻，同学们都惊呆了。通过采访"爸爸"，他道出了其中的缘由。原来他觉得孩子能体谅父母，真是太懂事了。同学们这才发现，原来这名女同学根据前面的交流发现了问题，及时调整了交际策略，以退为进，最终赢得了成功的"商量"。其实，这背后藏着"商量"的核心交际策略，那就是理解对方，尊重别人的建议。可见，及时关注反馈，调整策略才是最智慧的交际应对。

综上所述，功能型口语交际对于培养学生的人际交往能力有着积极的意义和现实的价值。从学生的交际需求出发，创设真切可感的交际语境，激发交际中的思辨和应对，便会孕育出积极主动的交际智慧，最终形成文明、和谐的交际素养。

在中段文言文教学中发展学生思维力

统编小学语文教材总主编温儒敏曾指出，文言文和古诗词是中国传统文化的精髓，尽显中国独有文化，其意境之美和境界之深不是白话文能取代的。统编教材和人教版教材相比，古诗文比例大幅增加。在小学教材中古诗文增幅高达80%，占全部课文的30%。在统编小学语文教材中共有14篇文言文。具体如下表所示。

序号	年级	单元	课题	序号	年级	单元	课题
1	三上	八	《司马光》	8	五上	八	《古人谈读书》
2	三下	二	《守株待兔》	9	五下	六	《自相矛盾》
3	四上	八	《王戎不取道旁李》	10	八	八	《杨氏之子》
4	四上	四	《精卫填海》	11	六上	七	《伯牙鼓琴》
5	四下	七	《囊萤夜读》	12	六上	七	《书戴嵩画牛》
6	四下	七	《铁杵成针》	13	六下	五	《学弈》
7	五上	四	《少年中国说》	14	六下	五	《两小儿辩日》

我们看到，人教版教材五年级才出现第一篇文言文，如今统编教材三年级上册便出现了小学阶段的第一篇文言文《司马光》。这一举措充分彰显了统编教材的"三个强调"之一，即加强中华优秀传统文化的教育，让语文回归"中国化"。这既让人惊喜，与此同时，也让广大语文教师困惑：中年级的文

言文该教什么？怎么教呢？

教材中的文言字、词、句锤炼考究，语言简洁、概括、形象，蕴含的内容、语言、情感、文化等思想精髓为学生思维能力的培养搭建了文本平台，为文言文学习过程中的思维训练活动提供了内容上的保障。由此可见，在文言文的学习中，学生不仅可以通过对文言文的朗读、理解、背诵、积累来传承中华民族传统文化，发展语言，提升语言表达的质量，还可以在习得文言文的过程中发展思维力，提升思维品质。在一线教学实践中，我们聚焦中年级文言文教学，积极探索在文言文教学中发展学生思维力的有效路径。

一、以问促思，引发认知冲突

在《司马光》一课的教学中，我们发现学生的学困点在于对"众皆弃去"的理解。这里的"弃"字，学生很容易根据字面意思理解为"抛弃"或"放弃"。如何让学生直面问题，在积极的探索中自主解决问题呢？于是，在教学中，教师故意抛出问题：同学们，老师有一个疑惑，文中"众皆弃去"的"弃"字是不是"抛弃"的意思呢？是不是其他的小朋友都不管掉入水中的小朋友了？一石激起千层浪，学生们忍不住议论起来。老师趁机鼓励学生各抒己见，畅谈自己的想法。

教学是不是到此为止了？当然不是，需要继续引发学生的认知冲突，推动他们的深度思考。详见下面的教学片段。

案例1：统编教材三上《司马光》

师：此时此刻，孩子们已经玩疯了，一个小孩登上了大水缸。（PPT出示：一儿登瓮）

生：一儿登瓮。

师：玩的人忘乎所以，看的人胆战心惊，突然，扑通一声——（PPT出示：足跌没水中）

生：足跌没水中。

师：这个时候，其他的小朋友们会怎么做呢？同学们可以联系自己的生

活想一想，说一说。（PPT 出示图片）

生1：他们会到处跑。

生2：他们还会大哭。

生3：他们会去找大人帮忙。

生4：他们会不知所措。

师：同学们，这就叫——（PPT 出示：众皆弃去）

生：众皆弃去。

师：所以，这里"众皆弃去"是说——

生：其他小朋友都慌忙地离开了。

师：是的，他们的这些反应都是很正常的。因为这一突发状况让他们慌得不知所措。

师：同学们，可以试着用文言文来说说慌乱中其他孩子的反应吗？（PPT 出示：一儿_____……）

生1：一儿呼其父。

生2：一儿哭于石。

师：了不起，你们还会用"其"和"于"了。

生3：一儿哭之。

师："之"字真是用得妙。

生4：一儿寻人去。

生5：一儿呆立。

师：看，这就是你们心中的"众皆弃去"的具体表现。作者没有写出来，但是，你们通过自己的理解与思考用文言的形式描述出来了。真棒！

在此环节中，教师借助图片指导学生展开想象与表达，感受其他孩子慌乱中的行为和心情，巧妙地帮助学生理解"众皆弃去"。在此基础上，教师再引导学生试着用文言进行表达，让学生于活泼泼的语言实践中会文言之妙，享文言之趣。

二、借图领悟，发展整体思维

统编小学语文教材文言文多以故事为主。中年级的文言文更是如此，《王戎不取道旁李》《精卫填海》《囊萤夜读》《铁杵成针》或充满趣味，或富有哲理，短小精悍，浅显易懂。教学时，教师可以引导学生在感知故事大意的基础上对事情的起因、经过、结果进行梳理，以发展他们的逻辑思维能力。

案例2：统编教材四上《王戎不取道旁李》

师：学习了这篇文言文，我们来试着梳理一下这个故事的起因、经过、结果。（出示思维导图，生在学习单上自主填写，反馈交流）

生：事情的起因是道边李树多子折枝；经过是诸小儿竞走取之，而戎认为此必苦李，不动。

师：是的，因此故事的结局便是大家取之，信然。

师：同学们真了不起，很快就梳理清楚了这个有趣的故事。现在，我们可以借助这张思维导图来试着说说这个故事了。

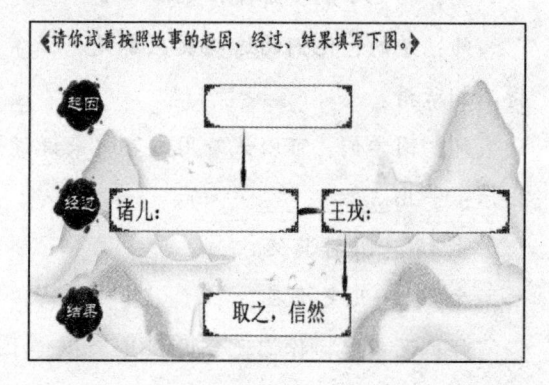

（生根据导图练说，师再指名复述故事）

文言文的表达与现代文不同，对于学生而言理解上有一定的难度。在学生借助注释理解的基础上，教师再引导他们进行故事的梳理比较适切。思维导图为学生提供了有效的支架，降低了概括与表达的难度，有助于学生形成整体思维模式，对文言故事有一个完整、清楚的把握。随后，再次借助思维导图帮助学生进行故事的复述。在此环节，学生既可以用文言的形式进行表达，也可以用现代白话文来表述，以此落实文言文语言的积累、内化与运用。

三、想象补白，发展具象思维

文言文言简意赅，给读者留下了想象的空间。因此，在文言文教学中，教师要找准适切的留白点，引导学生进行适当的想象补白，以发展具象思维。

案例3：统编教材四上《王戎不取道旁李》

师：众人看到了什么呢？

生：看道边李树多子折枝。

师：还记得有一句诗"千朵万朵压枝低"写出了花的繁多吗？你能用自己的话说说大家看到的景象吗？

生：树上的李子真是千颗万颗压枝低啊。

师：这个时候，众小儿心里会怎么想呢？

生：哇，这么多的李子，赶紧去采来大吃一顿吧。

师：是啊，于是，他们——

生：竞走取之。

师：书中写道"唯戎不动"。你们认为王戎动了吗？我们可以讨论讨论，大胆说出自己的想法。

生：王戎没有动，只有他没有去采摘李子。

师：他为何不去采摘李子呢？我们可以试着想象他当时的心理。（出示：看道边李树多子折枝，王戎想……）

生：王戎想，这李树长在路旁，竟然还有这么多，说明这李子是苦的。

师：真好，王戎能够根据自己看到的现象进行思考并做出判断。

生：我认为，王戎虽然人没动，但是他的眼睛在看，心里在想。

师：是的，你很有想法。虽然王戎没有采取行动，但是他的眼、他的脑、他的心都在动啊。

在此教学片段中，我们看到教师巧妙地引导学生对教材中省略的人物心理、场景等进行补充，再现了人物的内心和当时的情景，促进了学生的多感官参与、多感官体验，实现了学生思维的延展。特别是在学生补白王戎的心理活动之后，他们自然联想到王戎虽然身体没有行动，但是，他用眼睛观察，用大脑分析、判断，这不是另一种意义上的"动"吗？由此，由想象补白带动了学生质疑、反思、争辩，引发了认知冲突，让学生的思维经历了碰撞，进而在深度思考、体验中获得了新的认知和提升。

四、仿写借鉴，落实迁移运用

在文言文教学中，教师可适当引导学生进行仿写练习，落实有效的迁移运用。当学生在白话文与文言文之间自由"出入"时，文言就从难以理解的文字变成了熟悉的语言。同时，学生在思维训练时因为结合了自身的实践体验，更易找到古今理解相契合的共鸣点，增强了学习运用文言的兴趣，激发了学习的主动性。

案例4：统编教材三上《司马光》

（播放儿童嬉戏的声音）

师：听，这是什么声音，你们仿佛看到了怎样的情景？

生：一群孩子在庭院里玩，有的在玩捉迷藏，有的在奔跑，他们有说有笑。

师：你可真厉害，还能听着声音想象画面。

师：一群孩子在庭院里玩，用文言文怎么说呢？（PPT出示：群儿戏于庭）

生1：群儿戏于庭。

师：谁能读出其中的快乐。

生2：群儿戏于庭。

师：想象一下，如果是一群鱼在水池中嬉戏，用文言怎么说？来试试吧。

生：群鱼戏于池。

师：太厉害了，你已经开始创作小古文了。（PPT出示：群鱼戏于池）如果是一群学生在课堂上学习呢？

生：群生学于堂。

师：真好！（PPT出示：群生学于堂）

师：如果说一群学生在课堂上吟诵呢？

生1：群生诵于堂。

生2：群生堂上诵。

（PPT出示：群生吟于堂）。

师：一群鸟儿在树林中鸣叫呢？

生1：群鸟林中叫。

生2：群鸟鸣于林。

师：此处应该有掌声，你们真善于学习。来，一群小孩在庭院中玩耍，一起来说。

生：（齐）群儿戏于庭。

虽说这是学生第一次接触文言文，但是教师巧妙地扣住"群儿戏于庭"这一语言训练点，引导学生从学文言到用文言进行迁移。在思维发散和言语迁移的实践体验中，"群鱼戏于池""群生学于堂""群鸟鸣于林"的妙语层出不穷。

案例5：统编教材四上《王戎不取道旁李》

师：还记得一开始的时候老师的自我介绍吗？

生：记得，老师是用文言的形式介绍的。

师：我们再来看一下。（PPT出示：吾姓汤，名瑾，杭州人士，性豁达，善言谈，好诗书。平生不敢轻言志，唯愿桃李广成材）

师：同学们，想不想也来试一试？

生（齐）：想！

师：时光如川浪淘沙，青史留名多俊杰。今天，我们的历史人物讲坛介绍的人物是王戎。让我们用文言为王戎写一则人物小传吧。

出示：

王戎小传

王戎，_____人也，自幼_____。年七岁，与诸小儿游，看道旁李树多子，诸儿竞走取之，唯_____。问之，答曰_____。人皆赞_____。自此，美名远扬。

（生在学习单上自主完成后，再进行交流反馈）

在此环节设计中，教师回顾了一开始文言版的自我介绍，激励学生进行表达实践，引领他们在文言文和白话文中自由、愉悦地"穿行"。我们可以看到，以文言文为王戎写小传的形式一方面激活了学生的思维，落实了语言的内化表达，另一方面也让"善观察，勤思考"的人文教育蕴含其中，润物无声。

《义务教育语文课程标准（2011版）》明确要求："能借助工具书阅读浅易文言文。"在轻叩文言文之门的中年级，教师不仅要在诵读中培养学生的学习情趣，也要在有意义的思维训练中引导学生悟其神，品其言，真正唤醒和激活文言。

指向表达运用　落实单元整组教学

——三年级下册习作单元教学实施

在小学语文统编教材中，自三年级上册便开始出现"习作单元"这样的特殊单元。统编教材三年级下册习作单元主题是"大胆想象"，旨在鼓励、启发学生大胆想象，培养学生的想象力和思维能力，激发学生的习作兴趣，让他们畅游想象的世界，乐于表达。

一、三下习作单元解析

教材在三年级下册习作单元中编排了两篇精读课文《宇宙的另一边》《我变成了一棵树》和两篇习作例文《一支铅笔的梦想》《尾巴它有一只猫》。四篇课文从不同的角度用不同的方式讲述了神奇有趣的想象故事，这些故事中的想象大胆、奇特，能让学生充分感受到想象的神奇。《宇宙的另一边》通过描写"我"想象宇宙的另一边是这一边的倒影，宇宙的另一边所有的人、事、物都与这一边相反的故事，展现了"我"丰富的想象力。《我变成了一棵树》讲述了"我"变成一棵树之后的奇妙经历，在大胆想象中实现了"我"美好的愿望。

本单元"交流平台"对如何大胆想象进行了梳理、总结，让学生知道大胆想象可以创造出现实中不存在的事物与景象，读想象故事是很有意思的。接下来，对两篇精读课文中有趣的想象进行了梳理回顾，提示学生可以把自己想象成别的事物或者根据特点展开想象,帮助学生打开想象的思路,鼓励学生去尝试进行大胆奇特的想象。这样的总结与提炼为本单元语文要素的落地提供了有效的"脚手架",为如何感受神奇的想象,如何发挥想象写故事提供了支架,让学生有法可循。

"初试身手"安排了两个激发想象的体验活动,旨在引导学生展开大胆奇特的想象,培养他们的想象能力。"手指画"练习通过动手实践,让学生在涂涂画画中展开想象;"续编故事"提供了两个故事开头,让学生接龙编写故事;"初试身手"意在用游戏的形式让学生在实践中感受想象的乐趣,体会大胆想象的快乐。在说与写的实践中,学生进行片段式的练习,实现从阅读到表达的迁移运用。

习作例文《一支铅笔的梦想》和《尾巴它有一只猫》是两篇富有童趣的故事,且想象的角度具有明显的个性特点,均以旁批和课后思考题的形式提示学生展开想象的思路。

本单元安排的习作是"奇妙的想象",引导学生展开大胆想象写一篇想象习作,是对本单元所学的综合运用。习作教材分为三个部分。第一部分提供了七个题目,"最好玩的国王""一本有魔法的书""小树的心思""躲在草丛里的星星""手罢工啦""滚来滚去的小土豆""假如人类可以冬眠"。第二部分提出习作要求,可以选一个题目写一个想象故事,也可以写其他故事,写完后相互交流,互相修改。第三部分提出作文的展示建议。经过本单元的学习,学生对如何发挥大胆想象写故事有了一定的认识,能在此基础上活学活用,创造出属于自己的想象故事。

二、三下习作单元教学实施

三下习作单元的阅读要素为:"走进想象的世界,感受神奇的想象。"阅读要素围绕"想象"展开。习作要素为:"发挥想象写故事,创造自己的想象世界。"这里用的是"发挥想象写故事"。三年级习作的起步阶段更注重的是让学生敢于想象,鼓励他们大胆去想,在想象的世界里自由翱翔。因此,在这里用"发挥想象"更符合学生的心理特点和实际学情。众所周知，习作单元的阅读课、交流平台、"初试身手"以及习作都是指向表达的。那么，整组单元教学如何有机融合呢？又该如何在教学中指向表达运用，落实单元整组教学呢？

（一）习得文本秘妙，落实读写结合

本单元的第一篇精读课文是《在宇宙的另一边》。这是一篇新课文，作为这个单元的首篇课文特别强调语文要素的落实，引导学生习得表达的秘妙。因此，教学伊始，教师便营造了梦幻的氛围：浩瀚的星空广袤无垠，深邃悠远，镜头拉近，一个小男孩入迷地望着璀璨的星空浮想联翩。不知不觉中，学生们也展开了遐想。此刻，教师启发道："同学们，你们是否曾经看着浩瀚的星空，浮想联翩？星光洒进我的眼睛，在我身体里汩汩流淌，告诉我一个秘密，这是一个什么秘密呢？"此刻，通过情境的创设激发学生的好奇心，并通过勾连学生的已有生活经验来触发学生的想象。怎么去想象呢？这篇课文想象的秘妙是什么呢？通过阅读课文学生不难发现课文是紧紧围绕"很远很远的地方，宇宙的另一边，是这一边的倒影"来发挥想象的。"倒影"这个词告诉我们，这想象的秘妙就是"反着去想"。于是，学生们依据"倒影"边读边发现"孩子、雪、太阳、石头"在宇宙另一边的样子，感受神奇的想象。教材再借助表格，对比出示同一事物在宇宙这一边和另一边的样子，让学生深入感受"反着想象"的神奇。

有了前面想象的铺垫，学生已然沉浸在想象的世界中。于是，教师带领学生继续畅游——感受"课堂"上的想象。数学课也疯狂：阅读了有趣的加法和乘法，引导学生想象事物之间的联系，创编了减法和除法；感受"习作"中的想象。写风的变身很有趣，引导学生想象真的成为所想，让他们成了云、树、月亮……至此，宇宙另一边的秘密已经被揭开，想象的大门为学生敞开。于是，教师继续推波助澜：宇宙的另一边还会有哪些秘密呢？引导学生无拘无束地自由想象，自主创编。

由此可见，在习作的首篇精读课文教学中，教师重点引导学生发现"反着想象"的方法，并将想象渗透于读写之中，读写融合，以读促写，以写促读，使语文要素的落实水到渠成。

到了本单元的第二篇课文《我变成了一棵树》，教师继续带领学生遨游想象的世界，充分领悟：发挥想象，你会创造一个美妙而神奇的世界。在这篇课文中又蕴藏着怎样的神奇的想象世界呢？于是，教师讲述起英英的故事——当妈妈叫她吃饭的时候，她情不自禁地萌生了这样的愿望："我真希望变成一棵树，这样就没人在你玩的时候叫你吃饭了。"她这样想着，神奇的事情真的发生了："我心里想着，就觉得身上痒痒的，低头一看，发现许多小树枝正从我身上冒出来。呀，我真的变成了一棵树！"看，想象创造了现实中不存在的事物和景象。"是不是你们也有这样的时刻呢？你们想变成什么呢？"由英英的故事勾连自己的故事，于是，学生们打开想象之门，也能大胆想象并创造出现实中不存在的事物和景象。

再回到英英的想象世界，她还想象创造出了什么呢？通过"情节猜一猜""故事读一读""画面演一演""结局品一品"，学生们沉醉于想象的世界里不知归路。各种各样的鸟窝、丰富多样的好吃的食物，还有对落下的"水珠"的猜想，这想象的世界多么有趣而神奇。这一课的想象围绕着"创造一个神奇的世界"展开，读着英英的想象和创造，学生们也不由自主地发挥自己的想象，实现了语文要素的有效迁移运用。

（二）转化交流平台，融入文本教学

习作单元的"交流平台"怎么教？实践证明，直白的阅读积累流于形式、浮光掠影，往往不能深入学生心中。在文本教学中有意识地勾连、渗透、提炼，才能让学生内化于心，外化于行。

本单元交流平台主要呈现了三段话：

1. 大胆想象创造出了现实中不存在的事物和景象，读这样的文章感觉真有意思。2. 自己变成了一棵树，长满了各种形状的鸟窝，小动物们和妈妈住在鸟窝里。这样的想象很奇特。3. 在宇宙的另一边，想写关于风的习作，要先变成风，在空中飞啊飞，飞得越高，习作的分数就越高……在想象的世界里，什么都可能发生。大胆想象，可以让我们拥有奇异的经历。

这三段话的学习完全可以融入课文的学习中。例如，在《宇宙的另一边》中，作者就通过"反着想"的方法创造了很多现实生活中不存在的事物和景象。在教学中，教师要有意识地引导学生去发现。再鼓励学生以同样的方法去创造自己想象中的宇宙另一边不存在的事物和景象，这样不仅落实了迁移运用，更让学生体会到了大胆想象的妙处。《我变成了一棵树》一课继续强化这样的认知。英英大胆想象创造了书、鸟窝、各种动物、美味的食物等，以及很多让人意想不到的神奇景象。学生受到这样的启发和影响，也放飞了自己关于"变"的想象。你想变成什么就变成什么，现实世界中不存在的事物和景象都在想象中被创造出来了。

交流平台的第二段话在教学中可以通过学生的评价自然产生，且能引发学生的共鸣。而交流平台的第三段话可以在教学《宇宙的另一边》时让学生畅想风的经历，强调大胆想象可以让人拥有奇异的经历，并迁移到对其他事物的想象中。同样还能迁移到《我变成了一棵树》的教学中，让学生先想象英英变成树后会有怎样奇异的经历，再学习书中描写的奇异经历，在阅读、对比、发现中进一步领悟想象的世界。

（三）勾连习作例文，夯实习作指导

习作单元的习作例文不能当作精读课文来教，它们是引导学生发现其表达特点并欣赏运用的范文。教师要启发学生从模仿到创新，写出属于自己的想象作文。本单元的两篇习作例文《一支铅笔的梦想》和《尾巴它有一只猫》均是富有童趣的故事，且想象的角度都具有明显的个性特点，均以旁批和课后思考题的形式提示学生展开想象的思路，比如可以顺着事物的特点去想象，也可以运用逆向思维反着去想象。

习作例文如何用得巧妙自然，且落到实处呢？本单元的习作《奇妙的想象》的习作指导课做出了很好的示范。通过研读习作内容及要求，教师发现并设计了如下教学实施路径。首先，从题目的关键词入手启动想象：《最好玩的国王》中"最好玩"是关键词，他会怎么个好玩法呢？《躲在草丛里的星星》中"躲在草丛里"是关键词，天上的星星为何会躲在草丛里呢？《一本有魔法的书》关键词是"有魔法"，书怎么会有魔法呢？它有哪些魔法呢？随后，勾连习作例文《一支铅笔的梦想》，关键词是"梦想"，一支铅笔的梦想有哪些呢？通过阅读习作例文，学生找到了铅笔的梦想：成为豆角、丝瓜、撑杆等，再通过比较，发现它们都有相同的特征：长长的、细细的。此时，想象的第一个小妙招出现了：抓住事物特征去想象。接着，教师引导学生创造属于自己的题目。当有学生提到反着想象的题目时，教师再自然勾连习作例文《尾巴它有一只猫》，让学生继续感受反着去想的奇妙，反着去写的新鲜有趣。至此，教师通过逐一勾连两篇习作例文，巧妙揭示了想象的方法。有了方法，怎么去发挥想象写得清楚、有趣呢？于是，教师将两篇习作例文放在一起比较，引导学生发现旁批的秘密。原来，两篇习作例文的旁批都是问题。原来，我们可以通过不断地提问推动阅读。由此，也可以这样追问着来推动写作。就这样，学生根据自己的题目进行提问，再选择一个重点问题通过想象创作，进行自我解答。

　　由此可见，习作教学指导要以习作例文为依据，通过勾连、提炼、转化、评价等策略将其自然融于习作的过程之中。简单的一读而过或是面面俱到的讲解都是习作单元教学中习作例文教学的误区。极大地发挥习作例文的价值，充分发挥教师的教学智慧，习作例文才能真正为教学所用，为学生所用。

　　习作单元的特殊性在于它是集合一个单元的力量来指向表达，落实运用，切实提升学生的表达素养。从单元整组教学的视角出发，对教材内容进行有效的整合，采用行之有效的教学策略进行推进，日积月累，学生的表达素养便会在潜移默化中自然提升。

实践语文要素 整合多元指向

——以统编教材四年级下册《母鸡》为例

随着统编小学语文教材的全面使用,"语文要素"成为一个高频词。在统编语文教材中,每个单元都有关于"语文要素"的具体要求。所谓"语文要素",即语文素养的各种基本要素,包括必要的语文知识、必需的语文能力、适当的学习策略和学习习惯等。它包含以下三个要点:一是纳入语文课程与教学的语文知识;二是儿童必须具备的语文能力,即要在听、说、读、写中发展语言、发展思维;三是养成学习语文的策略与习惯,能够以语文的眼光积累语文学习的经验,建构语文学习场。

实践证明,语文要素并非静态地或单一地发挥作用,而是通过多维的动态形式呈现,在实践中指向学生思维力、阅读力和表达力的培养。因此,教师要从统编语文教材实践入手,聚焦语文要素,在语文学习活动的设计与实施中整合多元指向,以期促进学生学习的真实发生。本文以统编教材四年级下册《母鸡》一课为例,深入解析如何实践语文要素,整合多元指向。

一、制造认知冲突,引发学习动机

"奔跑,飞舞;驻足,凝望。这些可爱的动物,是我们的好朋友。"这是统编教材四年级下册第四单元的人文要素。这个单元的语文要素则是体会作家是如何表达对动物的感情的。如何让学生欣然进入作家描写的动物世界,并与之产生共鸣？答案是制造认知冲突。认知冲突是指个体在认知发展的过程中由于其原有认知结构与现实状况不符，从而引发心理矛盾或者冲突。制造认知冲突能激发学生情感的高投入和深入学习的阅读期待。

《母鸡》一课教学伊始，可通过播放有趣的关于动物世界的视频激发学生的好奇心，让学生体会到：原来，当我们用心去感受动物的世界时，便会融入自己的情感，感受到它们的喜怒哀乐。随机，再出示各种母鸡诙谐生动的图片，引导学生谈谈自己对于母鸡的认识。随后，教师话锋一转：有位作家对母鸡的情感可实在是复杂啊，就让我们走进老舍先生笔下的《母鸡》。默读课文，画出"我"对母鸡态度前后变化的句子，说说为什么会有这样的变化。相机，帮助学生从整体上了解文章的内容和结构，梳理出体现文章结构框架的三个关键语句："我一向讨厌母鸡。""可是，现在我改变了心思，我看见一只孵出一群小雏鸡的母鸡。""我不敢再讨厌母鸡了。"从而引导学生把握作者对母鸡态度及情感变化的主要脉络。

由此可见，在阅读教学中，设计出能够引起学生认知冲突的问题便能激发学生的学习兴趣，引导他们联系已有知识经验，进入新的、有效的学习活动中。

二、创设活动情境，落实应用迁移

应用迁移中的"应用"是指将所学知识和技能放在实际生活、学习中使用，而"迁移"是指将所学知识从一个问题迁移至新的问题中。学生思维能力的发展并不在于其掌握了多少知识，而在于在掌握和运用知识的过程中提升能力。

要在教学中落实应用迁移，教师需要从教材中的语文要素出发，站在学生学习的视角来设计语言学习活动，引领学生在学习活动中掌握语文知识，学习语言文字的运用，从而实现语文要素与学习活动的有机融合，实现深度的"教"与"学"。《母鸡》一课，教师设计了两个主要的活动情境。

活动情境一： 紧扣"我一向讨厌母鸡"。那么，文中的"我"是如何对讨厌的母鸡进行"控诉"的？学生默读课文第 1 到第 3 自然段，圈画相关语句，并完成"我"的"控诉单"。

> "我"对母鸡的"控诉单"
> 我一向讨厌母鸡。这是我对它的几点"控诉"：
> 1.
> 2.
> 3.

在此环节中，教师创设了给母鸡写"控诉单"的活动情境，引导学生进行主动学习，自主建构。在这个活动情境中，教师整合了以前学过的做阅读批注的语文要素和本单元"体会作者是如何表达对动物的感情的"语文要素，指向了学生的思维力、阅读力和表达力的综合提升。

就语文要素而言，教师要明确：单元语文要素的学习不一定始于此单元，更不能止于此单元，一定要在能力习得、习惯养成、方法掌握、知识建构的过程中不断运用，直至内化和自动化。所以，教师要关注语文要素之间的联系，在教学中渗透关联、发展和运用意识，这样，学生才能将在不同单元学习到的知识、方法，习得的能力，养成的习惯等"随身携带"，随时应用。就多元指向而言，学生在完成对母鸡的"控诉单"的过程中必然要深入阅读文本，在阅读理解的基础上提取关键信息，进行综合表达。例如，在交流第一条"罪状"——母鸡的叫声令人心烦的时候，教师要引导学生关注作者是如何描写它的声音的，也要引导学生关注长句子："……那么扯长了声如怨如诉，使人心中立刻结起个小疙瘩来。"在朗读、品析、交流中感受作者对它的厌烦之情。在陈述其"罪状"的过程中，学生要进行信息的提炼及语言的表达。这一情景化、活动化的语言学习将理解、体验、分析、综合融为一体，通过朗读、表达、交流、反馈等多种形式实现了书本知识向学生个人知识的转化。

活动情境二：紧扣"我不敢再讨厌母鸡了"。为何"我"会有这样的转变呢？学生默读课文第四到第八自然段，圈画相关语句，并完成"我"的"陈情单"，陈述不敢再讨厌它的理由。

"我"的母鸡"陈情单"

现在我改变了心思，我看到了一只孵出一群小雏鸡的母鸡，看到了不一样的她：

1.
2.
3.
4.

这一设计是第一个情境活动的延续。教学时，在处理上有相同之处，也有不同之处。相同之处是都试图在活动情境中强调学习者自主建构自己对所学知识的理解与运用。但是，这部分内容是本篇课文的重点，所以教师在教学处理上会更加细腻。在学习每一个不讨厌母鸡的理由时教师可引导学生关注一个语言表达点。比如，学习"母鸡为了小鸡雏时刻警戒"部分时，重点关注"它立刻警戒起来：歪着头听；挺着身儿预备作战；看看前，看看后，咕咕地警告鸡雏要马上集合到它身边来"，体会句中冒号的妙用；学习"母鸡教鸡雏生活技能，悉心照顾"部分时，对比它对鸡雏、对自己以及对大鸡不同的态度；学习"母鸡省下吃的给鸡雏，为它们护食"部分时，关注动作描写，想象画面，体会情感；学习"夜里有动静，母鸡放声啼叫"部分时，紧扣"无论……都……"来感受母鸡叫声的"魔力"。

课堂上教师通过学生与学生、学生与教师的思维互动、行为互动、情感互动，帮助学生主动建构知识，不断完善他们的思维结构，让语文要素切实落地，实现阅读、思维、表达等多元指向的有效整合。

三、注重反思评价，提升思维品质

杜威从思维产生的过程角度阐释了"学习的历程"——思维的过程是一

种事件的序列链条。这一产生过程从反思开始,移动到探究,再到批判性思维,最后得到比个人信仰和想象更为具体的"可以实证的结论"。为落实在评价反思中提升学生的思维品质,在这节课中,教师设计了一个给母鸡颁奖的环节。具体教学流程如下:

第一步:如果让你们给母鸡写个颁奖词,你会用上哪几个词语呢?引导学生畅所欲言,说出自己的真实感受。

第二步:出示老舍先生给的四个词语——负责、慈爱、勇敢、辛苦。作为杰出的语言大师,都说老舍用词严谨,你们觉得母鸡配得上这四个词语吗?进一步引发认知冲突,引导学生内化文本语言,进行充分的自我表达。

第三步:学生为母鸡用各种形态呵护鸡雏的视频配上颁奖词。此时,教师这样幽默地说道:"看,英雄的鸡母亲向我们走来了。"学生先结合手中学习单上的文字进行补白,再结合视频配以自己的解说。

> **给英雄的鸡母亲的颁奖词**
>
> 我一向讨厌母鸡。但是,当我看见一只孵出一群小雏鸡的母鸡后,我改变了对它的看法。
>
> 在我看来,它是_____、_____、_____、_____的。说它负责吧,你看_____;说它慈爱吧,你瞧_____;它还很勇敢,_____;它也很辛苦,_____。
>
> 当然,我还想送它一个词语,那就是_____,因为它_____。

仔细看这个颁奖词的设计,你会发现,颁奖词除了强化对文本内容的理解内化、迁移应用,还试图引导学生根据个人体验进行反思与评价,激发学生的创造性思维。

第四步:回扣"我不敢再讨厌母鸡了"这句话。从"不敢"一词中,你们体会到了怎样的情感?引导学生进一步感受作者对母鸡由衷的"敬畏之心"。

第五步：朗读小结。将书中的文字进行适当改变，以诗行的形式出示：

它负责、慈爱、勇敢、辛苦，

因为它有了一群鸡雏。

它伟大，

因为它是鸡母亲。

一个母亲必定就是一位英雄。

学生在朗读中升华情感，引发共鸣。

这一教学环节借助为母鸡写颁奖词这一活动，引导学生进行深入的反思与评价。他们对于母鸡的评价既有基于作者评价的认同与内化，也有自己在学习过程中形成的认知。

反思是思维结构的最高形式。在反思与评价的过程中，教师实际上在引导学生掌握一些创造性思维的基本方法，如迁移思维、类比思维、发散思维、重组思维等。实际上，在教学中，不仅要重视课堂教学环节中师生的反思，还应强调课前计划、课堂教学环节中的检查、课后的评价与控制等其他方面的反思内容，这样才能更加全面地反映出教学成效。

本课教学的最后，可落实教材课后练习题第三题："《猫》和《母鸡》都是老舍先生的作品。比一比，说说两篇课文在表达上有哪些相同和不同之处。"教师可引导学生从内容、结构、语言等多个角度进行比较，促进学生思维力的整体提升。由此，需要强调的是教材课后练习是语文要素的分解。要落实本单元的语文要素，就应该认真完成课后习题的要求。

通过对《母鸡》一课教学的解构，我们不难发现：阅读教学设计要着眼于思维与语言表达，要着眼于动态意义的生成，更要着眼于童心童趣，真正让学生在富有意义的学习活动中学习，体会学习的满足感与成就感。基于此，语文学习活动设计要努力拓展语文要素的广度，使学习活动具有关联性；要创设语文要素的实施情境，落实自主建构和应用迁移，整合语文教学的多元指向，切实提升儿童的语文素养。

将《中小学学生阅读指导目录》
有机融入统编教材教学

　　《义务教育语文课程标准》提倡少题，多读书，读好书，好读书，读整本书。课程标准明确指出：第一学段，课外阅读总量不少于5万字；第二学段，课外阅读总量不少于40万字；第三学段，课外阅读总量不少于100万字。阅读不仅指向数量，更指向内容和质量；既有数量标准，也应有内容标准，这才是完整的阅读标准。2020年4月，教育部基础教育课程教材发展中心发布了《中小学生阅读指导目录（2020年版）》，为中小学生"多读书，读好书，好读书"指明了方向，建立了国家标准。那么，在小学阶段特别是统编教材背景下的教学中，教师又该如何引导儿童阅读，如何立足课堂主阵地，有效落实课外阅读，达到课程标准与指导目录里的阅读要求呢？

一、结合统编教材，融通课内课外，促进深度阅读

　　《中小学生阅读指导目录（2020年版）》在小学3－4年级的文学阅读目录中推荐了著名作家管桦的中篇小说《小英雄雨来》。书中的部分内容早在50多年前就已被选入全国中小学语文教科书，感染和教育了一代又一代人。统编小学语文教材四年级下册第六单元第一篇课文就是《小英雄雨来》。众所周知，统编教材采用人文主线和语文要素双线并行的编排体系。

这个单元的篇章页指出了此单元的人文主线"深深浅浅的脚印，写满成长的故事"。而这个单元的阅读要素则是"学习怎样把握长文章的主要内容"。《小英雄雨来》作为这个单元的第一篇精读课文，要充分落实这一阅读要素，让学生在学习过程中习得"怎样把握长文章主要内容"的方法与策略，进而在后面略读课文的学习中进行迁移运用，以期逐步形成概括主要内容的能力。

在《小英雄雨来》这篇课文中，学生将要学习的概括长文章主要内容的方法是什么呢？通过研读文本并结合课后练习题"照样子给其他四个部分列出小标题，再说说课文的主要内容"，我们不难发现，本课要教给学生的方法就是用小标题先分别概括文章中用序号标示的每个部分的内容，再把它们连起来，如此便是这篇课文的主要内容了。我们知道，学会一种学习方法是需要不断练习强化的。因此，除了教材中安排的其他文本，教师还可以引导学生继续深入阅读这本《小英雄雨来》进行学法迁移。凭借这一经典作品，教师可以这样引导学生延伸阅读：都说自古英雄出少年。你想知道著名作家管桦笔下的少年英雄雨来还会有哪些惊心动魄的成长故事吗？就让我们一起走进《小英雄雨来》这本书吧。

对于这本书的深入阅读，教师可引导学生从这篇课文的三个课后练习题入手：

1. 照样子给其他四个部分列出小标题，再说说课文的主要内容。

2. 课文中多次写到还乡河的景色，找出来读一读，再说说这样写有什么作用。

3. 为什么说雨来是小英雄？带着这个问题尝试用较快的速度默读课文。

进而由此生发出三个主要阅读任务，引导学生进行整本书的深度阅读。

任务一：继续强化课文的阅读要素，指导学生概括整本书的主要内容。可引导学生借助思维导图梳理出这本书的情节链。

任务二：都说"一切景语皆情语"。小说中的环境描写常常会起到推动情节发展、烘托人物形象、暗示人物命运、渲染气氛的作用。阅读这本书时请同学们画出环境描写的相关句子，细细品读，写写自己的感受。

任务三：为什么说雨来是小英雄？深入阅读这本书，找找依据，谈谈你的看法。再引导学生在阅读英雄故事的过程中感受英雄的形象，体会爱国之情，进而体悟"我们是中国人，我们爱自己的祖国"的深刻内涵。

由此可见，结合教材中已有的文本材料，链接《中小学生阅读指导目录（2020年版）》中的相关书目，引导学生围绕某个核心点（可依据教材中的阅读要素）展开有联系的深度阅读，就能做到一门深入、层层铺展。学生从一篇文本走向一本书，他们看到的是更广阔的世界，领悟到的是更深刻的内涵。

当然，统编小学语文教材中像这样节选自一本书的文本材料还有不少。比如，四年级下册第八单元的《宝葫芦的秘密》，教师可以从教材文本出发，融通课内课外，让学生走进这本有趣的《宝葫芦的秘密》，放飞想象的翅膀，进一步去感受童话的奇妙，体会人物真善美的形象。

二、立足快乐读书吧，借助三种课型，推动自主阅读

统编小学语文教材从一年级开始便设置了"快乐读书吧"栏目，每一册教材都有一个"快乐读书吧"，共12个，旨在倡导学生多读书、读好书。从单篇、群文到整本书，不仅仅是量的扩大，还关乎阅读思维模式的建构和成熟以及阅读品质的提升。因此，教师可以立足"快乐读书吧"引导学生展开整本书的自主阅读。如一年级上册"快乐读书吧"的主题为"读书真快乐"，教材中图文结合的小泡泡里就明确提到："周末，我在书店里看到了很多好看的图画书。"由此，教师可引导学生阅读《中小学生阅读指导目录（2020年版）》针对小学1-2年级文学阅读推荐的图画书《我有友情要出租》《一园青菜成了精》《团圆》等，让学生在图文合奏、文质兼美的图画书的世界里体会读书的快乐。

研读"快乐读书吧"，你会发现其教材结构基本上由三个部分组成：首

先，导入读书内容，解释读书主题。其次，推荐重点书目，提示读书方法。最后是拓展阅读内容，激发读书兴趣。由此可见，"快乐读书吧"强调了对阅读方法的指导，积极推动对整本书的阅读。例如，在一年级下册"快乐读书吧"《读读儿歌和童谣》的教学中，教师可以用做动作读、用方言读、带表情读等多种方法指导学生读儿歌和童谣，激发学生自主阅读的兴趣，让他们欣欣然走进这本《儿歌300首》。

在"快乐读书吧"的教学中，教师可借助三种课型有效落实课外阅读的课程化。主要是：其一，整本书阅读的导读课。重在激发学生的阅读兴趣，渗透阅读方法，引导学生根据封面、目录、梗概等内容进行推测。其二，整本书阅读的讨论课。主要交流阅读的感受，讨论问题，如书中的人物、情节、主题、表达等。其三，整本书阅读的展示课。主要是展示学生的阅读成果，让他们尽情分享阅读的收获与快乐。

六年级下册"快乐读书吧"《漫步世界名著花园》旨在引导学生阅读世界名著，主要推荐了《鲁滨逊漂流记》《骑鹅旅行记》《爱丽丝漫游奇境》《汤姆·索亚历险记》四本书。教师可依据导读课、讨论课、展示课这三种课型有序推进，指导学生用半个月左右的时间读完一本书。正如这次"快乐读书吧"的阅读提示语所示：每一本名著都是独一无二的花朵，你触摸到它的那一刻，便是奇遇的开始。

三、构建专题式阅读，从一本到类，带动学泛阅读

《中小学生阅读指导目录（2020年版）》小学文学类书籍阅读推荐中，有不少学生喜爱的儿童文学作家的作品，有曹文轩的《草房子》、黄蓓佳的《今天我是升旗手》、秦文君的《男生贾里传》等。教师可引导学生展开对同一作家系列作品的专题阅读。比如，可以从曹文轩的《草房子》入手，带动学生对纯美小说系列的阅读。在对《根鸟》《青铜葵花》《山羊不吃天堂草》的阅读中感受作者优美的诗化语言、忧郁悲悯的人文关怀，体悟人性智慧的高贵永恒。沉入这样有广度的阅读之中，学生对作者及其作品的理解也会更加

深刻。

此外，教师还可以指导学生进行同一主题的拓展阅读。比如，阅读指导目录中小学文学类书籍阅读推荐的是《城南旧事》。这本书描写了20世纪20年代末北京城南一座四合院里一家普通人的生活，通过小姑娘英子童稚的眼睛来看当时北京形形色色的人和事，表达了作者告别童年悲伤、怀念的情感。整部作品始终贯穿着对成长内涵的诠释，让人深思，也令人回味。教师可以围绕"成长"这一主题，引导学生进行同主题的阅读分享，促使学生自主阅读《窗边的小豆豆》《你是我的妹》等。

实践证明，专题式阅读是激发学生阅读兴趣、培养学生阅读研究意识及阅读能力的有效路径。在此过程中，学生读得更多了、更广了，自然而然从"这一本"到"这一类"，产生了审视、追问、思辨等一系列的高阶思维活动，阅读活动最终从量变走向了质变。

从以上三条实施路径中不难发现：只有尊重教材，理解教材，才能创造性地使用教材，才能找到课内阅读与课外阅读之间适切的联结点。当然，课外阅读不需要像课文学习那样精细，也不需要每本书都由教师来指导。教师更多的是发挥导向作用，为学生推荐有价值的书，给予学生自主阅读的时间和空间。让学生通过轻松阅读、快乐阅读、分享阅读，深入思考、充分交流、学会分享，在阅读中展现成长的美好。

此外，教师还要做好阅读评价来促进学生的课外阅读。教师可根据各学段的要求，通过小组和班级交流、学习成果展示等方式了解学生的阅读量和阅读面，进而考查学生阅读的兴趣、习惯、品位、方法和能力。因此，课外阅读评价原则要体现"三重"，即重兴趣、重过程、重激励。教师可采用活动表现性评价，如讲故事、演童话剧、朗诵、辩论等，也可采用资料档案袋的评价方式，如读书存折、好书推荐卡、演讲稿、辩论材料、读后感、读后小故事、读后小报等，并通过"书香家庭""读书之星"的评选增强学生阅读的成就感。

2019年浙江省中小学教育质量监测反馈中得出了这样一个发人深思的结

论：补课不如读书。基于大数据，进一步进行研究分析后人们发现：阅读对于小学生学业进步有全方位影响。加强阅读能够提高数学问题解决能力与科学探究能力。监测分析还发现，阅读科普书、故事书对学生学业成绩的积极影响最大，而漫画书、网络小说对学生学业成绩呈现显著的负向作用。由此可见，教师不仅要引导学生好读书，更要引导他们读好书。以《中小学生阅读指导目录（2020年版）》为引领，孩子便会与更多的好书相遇！

教学实录

让学生有好故事可以说
——二年级上册《看图讲故事》教学实录与点评
藏在"表情"背后的故事
——二年级上册《看图写话》教学实录与点评
爱它,总有千万种理由
——二年级下册《我想养……》教学实录与点评
……

让学生有好故事可以说

——二年级上册《看图讲故事》教学实录与点评

点评：江阴市华士实验小学　梁昌辉
地点：杭州经济技术开发区下沙二小

一、漫画讲述，激趣导入

师：同学们，喜欢看漫画吗？

生：喜欢。

（师出示漫画）

师：来，我们一起看看这一组漫画。这是一对有趣的父子。这天，父亲要给儿子量量身高。他让儿子靠在小树边，在小树上钉了一个小钉子，做了标记。他说："明年春天的时候，你就会超过这个标记了。"冬天过去了，春天又来了，小树长得郁郁葱葱。他们又来到树下，可是没想到，儿子的个子竟然在标记的下面了。这是怎么回事呢？难道儿子越长越矮了？

（生笑）

生：因为小树也长高了！

师：是啊。这个漫画多好玩，它选自长篇连环漫画《父与子》，作者是德国的卜劳恩。这本漫画书描写了父与子之间一个个生动的小故事，读来特别温暖。今天，就让我们再来读一组《父与子》中的漫画，试试能不能看着漫画说故事。

| 点评 |

讲述与聆听是故事传播的典型方式。课始的故事讲述迅速吸引了学生，把学生的关注点聚焦到故事上来的同时，也营造了一种故事氛围。教师的讲述行为本身也为学生提供了无声的示范。

二、依据标题，厘清图意，玩着说

师：请各位讲故事高手做好准备，故事开始了！第一幕拉开了——"儿子去哪儿了"。（板贴：儿子去哪儿了？）

生：快吃饭了，妈妈发现儿子还没来呢，就让爸爸去叫儿子吃饭。

生：妈妈把饭做好了，发现儿子没有来。她就对爸爸说："快去叫儿子吃饭！"

师：哇，你还加上了妈妈的语言。真棒！

师：第二幕开始了，那就是——原来"儿子是书虫！"（板贴：儿子是书虫！）

生：爸爸走进儿子的房间，看到他正趴在地上看书。爸爸忍不住叫道："别看了，别看了，快去吃饭！"

师：不错，你还想象了爸爸说的话。

生：爸爸来到儿子的房间里，看见儿子趴在地上看书呢。他有点生气，叫道："你再不去吃饭，我就打你屁股了！"

（生笑）

师：儿子有动作，"趴在地上看书"；爸爸有语言，"你再不去吃饭我就打你屁股了！"真是有趣。

师：于是，儿子来了！（板贴：儿子来了！）第三幕谁来说一说？

生：儿子站起来，走出了房间。这时，爸爸看了看儿子放在地上的书。

生：儿子只好放下书，走出房间。爸爸好奇地看了看地上的书，心想：什么书这么好看？

师：你想象了爸爸的心理活动，"好奇"这个词语用得也很好。

师：咦，爸爸去哪儿了？（板贴：爸爸去哪儿了？）第四幕——

生：儿子过来吃饭了。妈妈问："你爸爸呢，他去哪儿了？"

生：儿子坐在了餐桌旁边。妈妈觉得很奇怪："让你爸爸去叫你吃饭，他怎么还没回来？"

师：这个时候，妈妈等得都不耐烦了，她生气地说："找找爸爸去！"（相机出示图五，板贴：找找爸爸去！）

师：谁来说说这一幕？

生：妈妈和儿子等着爸爸过来吃饭，可是半天不见他的影子。妈妈不耐烦了，她对儿子说："你去看看，他在干什么？"

师：是啊，爸爸怎么了？（板贴：爸爸怎么了？出示留白的最后一幅图）

| 点评 |

  六幅图呈现了一个波折的小故事：爸爸喊儿子吃饭，儿子来了，爸爸却不见了。图画所描述的故事内容是生活化的，贴近二年级学生的生活实际，因此，理解图画内容对学生来说是没有障碍的。学生讲述单幅图画的难点是怎样讲得具体。汤老师的策略是顺势点拨，指点学生观察、想象，要讲清人物的动作、语言、心理等，让人物"动"起来。于是，孩子们的讲述越来越具体，越来越清楚了，图中的生活场景经由儿童的讲述被还原了，"活"起来了。

三、发散思维，联系生活，猜着说

师：爸爸去哪儿了？请同学们都来猜一猜。

生：爸爸突然想起来，啊，我刚刚还没有洗手啊。爸爸去卫生间洗手去了。

师：哦，饭前要洗手。这真是个讲卫生的爸爸。

生：爸爸想，今天还没有给花浇水，我先给花浇了水再去吃饭。

师：这是热爱生活的爸爸呢。

生：爸爸临时接到电话去单位加班了。

师：哦，他可能和你的爸爸一样是个工作狂哦。

生：我觉得爸爸也在看书呢。刚刚他叫儿子的时候，不是好奇地看了看儿子的书吗？

师：哦，你还会联系前面的图画来想象呢，了不起。

生：儿子来到房间里看见爸爸在看书，大叫起来："爸爸，我刚才看书，你还说打我屁股。现在，我真要挠你痒痒了。"

师：啊哈，真是个调皮的儿子！

师：看，通过观察、想象，同学们把每一幅图都说清楚了，真好。（板书：说清楚）

| 点评 |

此时的高妙之处是第六幅图的留白，完全把爸爸去哪儿的迷局交给了读者去解开。第四个学生的过人之处在于觉察到了图画中蕴含的故事发展线索，即爸爸好奇地看了一下儿子的书。而老师的机智之处在于点出了看图讲故事的一个重要方法：联系前面的图画来想。这才有了下面精彩的猜想：调皮儿子要挠爸爸的痒痒。有趣，富有亲情。

四、游戏互动，我说你猜，比着说

师：现在，我们来轻松一下，做个游戏吧。游戏的名字叫《我说你猜》。我会悄悄地给上来的同学看一幅图。他说出内容，你们猜猜是哪一幅图。

生1：爸爸来到房间，准备叫儿子出来吃饭。这时，他看见儿子正趴在地上津津有味地看书。

生：是第二幅图。

生2：妈妈对儿子说："你爸爸干什么去了，快去找找！"

生：第五幅图。

生3：原来，爸爸也被这本书吸引了，他正趴在地上看书呢。

生：第六幅图。

生4：这一天，妈妈烧好了饭，对爸爸说："快去叫儿子来吃饭！"

生：第一幅图。

生5：儿子和妈妈坐在餐桌前等爸爸来吃饭。

生：第四幅图。

生6：儿子放下书，走出房间。爸爸看了看地下的书，心想：是什么书让儿子都忘记吃饭了？

生：第三幅图。

师：哇，同学们反应真是快！认真听，听明白，你就知道别人讲的是哪幅图的内容了。（板书：听明白）

| 点评 |

"我说你猜"，将游戏元素融入故事之中，增加了学习活动的趣味性。学生在身心投入的活动中进一步熟悉图画内容，实现故事与图画之间对应的确认。

五、根据顺序，串联图画，连着说

（大屏幕出示完整的六幅图）

师：看，我们把这六幅图连起来就是一个完整的故事。谁能连起来说一说？自己先准备准备。

（生练说）

师：你想把这个故事说给谁听，就走到他的面前主动地说。也可以说给后面的听课老师听哦。说完后，听听别人的建议。

（生生互动、师生互动）

师：刚刚大家说得真起劲。现在，谁来说给我们大家听？

生：中午，妈妈在厨房烧好饭，把菜端到了餐桌上。看，饭菜还冒着热气呢。这时，她看到儿子还没有来，就对爸爸说："快去叫儿子吃饭！"爸爸一走进儿子的卧室，就看见儿子趴在地上看一本小人书。他生气地说："你竟然在看小人书，再不去吃饭，我就打你屁股啦！"儿子没有办法，只好放下书，去了餐厅。爸爸瞄了一眼那本书：它看上去好像很好看呀。儿子和妈妈一起等爸爸吃饭。等了一会儿，妈妈着急了，她对儿子说："快去找找爸爸！"儿子走进自己的房间，看到爸爸正津津有味地趴在地上看自己刚刚看过的那本书呢。他叫道："爸爸，你叫我去吃饭，你自己却躲在这里看书呀！"爸爸不好意思地笑了。

师：哇，咱们应该为他鼓鼓掌！同学们，他讲的哪些地方最吸引你？

生：他讲得特别清楚。

生："津津有味地趴在地上"说得好。

师：嗯，说明爸爸也被书迷住了。

生："爸爸不好意思地笑了"可以看出爸爸也喜欢这本书，觉得自己刚刚不该说儿子。

师：是啊，同学们发现没有，他讲故事的时候还把爸爸和儿子的语气模仿得活灵活现。

师：同学们，如果给这个故事取个题目，你们会取什么题目？

生：有趣的书。

生：爸爸去哪儿了？

生：大小"书虫"。

师：故事讲得好，题目也取得妙。还有谁来讲讲这个故事？

生：这天，妈妈做了好吃的饭菜，可是等了半天儿子还没来吃饭。妈妈对爸爸说："你去叫儿子快点来吃饭！"爸爸走进儿子的房间，看见儿子趴在地上看书，说："你再不去吃饭，我就要把你拎下去了！"

（生笑）

师：这爸爸是个大力士。

生：儿子闷闷不乐地走出房间去吃饭了。这时，爸爸瞄了一眼书，心想：这是什么书呀，儿子看得这么入迷！儿子回到了餐桌前。妈妈奇怪地问："爸爸去哪儿了？你快去找找爸爸！"儿子走进自己的房间，没有找到爸爸，以为他在阳台浇花，去阳台也没找到，就回到餐厅。过了一会儿，他们发现爸爸拎着一瓶酒回来了。原来，他去买酒去了。儿子惊得下巴都要掉下来了。爸爸笑着说："这么多好菜，怎么能没有酒呢？"

师：哈哈！原来这是个爱喝酒的爸爸！这个结局真是让人意想不到。

| 点评 |

把六幅图连起来说是本课教学的重点，汤老师采取了让学生讲给同学听、听课老师听的策略。生生互动、师生互动的方式为学生增添了讲故事的动力，也让学生在互动中看到了讲述的效果，并及时加以调整。指名讲述阶段，汤老师让学生听完后说说"他讲的哪些地方最吸引你"，这是利用评价策略引导听者专注听，讲者改进讲。

六、师生合作，回顾故事，配音说

师：听大家把这个故事讲得这么好，老师都忍不住要加入你们了。就让我们在美妙的图画和动听的音乐声中一起来回顾这个故事吧。

师：星期天的晚上，妈妈准备了一桌丰盛的晚餐。看，还有儿子最喜欢吃的红烧肉呢。可是这时候，妈妈发现——

生：儿子还没来。

师：妈妈就对爸爸说——

生：快去叫儿子来吃饭！

师：爸爸来到房间——

生：他看到儿子正趴在地上看书呢。

师：爸爸好奇地想——

生：这是什么书，这么吸引人？等会儿我也来看一下。

师：儿子来到餐厅——

生：妈妈疑惑地问："爸爸去哪儿了？"

师：于是，儿子去找爸爸——

生：啊，原来爸爸趴在地上看书呢。他也看得入迷了。

师：哈哈，原来这是一本——

生：有趣的书。

师：这真是一对——

生：书虫父子。

师：谢谢同学们的精彩合作。看，我们出色地给六幅图配上了故事。我们都是了不起的讲故事的高手！为自己鼓鼓掌吧。

师：课后，同学们可以把这个有趣的故事讲给家人、朋友听。大胆表达，不断练习，你就是最棒的故事达人哦！

| 点评 |

　　趣配音活动让讲故事变得有趣好玩，这正契合低年级孩子的学习特点：寓学于乐。老师的"引"类似于画外音，学生说的基本是人物语言，如此安排能够帮助学生较好地体验故事中不同人物的想法。

| 板书设计 |

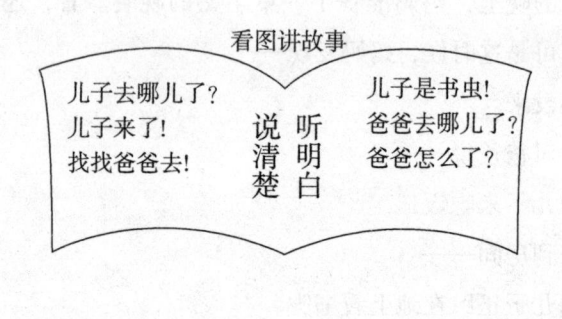

看图讲故事

儿子去哪儿了？　　　　儿子是书虫！
儿子来了！　说　听　爸爸去哪儿了？
找找爸爸去！清　明　爸爸怎么了？
　　　　　　楚　白

总　评

一、巧妙实现交际价值

　　看图讲故事很容易变成一种单纯的习作（写话）教学活动。两者当然有联系，但有无交际要求、能否实现交际价值是其重要的分水岭。汤老师的教学紧扣交际这一价值，重视讲，也关注听，使讲与听构成一种交际的关系，表现为教学中的多次互动性的活动安排，如引入环节的老师讲、学生猜，课中的生生互动、师生互动式的讲与听，指名讲与其他学生评价，以及布置学生课后讲给家人、朋友听等。

　　失去对象意识的讲述不仅没有趣味，也失掉了口语交际的根本价值；没有要求的听，有意注意就会减弱，听的效果也会降低。讲与听建立起互动，结伴同行，口语交际的交际价值才能得以实现。

二、着力提升口语能力

　　教材对这一课的要求非常明确，一是按顺序讲清楚图意；二是认真听，知道别人讲的是哪幅图的内容。这两个要求一个指向讲，一个指向听。要求明确是统编版语文教材的特点，让那些"暗里摸索"的东西变为"明里探讨"，利教便学。

　　看图讲故事中，多幅图是较为复杂的一种。汤老师的教学着眼于顺序，在熟悉单幅图内容的基础上再安排连起来说，在每一环节的讲述中都有听众的参与，在讲与听的双边活动中提升学生的口语交际能力。

三、明确教学层级设置

统编新教材的编排是螺旋递升式的。从看图讲故事的角度看，一上的《小兔运南瓜》是单幅图，情节比较简单；而本课的看图讲故事是连续多幅图的，情节起伏变化，结局是留白开放的，难度提升，复杂程度提高。首先从教学实施看，汤老师对此有着明确的认识，因而在单幅说清、猜测结局、图文对应的基础上，把教学的重点放在了连续讲述上，是把它作为主要教学内容来处理的，显然这是恰当而清晰的。

其次是对讲述顺序与语言特色的把握。二上的口语交际《做手工》和《看图讲故事》都有"按顺序说"的要求。《做手工》的重点是把流程说明白，语言是说明性的；《讲故事》讲的是故事，既要讲清楚，也要讲出故事情节的变化，想象人物的语言、动作，要吸引人，因而语言是描述式的。因此，汤老师让学生想象人物会说什么、有什么样的动作，会产生什么想法等，这就很好地体现了故事的特点。

四、精心设计学习支架

无论是小学生身心发展的特点，还是语文学习活动的自身规律，都要求教学不是直接呈现教材设定的教学内容，而是做教学转化，提供学习支架。从整节课来看，汤老师主要安排了"依据标题，厘清图意，玩着说""发散思维，联系生活，猜着说""游戏互动，我说你猜，比着说""根据顺序，串联图画，连着说""师生合作，回顾故事，配音说"五个活动，把教材的学习要求转化为学生感兴趣、愿参与的讲述活动，实现了由教向学的转变。

我们可以说，活动化设计本身就是学习支架，再加上游戏、配音、猜想、标题提示等学习策略性支架的设计，学生学得兴味盎然，不仅口语能力得到了提升，还发展了思维（如前后联系想问题）。这是一节学生深度参与的口语交际课。

藏在"表情"背后的故事

——二年级上册《看图写话》教学实录与点评

点评：上海市松江区教育学院　谈永康
地点：杭州钱塘新区文思小学

一、表情初体验，用一种好玩的方式

师：同学们，我们来看一组有趣的表情包。看，这是什么表情？（出示QQ表情）

生：他很难过。

师：你从哪里看出来的？

生：他的脸上有两行眼泪。

生：他的眉毛皱着，就像个"八"字。

师：再来看，这是什么表情？

生：哇，这是喜欢的表情。他的眼睛里有两个爱心呢。

师：回忆一下，你什么时候有这种表情呢？

生：看到好吃的东西。

师：哈哈，看到好吃的，你的眼睛都发光了。

生：看到同学考了一百分。

师：哦，这眼神里还有羡慕呢。

师：再来看一个。这是什么表情？

生：调皮。

生：他睁一只眼，闭一只眼，还吐着舌头，好像在做鬼脸呢。

师：多么有趣的表情。（板书：表情）你们还根据表情推想出了故事呢。（板书：故事）

二、表情大特写，练一双智慧的眼睛

师：看，故事的主角来了。

生：小老鼠！

师：哎呀，他怎么了？（出示图中小老鼠的表情特写）

生：他很害怕的样子。

师：仔细看看，他害怕到什么样子了？

生：他害怕得眼泪都流出来了。

生：他害怕得嘴巴张得大大的。

生：他吓得一屁股坐了下来。

师：同学们不仅善于观察，还很会想象呢。

师：看，谁来了？

生：大猫！

师：这是一只怎样的大猫？（出示图中大猫的表情特写）

生：大猫很凶，露出了锋利的牙齿。

师：你从他的眼神里读出了什么？

生：他想一口吃了这只小老鼠。

师：一只害怕到流眼泪的小老鼠，一只目露凶光的大猫，他们怎么会到一起的呢？（出示完整动态图画）

生：一只小老鼠打开了电脑，突然，里面出现了一只大猫。

师：讲得真清楚。同学们能不能加上他们的表情来说说呢？同桌之间练练吧。

（同桌练说）

师：我们来演一演，好不好？

生：好！

师：这次表演的题目就叫"让表情定格"。请两名同学分别扮演大猫和小老鼠，再请一名同学来说说他们相遇的故事。说的同学可以加入他们的表情，表演的同学记得要让表情定格哦。

（一生叙述，两生表演体验）

生：有一天，一只小老鼠跳上书桌来。他看见了一台电脑，左碰碰，右点点，突然一只凶狠的大猫跑出来了。他睁大眼睛，露出锋利的牙齿，好像要一口吃了小老鼠。小老鼠吓得直冒冷汗，一屁股坐了下来。

（生笑，鼓掌）

师：哇，说得精彩，演得活灵活现。

三、表情新创想，拓一种发散的思维

师：故事到这里就结束了吗？接下来又会发生什么呢？

生：小老鼠拔腿就跑，一口气跑回了家。

师：哦，三十六计，跑为上计！

生：小老鼠吓得大哭，这时，妈妈跑过来说："别怕，别怕，你看他不会动，不是真的猫！"

师：还是妈妈聪明。

师：同学们，当小老鼠遇到大猫，那一瞬间，他的表情是恐惧，是害怕。我们再想一想，有没有可能，后来，小老鼠会松一口气呢？（出示思维导图）

生：小老鼠坐在地上站不起来了，他等了几分钟，大猫并没有跑出来，这才发现原来这0不是真的猫。他松了一口气。

师：哦，原来这是电脑里面的大猫啊，这不就轻松了。

师：有没有可能，他的表情会由害怕到开心呢？

生：小老鼠又碰了一下鼠标，突然，电脑里出现了一块奶酪。小老鼠开心极了，口水都流了出来。

师：哈哈，奶酪可是他的最爱啊。

生：小老鼠吓得向后退，不小心碰到了鼠标，这时，电脑中出现了一只美丽的女老鼠。小老鼠开心地跳了起来。

师：你肯定是受了前面那个眼神里有爱心的喜爱的表情的启发。

（生笑）

师：有没有发现，他有个地方说得特别好？

生："不小心"这个词用得好。

师：对，你们看，小老鼠吓得向后退的时候，不小心碰到了鼠标，图片就又变了，变出了他喜欢的女老鼠。看，这就是巧合。多么奇妙啊！

师：小老鼠的表情还会有什么变化呢？展开想象，一切皆有可能哦。

师：看，这是一名同学根据小老鼠的表情变化写出的有趣的故事。我们一起来读一读，评一评，看一看他能得几颗星。（出示星级评价）请注意：语句通顺，格式正确，可以得到一颗星；若在故事中写出了小老鼠表情的变化加一颗星；如果他的故事里还有让你惊喜的地方，就再奖励他一颗星。来，我们一起读读吧。（出示范文，指名读）

生：一天晚上，一只小老鼠跳到书桌上找吃的，一不小心碰到了电脑鼠标。突然，眼前出现了一只目光凶狠的大猫，好像要一口吃了他。小老鼠大惊失色，一屁股坐了下来，吓得直冒冷汗。"天啊，快逃！"他正要逃跑，又碰到了鼠标。这时，大猫不见了，小老鼠松了一口气："哈，我把大猫吓跑了！"

师：这篇文章能得几颗星？

生：语句通顺，写了大猫和小老鼠的表情。

生：还写出了小老鼠的表情变化，从害怕到轻松，能得两颗星。

师：真是个小老师。相信同学们能写出更精彩的故事。那还等什么呢？快写一写属于你们的《猫和老鼠》的故事。在你的笔下，猫和老鼠有着怎样有趣的表情包呢？好期待呀！

四、表情巧碰撞，写一个有趣的故事

（生当堂写话，师巡视指导）

师：谁来秀秀自己的作品？

（出示学生作品，生自己朗读，师生点评）

生1：有一天，小老鼠去玩，看见桌子上有一台电脑。他好奇地跳上桌子，左点点，右点点。突然，电脑上出现了一只猫，嘴巴张得大大的，好像要吃了小老鼠一样。小老鼠吓哭了，一屁股坐了下来。可是，过了一会儿，他发现大猫没有追上来。"怎么不会动呢？"小老鼠点点鼠标，发现是画的，不是真的猫。他说："吓死我了！"又去开心地玩了。

师：谢谢你的朗读，声音真响亮。谁来评一评他的作品？

生："好奇"这个词语特别好。

师：对啊，正是因为这是一只好奇的小老鼠，所以他才会忍不住左点点，右点点。这不，把大猫给"招"来了。

生：大猫表情写得很好。

师：让我们仿佛看到了一只凶狠的大猫。

生：他写出了小老鼠表情的变化，从害怕到开心。

师：为啥会开心？因为小老鼠发现这是一只假猫啊。谁还来分享自己的创作？

生2：小老鼠大叫："啊！"他看见一只大肥猫正瞪着一双大眼睛，露出锋利的牙齿，好像要扑向他呢。小老鼠害怕得一屁股坐了下来，眼泪都流了出来。就在这时，小老鼠一不小心碰到了鼠标。突然，屏幕里跳出来一块奶酪。"哇，太棒了！"小老鼠开心地跳了起来。

师：所谓"无巧不成书"。看，在这个故事中，大猫出来是巧合，奶酪出来又是巧合。这一连串的巧合让小老鼠又是惊吓，又是欢喜。小老鼠的心情就像坐过山车一样，忽低忽高。看来，你是个写故事的高手！

生3：书桌上放了一台电脑，小老鼠好奇地打开电脑。突然，电脑里出现了一只大猫。小老鼠吓得一边流眼泪，一边往后退。这时，小老鼠碰到了鼠标。咦！电脑里的大猫不见了。"难道我眼睛花了？大猫怎么不见了？"小老鼠松了一口气，又看看电脑，放心地回家了。

师：你们觉得如何？

生：这个小老鼠好有趣。

师：有点呆萌的小老鼠。

（生笑）

生：他也写到了小老鼠往后退的时候，碰到了鼠标。

师：这就是活学活用。他写道："小老鼠吓得一边流眼泪，一边往后退。这时，小老鼠碰到了鼠标。"这里的"一边……一边……"用得好。

生4：小老鼠大叫："啊！"只见，一只大猫正恶狠狠地盯着他。小老鼠吓得脸色苍白。就在这时，大猫发话了："小老鼠，不要害怕！只要你不做坏事，我们就一起玩，好不好？"小老鼠说："我是一只好老鼠，没有做过坏事。"大猫说："那就好。我们来玩游戏吧。"小老鼠说："好的。"他们高兴地玩了起来，成为了好朋友。这个故事告诉我们，有时候，坏事也能变成好事。

师：哇，太让人惊喜了。这个故事有点与众不同哦，不仅有趣，还很有意义呢。看来，你读过不少童话故事。

（生鼓掌）

师：今天课堂上同学们的创作真精彩。课后，请同学们继续完善自己的作品，再读给身边的人听一听，他们的建议会给你们更多的启发哦。同学们，用心观察，发现、想象藏在"表情"背后的故事。你，就是了不起的故事大王！（课件出示其他有趣的动物表情及文字：藏在"表情"背后的故事）

| 板书设计 |

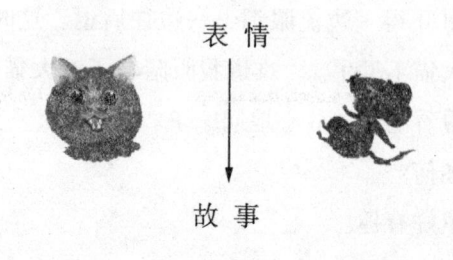

表 情
↓
故 事

———— 点 评 ————

教：为了学生快乐开笔

写话，是学生学习书面表达的起步阶段。这时的孩子进入小学才一年，虽对识字、写字、朗读、说话等方面的语文学习已有感知与实践，但对书面表达则感到新鲜和困难。鉴于写话学习的难度与二年级学生的身心特点，笔者认为学生获得表达的快乐是第一位的。古代蒙学采取"先放后收"的教学策略，即首先鼓励学生大胆写，放开言路，不受约束。宋代谢枋得在《文章轨范》中这样写道："初学熟之，开广其胸襟，发舒其志气，但见文之易，不见文之难，必能放言高论，笔端不窘束矣。"《义务教育语文课程标准》第一学段"写话"的第一条要求就是"乐于写话"而非其他，足见兴趣的激发在写话学习中居于首要之位置。

特级教师汤瑾老师执教的《藏在"表情"背后的故事》非常好地体现了写话教学"兴趣第一"的原则，值得广大老师借鉴学习。如何激发、维持、促进学生写话的积极性情感，汤老师这堂课给予我们如下方面的启发。

一、打通生活联系，给写话以源头活水

这是一次"看图写话"。看图写话是低段写话教学的常用形式。其好处是凸显焦点，写什么十分明晰；其弊则在与学生生活有或远或近的距离，教学时倘不留心，往往会使学生错误地认为写话是"空中楼阁"，是编故事。汤老师的教学站位高、设计巧，把写话跟学生的生活紧密联系，这有利于帮助学生慢慢建立正确的作文观：写话是为了表达自我和与人交流。那么，汤老师是怎么做的呢？

1. 使用 QQ 表情，拉近写话与生活的距离。汤老师教学伊始即引进一组有趣的表情包——难过、喜欢、羡慕、调皮，这都是孩子熟悉的。汤老师不满足于此，还通过"回忆一下，你什么时候有这种表情呢"等，激活学生相关记忆储存，使课堂学习跟生活融为一体。

2. 引导拓展想象，建立写话与生活的联系。指导学生仔细观察图画，并进行体验性表演，一般老师的教学就到此为止了。但汤老师的教学还在继续，她问学生："故事到这里就结束了吗？接下来又会发生什么呢？"学生思维的大门打开了——有的学生说小老鼠等了几分钟，自己"发现原来这不是真的猫"；有的学生也许是"吃货"，设想"电脑里出现了一块奶酪，小老鼠口水都流了出来"；还有的学生突发奇想，"电脑中出现了一只美丽的女老鼠"……老师创设情境，学生的想象就五花八门。分析这些想象，其实都是学生们的生活。这既符合二年级学生以想象力为主的思维特点，又说明一旦打通课堂与生活的隔阂，学生写话就不难了。一开始就在写话与生活间建立联系，这是汤老师这堂课很了不起的一点。

二、搭建学习支架，让写话有进步台阶

对二年级学生来讲，在看图写话上的难点归纳起来主要有两点：一是如何看图，二是如何写话。克服这两点对学生来说都要有一个学习过程。这时候，老师为学生搭建好学习支架，学生就能顺教而学，走好重要的第一步。我们来看看汤老师是怎么帮学生突破难点的。

首先，采用提问策略，帮助学生学习观察。尽管只有一幅图，这幅图还只有电脑、鼠标、老鼠和猫（电脑中的图片），但是要看什么、怎么看，都有讲究。这里的知识，汤老师通过几个问题帮助学生由浅入深，一步一步学习，自然地加以解决，如"故事的主角怎么了""仔细看看，他害怕到什么样子了""这是一只怎样的大猫？""你从他的眼神里读出了什么？"等。

其次，通过提供范例帮助学生学习写话。从观察到说话需要一个转换，从说话再到写话还需要一个转换。二年级学生要顺利实现第二个转换，更需要老师支持。汤老师提供了一篇范文，既融进了本次写话的知识要求，又为学生如何进行书面表达提供了示例。学生在读文后还进行点评，为后面的自主写话作了必要的铺垫。

三、当堂写作交流，让写话快乐有价值

对学习写话的学生而言，有充足的写话时间，能够当堂完成写话作业，不但会赋予学生真实的获得感，还会让学生产生胜任的愉悦感。这是"乐于写话"的起码前提与强大动力。

汤老师的课不但让学生当堂写话，还给时间、机会让学生"秀秀自己的作品"。请注意，在汤老师这里，学生的"写话"是"作品"，这是很有意思的一个做法。一方面，传达给所有学生这样的观念：写话是用来表达与交流的，这就使得写话有了强大的动力，即交际；另一方面，使得学生有的成了作者，有的成了读者。当然，此时，所有的人都是学习者，可以从别人那里学习遣词造句的方法，提高"写故事"的本领。这就是教学的价值：在交流中，学习还在发生，也在改变。

爱它，总有千万种理由
——二年级下册《我想养……》教学实录与点评

点评：杭州市江干区笕桥花园小学　徐俊

地点：杭州钱塘新区听涛小学

一、创设情境，激趣乐交流

师：来，汤老师带你们出去玩一玩，好不好？准备好了吗？我们出发了！（出示PPT）看，这是哪里呀？

生：哇，动物园！

师：同学们，瞪大眼睛好好观察哦。看一看，动物园里有你最喜爱的动物吗？（播放动态PPT）

生：我最喜欢小白兔。

师：为什么呢？

生：因为小兔子有长长的耳朵。

师：观察得很仔细哦。

生：我喜欢小猴子，因为它的尾巴很长，可以吊在树上。

师：我仿佛看到了小猴子吊在树上荡来荡去的样子。

生：我喜欢雕。

师：为什么喜欢雕？

生：因为它目光锐利。

师：哎呀，我们班的孩子这么会说的。还有呢？

生：我最喜欢熊猫。

生：因为它的黑眼圈很有趣。

师：如果我们没有休息好就会有熊猫眼了，是不是？

生：我也喜欢大熊猫，因为它胖乎乎的，很可爱！

师：同学们说了这么多，是不是心里有点痒痒了，是不是想养这些小动物呢？

生：想！

(师板书题目：我想养……)

| 点评 |

  每一种动物都是独特的，各有各的引人之处；每一种动物又都是一样的，都是有趣的生命体。每一位孩子都是独特的，各有各的兴趣点；每一位孩子又都是一样的，都擅长奇思妙想。贴近儿童心理、思维和语言的表达类教学，要点亮共性，激活个性，就是要站在儿童立场，创设最符合儿童天性的教学情境。"我想养"什么因受生活经验和思维品质的限制，凭空想象的结果一般比较狭隘。汤老师引导学生置身于动物比较集中、儿童比较熟悉的动物园情境下，儿童思维与生活世界的通道就被打通了，童真、童趣和奇思妙想就被激活了，表达的内在动机也就被触发了。

二、绘本引路，表达初体验

师：有一个小朋友叫丽莎。她也很想养小动物。她想养什么呢？一起来看看。(PPT 出示绘本封面)

生：丽莎想养一只狗。

师："我想要一只狗。"丽莎说。这句话，丽莎每天都会说好多次。

师：丽莎为什么想养一只狗呢？她想养小狗的理由是什么？我们都来猜

一猜吧。

生：狗可以每天陪她玩。

师：对，这是一个理由。

生：坏人来的时候，如果爸爸妈妈不在，小狗可以帮助她。

师：狗是我们忠诚的朋友。

生：它还可以叫丽莎起床。

师：狗成了小闹钟啊，有趣！刚刚每位同学都说了一条理由，哪位同学能说两条或者更多的理由？来，试一试，看谁敢于接受挑战。

生：狗可以陪丽莎玩。还有，坏人来的时候狗可以帮她吓唬坏人。还有，聪明的狗还能帮忙取报纸。

师：真了不起！同学们，她一口气说了几条理由？

生：三条理由。

师：大家有没有发现，她重复地用到了一个词。

生："还有"！

师：对了，你有一双敏锐的耳朵，她用了两次"还有"。这样子有点啰唆了。同学们，当理由很多的时候，我们可以怎么说呢？

生：用上"一、二、三……"。

师：哦，原来当理由很多的时候，我们可以这样一条、二条、三条，一条一条清楚地列出来。（板贴：第一……第二……第三……）现在，你们能像这样说一说吗？

生：第一，如果坏人来的话，狗可以帮丽莎吓走他。第二，聪明的小狗可以帮人取报纸。第三，如果有时间，狗可以每天陪丽莎玩。

师：同学们，她说得怎么样？

生：好，好！

师：来，把掌声送给她。我们要学会欣赏别人。你叫什么名字呀？

生：郑雨茜。

师：郑雨茜小朋友，谢谢。我们握个手好不好？请坐！

师：她就这样一条一条地帮我们将丽莎想养狗的理由说清楚了。丽莎终于有了一条属于自己的狗。瞧，丽莎带着狗去散步，开心极了！给自己鼓鼓掌吧！

（生开心地鼓掌）

| 点评 |

  在众多的阅读媒介中，绘本是比较符合低幼儿童情趣及认知能力的。第一学段的学生图像化思维特征突出，绘本的图像化表达正契合这种思维特征；绘本通常采用留白式表达展开叙事，正好铆接第一学段学生的跳跃性思维；第一学段学生表达欲望强烈，逻辑条理欠缺，绘本相对清晰的线索和简单的逻辑对他们语言思维的发展是比较适切的支架。在绘本的引领下，低段学生的表达展现了最本色的语言和思维；在绘本的留白中，学生学会了"一条一条"地表达理由，这样的初体验是一种质的改变，是基于儿童属性的适性发展。

三、提供支架，燃思维之火

师：同学们表现得这么棒，汤老师忍不住要把一个好消息分享给你们了，想不想知道？

生：想！

师：好消息，好消息，动物园要招募爱心小主人了！只要你真心喜爱一种动物，并且给出充分的理由，就可以把自己最喜欢的小动物带回家了。

师：心动不如行动。有个小朋友已经开始行动了。猜一猜，他想养什么？

生：小兔子。

生：小猫咪。

师：他想养的动物可不一般哦。

生：骆驼。

师：这个有趣。

生：鹦鹉。它可以学人说话。

生：孔雀。因为孔雀开屏很漂亮！

师：啊，很可惜，大家都没有猜对。他想养的究竟是什么呢？（PPT 出示）

生：大象！

师：原来，他想养一头大象啊。继续来猜猜他想养大象的理由是什么。

生：第一，有坏人的时候，大象可以把坏人赶走。第二，有时候，我们可以骑着大象出去玩，多威风！

师：她好有想象力，说出了心中对大象的那份喜爱之情。

生：第一，我可以在大象鼻子上玩滑滑梯。第二，热的时候，大象耳朵可以给我扇风。

师：他抓住了大象鼻子和耳朵的特点，真了不起。

生：首先，如果有人掉进洞里，大象可以用它的鼻子去救人。第二，大象的鼻子可以摘果子给大家吃。

师：也很不错。

师：同学们想知道这位提出申请的小朋友想养大象的理由吗？（PPT 出示）

生：大象很忠厚，他能安静地陪伴我，听我说心里话。

生：我喜欢骑着我的大象去散步，这样很威风哦！

师：看，这两条理由让你们感受到了什么？

生：我感受到了他对大象的喜爱。

师：对，这两条理由都写出了内心的真实感受。同学们，只要你的理由是发自内心的，就特别能打动人。（板书：感受）

师：一起来看第三条理由，谁来读一读？

生：大象的耳朵大大的，可以帮我扇风；鼻子长长的，可以滑滑梯、荡秋千，还可以帮我洗澡呢。

师：这一条理由跟刚刚哪位同学说的差不多？

生：陈一冉。

师：来，我们认识一下。他们的这一条理由都抓住了什么？

生：抓住了大象的特点。大象的耳朵可以扇风，鼻子可以滑滑梯、荡秋千。

师：哦，原来我们还可以抓住动物的特点来说理由。（板书：特点）

师：猜猜看，还有第四条理由吗？

生：他的力气很大，可以帮妈妈拿很重的快递。

生：这里写出了动物的用处。

（板书：用处）

师：哦，我们还可以说一说小动物的用处。现在，你们可以勇敢地接受动物园的招募活动吗？

生：可以！

师：来，让我们再到动物园里去逛一逛，看看有没有你心仪的动物。只要是你喜欢的，想养什么都可以。（出示动态PPT）

| 点评 |

　　如果说，留白式的绘本表达铆接跳跃式的儿童思维，是为儿童语言的发展假设了一道台阶的话，那么儿童语言拾级而上的扎实发展还需要一个足以稳固支撑这个台阶的支架。这个支架的核心就是语言逻辑。很显然，比起"第一、第二、第三……"的罗列式语言，以"特点、感受、用处"为逻辑支撑的语言发生了质的变化。这是语言思维层面的发展，是符合儿童语言发展的年龄特征和心理规律的。因为合理合规，所以有益有效。

四、练笔实践，评析中提升

师：你们想养什么小动物就在你们的学习单上写下想养它的理由吧。

（生练写，师巡视指导）

师：写好的小朋友可以勇敢地走到你喜欢的老师或者同学面前大声读出

你想养某种小动物的理由，再听一听他们的建议。来，自信地走出去，读出来。

（生纷纷走到自己心仪的老师、同学面前朗读自己所写并接受评价）

师：现在，谁来上台当众朗读？谁能成为我们的爱心小主人呢？

生1：我想养一只小鸡。首先，它全身毛茸茸的，金黄金黄的，非常可爱。其次，我写作业的时候，小鸡可以叽叽地唱歌给我听。第三，小鸡可以和我一起玩耍，一起跳自创的"小鸡舞"。有了它，我就不孤单了。

师：你们喜欢哪一条理由？

生：我觉得他和小鸡一起跳"小鸡舞"的样子一定很好玩。

师：童年需要陪伴，她讲出了小朋友们的心声。

生2：我想养一只孔雀。第一，它的嘴巴尖尖的，长长的，可以挂我的外套。第二，它尾巴的花纹特别漂亮，我很喜欢。第三，孔雀的羽毛可以当装饰品。

师：真好，写出了小动物的特点、用处，还表达了自己的喜爱之情。爱心小主人就是你了。

生3：我想养一只雕。

（生惊讶地叫起来）

师：让我们来听听她的理由。

生3：我想养一只雕。首先，雕的目光非常敏锐，可以帮我找回丢失的东西。第二，遇到危险时，雕可以帮我啄坏人，吓跑他。第三，空闲时，一只大雕就落在我的肩膀上，很威风哦！第四，我还可以让它带着我在空中自由飞翔。

（生鼓起掌来）

师：你们最喜欢哪一条理由？

生：我喜欢最后一条理由：哇，大雕可以带着她在空中自由飞翔！

师：多么神奇的想象，多么有趣的语言！我仿佛看见了一位女侠，肩膀上停着一只雕。可爱的神雕女侠，恭喜你成为我们的爱心小主人！

生4：我想养一只小白兔。第一，它有着长长的耳朵，短短的尾巴，很可爱。第二，它不挑食，青菜、萝卜都可以吃。第三，它可以和我捉迷藏，一起做游戏。

师：哈哈，小白兔就是这样好养活。

生5：我想养……

师：别急着说题目。这次，你先说理由，让大家猜猜你想养的是什么，好吗？

生：首先，它是国家级保护动物，全身只有黑白两色。其次，它的脾气特别好，可以陪我一起玩。第三，它的力气很大，可以干很多活。第四，当我累的时候，靠在它身上肯定特别舒服。

生：他想养的是大熊猫！

师：哇，写得又形象又有趣，理由很充分。祝贺你，成功地成为爱心小主人。

师：今天，202班的小朋友们表现都很棒。汤老师有件美妙的礼物送给你们哦！请看大屏幕，伸出小手，打出节奏，一起来读一读。（出示PPT）

生：动物朋友真可爱，领养它们要用心。理由充分说清楚，一条一条列出来。真情真意打动人，爱心主人带回家。

师：亲爱的同学们，让我们和小动物成为最好的朋友，做个爱心小主人吧！

（在欢快的音乐声中结束本课）

| 点评 |

　　语言发展重在实践。语言的实践，从说到写是一条"习"的路径，赏析评价是一条"得"的路径。"习"为"法"，"得"为"意"。"法"在先，是基础；"意"在后，是提升。有了前面的激活、阶梯、支架，孩子们的表达有了思维基础、语言基础、逻辑基础，写下来就形成了完整的意义"篇章"。进而的互动赏析则是基于意义"篇章"的深层次互动，是"得意"其中，赋予了语言实践以生命的意义、人文的关怀，实现了语言形式、内容、内涵"三位一体"的发展。

总　评

"童"话最美

　　小孩儿都喜欢养小动物，每个孩子喜欢的小动物却不一样；小孩儿喜欢小动物都是有理由的，每个孩子喜欢小动物的理由却不一样；小孩儿都会用自己的话语方式表达喜欢的理由，每个孩子表达理由的话语方式更不一样。以"爱它，总有千万种理由"为标题设计二年级写话课《我想养……》的老师，无疑是最懂孩子、最懂童心的老师。

　　一、贴近童心一定是"我懂你"，"懂"童心的课必定让童心释放

　　作为一堂写话指导课，必是受课程标准规约的。"懂"童心的老师不会拿"规约"来束缚童心，而是努力帮助学生释放童心，让每颗童心以最舒服的方式靠近教学目标。这是一堂成功的低年级写话课应有的开端。

　　汤老师执教的《我想养……》课上，孩子们异口同声的"哇，动物园"，表明童心被唤醒。被唤醒的心是"有点痒痒了"的。心痒痒了，就可以童言无忌地表达对"长长的耳朵""黑黑的眼圈""胖乎乎"的喜爱。这种喜爱，说不清，道不明。说不清、道不明不要紧，要紧的是，童心得到了释放，要紧的是，有人读懂了孩子们以"说不清、道不明"的语言表达的"说不清、道不明"的童心。

　　贴近童心一定就会理解"童"话。每一句纯真的"童"话都如璀璨的星星散落在课堂上。理解儿童的老师，珍惜"童"话的同时善于帮助儿童将这一颗颗散落的星星串起来，让"字字珠玑"的儿童言语变成"口若灿莲"的优质表达。

　　汤老师就是善于帮助儿童的人。"这样子有点啰唆了。同学们，当理由很多的时候，我们可以怎么说呢？"简简单单一句话，点石成金，串珠成线。"她就这样一条一条地帮我们将丽莎想养狗的理由说清楚了。丽莎终于有了一条属于自己的狗。瞧，丽莎带着小狗去散步，开心极了！给自己鼓鼓掌吧！"这掌声是给小朋友们的，更是给汤老师的。

二、贴近童心一定会充满期待，因为期待必定会鼓励出各种精彩

在汤老师的课堂上，所有的"孺子"都可教，因为汤老师贴近儿童，对儿童的精彩充满期待。汤老师用期待激活了每个孩子，让他们在课堂上顺着"特点、感受、用处"的逻辑拾级而上，书写了最富想象力的语言：

"第一，有坏人的时候，大象可以把坏人赶走。第二，有时候，我们可以骑着大象出去玩，多威风！"（说出了心中对大象的那份喜爱之情。）

"第一，我可以在大象鼻子上玩滑滑梯。第二，热的时候，大象耳朵可以给我扇风。"（他抓住了大象鼻子和耳朵的特点，真了不起。）

"大象很忠厚，他能安静地陪伴我，听我说心里话。""我喜欢骑着我的大象去散步，这样很威风哦！"（这两条理由都写出了内心的真实感受。同学们，只要你的理由是发自内心的，就特别能打动人。）

三、贴近童心一定知道"童"话最美，因为"知道"必定会鼓励千万种美丽自由绽放

走心的鼓励是交流，是基于言语动机激活的互动。很显然，汤老师深谙此道。"写好的小朋友可以勇敢地走到你喜欢的老师或者同学面前，大声读出你想养的小动物的理由，再听一听他们的建议。来，自信地走出去，读出来。"

走出来的学生因为动机早已被激活，心灵早已被触动，"千万种理由"便绽放成千万种美丽，自由绽放：

"我想养一只小鸡。首先，它全身毛茸茸的，金黄金黄的，非常可爱。其次，我写作业的时候，小鸡可以叽叽地唱歌给我听。第三，小鸡可以和我一起玩耍，一起跳自创的"小鸡舞"。有了它，我就不孤单了。"童年需要陪伴，这是教育心理学家的论断，更是儿童最真实的心灵映照。

道出了心声的"童"话无疑是最美的。"我还可以让它带着我在空中自由飞翔。""它可以和我捉迷藏，一起做游戏。""当我累的时候，靠在它身上肯定特别舒服。"这种美丽的语言，是人文的关怀，是人性的光辉，是童心和小动物的生命映照。这是语言学习的终极目标。

用一种好玩的方式

——三年级下册习作《说说我自己》教学实录与点评

点评：江苏省无锡市锡山区教育局　孟晓东
地点：山东济南高新区丰奥嘉园小学

师：同学们好，刚刚听了主持人的介绍，知道我的名字了吗？没事，我们已经是朋友了，你们可以直接叫出我的名字。

生：汤瑾。

师：哎，真好！同学们，想更多地了解我吗？

生：想！

师：有什么问题尽管问。

生：汤老师，您平时最喜欢干什么？

师：我最喜欢的就是读书了。

生：那您最喜欢读什么书？

师：我最喜欢读童话。据说读童话可以养颜。

(生笑)

生：您多大了？

师：哈哈，你知道吗，有两个问题不能问女生呀。一是体重，另一个就是年龄哦。

（生笑）

生：汤老师，你从哪里来？

师：我从美丽的杭州来。我们班的学生听说我要来这儿上课，特别开心。他们也想认识认识咱们班的同学，和大家交朋友。你们愿意吗？

生：愿意。

师：今天，就让我们来认识认识303班每一个可爱的、与众不同的孩子，大家尽情地说说自己吧。（板书课题：说说我自己）

| 点评 |

　　心理学家罗杰斯曾指出，一个人的创造力只有在其感觉到"心理安全"和"心理自由"的条件下才能获得最大限度的表现和发展。理想的课堂是师生彼此悦纳的，是充满趣味与民主的。课前，汤老师通过贴近儿童的聊天建设了"安全的对话场"，为儿童营造了舒适的心理氛围。

一、运用图示梳理自述

师：孩子们，通常，你们会怎样介绍自己？

生：说说自己的外貌。

生：性格。

生：说说自己的兴趣爱好。

师：是的，我们可以从外貌、性格以及爱好等方面来介绍自己。（课件逐一出示）

| 点评 |

　　在教学中，汤教师懂得关注学生学习的原生状态，正视学生"现有水平"和"可发展水平"之间的差距，充分理解学习心理和学科逻辑序列，以"写好外貌、性格及爱好等"这个"最近发展区"为定向，确定了学生原有记忆的信

息组块与新的信息组块之间的联结点,即"生长原点"。

二、借助事物妙写外貌

师:同学们一般是怎么介绍自己的外貌的?

生:从头一直往下说。

师:哦,头发、眼睛、眉毛、鼻子、耳朵……就这样一直说下去,一节课上下来,你们烦不烦呀?

生:烦!

师:那该怎么说呢?

生:抓住特点来说。

师:哦,要抓住外貌上的典型特点来说。你们想,一个人会不会从头到脚都很有特点呢?

生:不会。

师:当然了。如何是那样的话,就成了一个奇怪的人了。所以,只要抓住外貌上的一两个典型特点来介绍就可以了。

师:看,老师在改作文的时候,发现了这样一个奇怪的现象。(出示大数据统计)

师:居然十个同学当中有六个人写自己有"一头乌黑的头发",五个同学写自己有"浓浓的眉毛",七个同学写自己有"一双炯炯有神的大眼睛",还有八个同学都说自己有一张"樱桃小口"。哎呀,我就纳闷了:难道咱们都长得一样吗?

生:不一样!

| 点评 |

"生长原点"的确定应该基于学生现有的问题。汤老师细心梳理并呈现了改作文时做的"大数据统计",既真实可信,又让学生明确了"自己的问题",使

得教学有的放矢，产生实效。

师：怎样写出不一样的自己呢？首先，我们要发现每个人长相上不一样的地方，是不是？

师：我想这个时候咱们需要一面镜子。可是，镜子在哪儿呢？别着急，同桌之间互为镜子，用你的眼睛试着发现对方最有特点的地方，互相说一说，好吗？

生：好！

师：那就开始吧。

（同桌交流）

师：谁来跟我们交流交流？

生：他的眉毛比较淡。

师：他叫什么名字？

生：他叫张文轩，他的眉毛淡淡的。

师：哦，是很淡哦。能不能说得更加形象一点？

生：张文轩的眉毛很淡，淡得几乎都看不见了。

（生笑）

师：嗯，你运用了夸张的手法。同学们还有其他的发现吗？

生：刚刚张文轩笑的时候，我发现他的门牙很大。

（生笑）

师：你们知道这叫什么？这叫"兔牙"。我和他一样，都有可爱的"兔牙"呢！

师：听了大家对你的这番描述，作为当事人，你认可吗？（师向被描述的学生问道）

生：认可。

师：那你能不能抓住自己外貌上的特点来说一说自己。

生：我叫张文轩，我的眉毛很淡很淡，同学们都说我的眉毛淡到几乎看不见。我有可爱的大兔牙，可会啃西瓜呢。

师：此处应该有掌声哦。来，你要说说谁？

生：我想说说自己。

师：好，其他同学认真倾听，可以补充。

生：我最有特点的地方就是我的眉毛是八字形的。

（生笑）

师：哦，难道就是传说中的"八字眉"？咱们可以怎么说既能抓住他的外貌特点，又能让他感觉很舒服呢？

生：他的眉毛就像"囧"字里面的"八"字，给人一种憨厚可爱的感觉。

师：为你点赞，说得妙！

师：咱们抓住了自己长相上的特点，可以怎样说得很好玩，说得有趣呢？来，看看这是什么？（逐一出示图片）

生：弹珠、玉米、瓜子、水桶。

师：相信吗，我们可以借助这些事物来趣说自己的外貌呢。来，猜一猜，可以怎么说？

生：我的头像弹珠一样圆。

师：你的脑袋果然很圆啊。说成弹珠吧，有点显小了。

（生笑）

师：来，看看这位同学怎么写的。（出示PPT，生读）

生：我是个好奇的女孩，一看到好玩的东西就瞪大了眼睛，像圆圆的弹珠。作为班长，当我扫视调皮的同学时，那目光好像探照灯一样，可有杀伤力了。

师：这里抓住了"我"的眼睛进行描写，把"我"的眼睛想成了……

生：弹珠。

师：说明我的眼睛和弹珠一样圆。看，"我"的眼睛还很有杀伤力，就像那探照灯，"嗖——嗖——"，那些调皮的同学可逃不过"我"的眼睛呢！咱们班有没有哪位同学的眼睛很有特点？能不能也来借助事物说一说？

生：我的眼睛像天上闪闪的星星一样明亮。

生：我的眼睛小小的，细得就像针一样，笑起来眯成了一条缝。

（生笑）

师：黑黑的眼睛，你会想到——

生：黑葡萄。

师：当眼睛瞪得很大的时候，你会想到——

生：铜铃。

生：原来我们可以这样借助事物写外貌啊。（板书：借助事物写外貌）

师：不信啊，咱们可以再来看一位同学写的。她重点描写了自己的嘴巴。

（出示PPT）

师：她借助什么事物了？

生：玉米。

师：猜猜她为什么会用玉米来描写自己的嘴巴？

生：可能她的牙齿就像玉米一样一颗一颗的，很整齐。

师：玉米还很甜呢，那说明她的嘴巴——

生：很会说话。

师：谁来替这位同学说一说？

生：我的牙齿像玉米粒一样，特别整齐。我的小嘴巴可会说话呢。

师：不错。谁来读一读？

生：我有一排玉米牙齿，一颗一颗的，特别整齐。我那甜玉米似的小嘴能说会道，无论谁不开心了，只要我说上三分钟，他准能"雨过天晴"。

| 点评 |

教学必须沿着儿童生长的路径展开：一是尊重儿童已有的经验，二是遵循儿童的生长方式。汤老师引导学生以"试着发现对方最有特点的地方"这个儿童喜闻乐见的"学习方式"展开对话。他们在这个过程中自觉发现、自主探究、

自我建构。充分对话之余，汤老师再教授"借助事物妙写外貌"这个习作方法，既适应学生的基本经验和生活实际，又适应学生习作能力的发展水平，帮助学生继续去发现、去提升，让学生在丰富的语文实践中获得充分的、自主的、和谐的生长。

师：说外貌的时候，除了可以说说自己的五官，还可以说什么？

生：脸型。

生：身材。

师：来，我们来看看这位同学是怎么样说自己的脸型和身材的。

（师出示PPT，生读）

生：别看我长着令人羡慕的瓜子脸，可是我的身材实在是有点丰满。妈妈总说我的腰和她洗床单用的水桶一样粗。哈哈，这样的身材刮多大的台风也不怕哦！

师：看吧，这样写不仅有趣，还很幽默呢。

生：我也有这样的瓜子脸，但是我的腰没有那么粗。

师：那你的腰像什么？

生：柳条。

师：那就连起来说一说。

生：我有一张好看的瓜子脸，还有像柳条一样细细的腰。

生：我有令人羡慕的国字脸，可是我的肚子却像一个大西瓜。

师：同学们很有想象力嘛。那还等什么呢？就试着用这样好玩的方式介绍一下自己的外貌吧。给你们一首歌的时间，加油哦。

（生练写，师巡视）

师：我们来交流交流，谁先来？

生：我不是一个漂亮的女孩。圆圆的脸上有好多肉肉，就像肥嘟嘟的"小笼包"，为此，我很苦恼。别看我脸大，其实我瘦得像竹竿一样。

师：看，肉都长在脸上了，多会长啊。老师都羡慕呢。

生：我最引人注目的地方就是我的黑皮肤了，人送外号"黑人牙膏"。不要以为我是非洲人哦，我可是地地道道的山东人。妈妈说我黑得像煤炭，我却发现了它的"超能力"，到了晚上，可以隐身。

（生笑）

师：你太逗啦。谁来点评一下？

生：他虽然只写了自己的黑皮肤，但是写得很生动。

师：是啊，煤炭、黑人牙膏，借助这些事物来写，不仅幽默还让人印象深刻。

生：我是个十足的小吃货，天生一张大嘴巴。那嘴巴张大了就像河马的嘴巴一样，一口能吃下一个拳头大的面包呢。

师：瞧，他可不怕自黑哦。不错，一张大嘴吃四方。

| 点评 |

儿童是用感性的方式来感知、体验外部世界，与外部世界建立联系的。汤老师出示"脸型和身材"的范文片段，创设了生动活泼、具体感性的情境，以典型的场景激起学生"写"的情绪。他们"被吸引""真投入""趣表达"，不由自主地置身于"实在的言语实践场"中，情动而辞发，冥思、体认、联想、移情、拓展、表达。从写后的交流情况来看，学生们已经掌握了借助事物来写人物特点的方法。

三、打个比方趣写性格

师：现在，该来说说咱们的性格了。先读一读好玩的绘本——

（出示 PPT，师生共读）

师：这就是我，一个活泼的男孩，其实我是只小猴子，最爱吃香蕉。爬树很拿手，也很会模仿人。哈哈，这个时候，我们可以亲热地叫他——

生：小猴子。

师：我是一个乖巧的女孩，其实呢，我是只小白兔，总是竖起耳朵听别人说话。我特别爱笑，看起来很温和，但是生气的时候可要小心我的"踢人功"哦。我们可以叫她——

生：小兔子。

师：原来，我们还可以这样打个比方写性格。（板书：打个比方写性格）

师：我班上有一位男生，可不是用动物来写自己的性格，而是用水果来写。

来，一起读读——

生：我外表坚强，内心柔软，心地善良，不过有点臭脾气，看起来让人难以亲近，就像那好吃不好闻的……

师：猜猜是什么水果？

生：榴莲！

（生笑）

师：形象吧。看，有一位女同学啊，她把自己比作了——（出示图片）这是什么？

生：棉花糖。

师：她用棉花糖来形容自己的性格。猜猜她为什么选择棉花糖呢？

生：她的性格很柔软。

师：性格用温和更准确。

生：她特别温柔。

生：她像棉花糖一样甜。

师：虽然同学们都没有见过她，但是通过她说自己是棉花糖，你们基本上认识了她。她就是这样一个性格温柔的甜美的女生。如果让你也来打个比方说说自己的性格，你会选什么？

生：我是一头牛，倔强而冷静的牛。

生：我是一个小苹果，有时候很酸，有时候又很甜。

师：好！那就用这样好玩有趣的方法来写写自己的性格吧。

（生练写，师巡视，全班交流）

生：我天生高傲，就像一只骄傲的孔雀，从不让人发现我的脆弱。就算被批评了，受委屈了，我还是会强忍着不哭。可是，我一旦被老师表扬了，那"尾巴"就会翘到天上。

师：好个骄傲的孔雀，我们都记住了你。

生：我是只变色龙。在老师面前，我特别乖巧，就连下课也忙着写作业。可是，只要在老师看不见的地方，我就像脱了缰的野马，玩得可疯了。

师：哈哈，你很勇敢哦。知不知道，你的老师就坐在后面哦。

（生笑）

生：我是一朵太阳花，热情，有活力。哪怕和好朋友闹别扭了，没过几分钟就立马忘记，照样又会乐呵呵地找她玩了。

师：我们都喜欢这样乐观、开朗的"太阳花"。

生：我是甜甜的草莓，同学们都很喜欢我。我很害羞，见到陌生人就会紧张，感觉不仅脸红了，全身好像都变红了。

师："小草莓"，写得很真实。看，你的小脸又红了。

| 点评 |

  同样，汤老师将描写人物性格与动物、水果等事物联系了起来，凭借绘本的呈现以及例文的点拨，既引发了学生的感性活动，又引导了学生的深刻思维。师生都融入思考与创作的和谐氛围中，产生了言说的激情，彼此想象、交流、探讨，自然、真实而富有创意地表达着。孩子们的语言是灵动、趣味的，人物性格的表达是准确的，他们充分地展示着自己的认识和理解。老师则在尊重学生个体的独特体验和即时感受的同时，开展了及时到位、抓住关键、恰到好处的点评，强调了活动中的协作与共享。课堂上生长着的是言语和智慧。

四、依据内容取个题目

师：同学们，把你们课上写的外貌和性格连起来就是一篇自我介绍了！

如果给它取个题目，你们会取什么题目？

生：多变的我。

师：看来你要突出自己性格的多变。

生：不一样的我。

师：肯定写出了自己与众不同的地方。

生：这就是我。

师：很自信！那就在习作单上郑重地写下你的题目吧。

| 点评 |

　　习作指导课不仅要传授习作知识，更要培养学生的习作能力，而命题能力则是其中的关键之一。培养学生习作命题的能力要语言训练和思维训练相结合，先发散思维多角度命题，再集中思维突出特点、选定题目。在汤老师的指导下，同学们依据内容拟定了突出外貌和性格特点的题目。

五、交际互动读出自己

师：现在，你想让谁更了解你、更喜欢你，你就走到他的身边，大声地读出你自己。

（生生交际互动）

师：谁来勇敢地读给我们所有人听，可以推荐别人，也可以自我推荐。

（生推荐了一名同学）

师：祝贺你被推荐。从题目开始，读出你自己吧。

生：这就是我。说我浓眉大眼，一点也不夸张。我的那双大眼睛瞪着的时候，就像铜铃一样。我的身体特别壮，就像一堵厚厚的墙，我的手臂比别人的腿还要粗。但是，我还是像猴子一样灵活哦。其实，我就是一只狡猾的小狐狸，表面上是个安静的美男子，实际上呢，我很调皮，每次把家里弄得乱七八糟的时候，我总能成功地让哥哥当我的"替罪羊"。

师：形象、性格都很鲜明，为你点赞！还有谁想把握这难得的机会？

（一生自我推荐）

生：有一个女孩。我是个小小的女孩。为什么这么说呢？我那不大的眼睛笑起来就成了弯弯的月牙。我的鼻子、嘴巴也都小小的。正因为这样，大家都喜欢叫我"小蚕豆"。一听到这外号，我的嘴巴就会嘟起来。我做事情总是慢吞吞的，就像一只小树懒。我特别喜欢睡觉。周末，你要叫我起床，那可不是件容易的事情。看，我刚刚坐起来，不一会儿，又会抱着枕头倒下去继续呼呼大睡了。

师：听了你的介绍，我们仿佛看到了一个可爱的小树懒。

师：同学们都还意犹未尽吧，课后，你们还可以将自己的这份自我介绍读给亲朋好友听，相信他们会更加了解、更加喜欢你们的。因为——（出示PPT）

生：我是特别的，我是重要的。我就是我，独一无二的我！

| 点评 |

  孩子们的表达个性鲜明而不夸张，用词巧妙而富有趣味。他们真正学会并且熟练运用了本课的习作方法："借助事物写外貌"和"打个比方写性格"。并且能够在课堂上主动介绍独一无二的自己，与人交际。他们兴致勃勃地交流，富有个性地表达，语言在发展、思维在拔节、精神在成长，抵达了习作能力的"远点"。由此可见，汤老师的"教"富有价值，孩子们的"学"很有意义。这样的课是"生长"的。

──────── 总 评 ────────

抵达一种本真的境界

  我时常在思考：习作教学应该抵达一种怎样的境界？应该以怎样的方式抵达这种境界？我想，汤瑾老师的课给了我很好的答案，那就是：用一种好玩的方式，抵达一种本真的境界。

一、儿童站在课堂中央

杜威认为，教育即生活，儿童的生长在教育与生活的关联中实现。理想的习作教学不应该是冷冰冰的习作知识传授，而应该是在轻松愉悦、民主互动的场域里，师生卷入到一个个趣味的习作活动中去，开展着不由自主、你来我往、此起彼伏的对话，在此过程中生长着语言、习作能力，创生着和谐共生的境界。诚然，玩是儿童的天性。汤瑾老师的课堂以玩的姿态迎接学生，悦纳学生，包容学生，点化学生，生长学生。她时时刻刻让儿童站在了课堂中央。

在课前聊谈中，汤老师以一个大姐姐的姿态走向学生，和他们聊读书，聊自己，这样的对话是温暖的，是安全的，给了学生们很好的心理暗示，促使他们敞开心扉。汤老师是一个懂得教育规律的老师。她的教学是基于学生习作知识与能力的"原点"的。她了解了学生们"介绍自己"的原有习作经验，推出了"大数据统计"，做足了功课。这些都是学生们的"原点"，原有经验。

杜威还曾说过，教育即经验改造。汤老师把教学的着力点放在了"发现人物特点"上。她采用的是一种"聊"的方式，聊聊孩子们的长相，推出"借助事物写外貌"的方法，对话轻松愉悦，点评及时奏效，教学效果是理想的。在成功的课堂中，老师都善于创设若干个教学"节点"，一经创设，抓住不放，"深深地犁过"，教后留痕。汤瑾老师的教学"节点"创设得很大气，也很奏效，就是"借助事物写外貌"与"打个比方写性格"。她也特别善于调动学生的思维，紧贴学生的言说方式，找准他们言语与思维的"最近发展区"，适时点拨引领、强调肯定、推出妙招，带着学生们抵达教与学的"远点"。在此过程中，老师持一种"伙伴"的姿态，习惯于认真倾听，擅长于藏着掖着，巧妙地把握时机，一次又一次地成就了学生们在课堂上的精彩。

及至课末交流环节，学生们的表达是令我叹服的。在他们的语言中，外貌特点富有个性，性格特点极其鲜明，他们向伙伴们、老师们展现着一个又一个"独一无二"的"我"。学生们是课堂的主人。他们沉浸其中，耳濡目染，身心俱醉，过着一种"好玩的"、有用的、富有生长气息的课堂生活。

二、为儿童的生长而教

我一直倡导要为儿童的生长而教。对于三年级的习作教学来说，我们尤其要关注学生习作能力的发展及其习作规范的养成。在此过程中，我们要充分了解学生的已有经验，要把握学生的习作心理，要开展有的放矢的指导，要给学生自主生长的时空，进而帮助他们形成一定的习作规范，发展一定的习作能力。

孩子自有孩子的言语方式。他们潜意识地按照一定的顺序来介绍人物外貌也是一种习作规范，我们老师进行"借助事物写外貌"的指导之后，也有必要重新梳理一下外貌描写的格局，即关注整体、突出特点，引导学生建立外貌描写整体的规范。同样，"打个比方写性格"，引导孩子们用形象生动的语言写出性格之余，可以建议他们结合典型生活事例来反映性格，使得描写更为具体与鲜活。总体来说，三年级习作训练理应达到言之有物、言之有序的能力水平。我们的教学也应该站位于"把段落写具体、写生动"，即"言之有格"的高度。特别欣赏汤瑾老师的教学风格，上课即聊天，活动即示范，评点即指导，交流即交际。她的课堂充分体现了一位优秀的青年特级教师的风采。

换个角度看世界，会不会更有趣？
——三年级下册《这样想象真有趣》教学实录与点评

点评：陕西师范大学附属小学　王林波
地点：成都圣菲小学

一、欣赏儿童，点燃逆向思维

师：来，我们欣赏一首有趣的儿歌。（播放视频）

师：这首儿歌的题目就是——

生：颠倒歌！

师：在这首儿歌里，你们发现了哪些有趣的颠倒现象？

生：老鼠成了森林之王。

生：我发现公鸡会下蛋了，母鸡会打鸣。

生：蚂蚁变成了大力士，居然能扛大树。

生：老鼠竟然当了大王，狮子、老虎都给它下跪。

师：我们发现了这些动物具有了与以前相反的特点。看来，动物的特点可以反着说，我们是不是可以这样去想象呢？（出示文中的四张图片）

师：这是什么呀？

生：母鸡会飞了。

师：这是？

生：蚂蚁比树还大，身强力壮。

师：嗯，身强力壮，这个词很好。再来看，这是谁呀？

生：胆小如鼠的老鹰。

师：再来一个，这个是谁啊？

生：蜗牛健步如飞。

师：颠倒、颠倒，颠来倒去真是有趣，母鸡能在天空飞翔，蚂蚁的个头比树还大，老鹰变得胆小如鼠……咦，除了这些，你们会想象出你喜欢的小动物具有怎样相反的特点呢？

生：我想到小鸟能在水里游。

生：我想到乌龟跑得比兔子还快。

生：我想到小鱼会在天空中飞翔。

生：兔子吃肉，老虎吃蔬菜。

师：不仅仅是外形的变化，连性格都变了。

生：蛇长脚了。

师：哦，你联想到了画蛇添足这个成语。

生：猫会汪汪叫，狗会喵喵叫。

师：哇，你们的想象真有趣。（出示词云，进一步帮助学生发散思维）

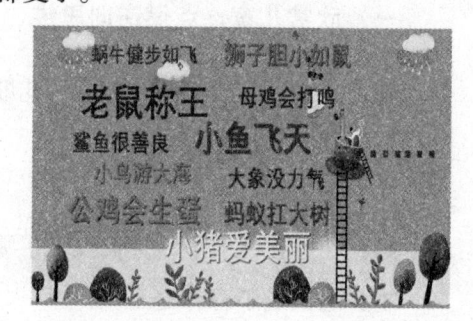

| 点评 |

一开课，汤老师就用有趣的《颠倒歌》吸引住了学生。其实，这段视频不仅仅是为了激发学生的兴趣，也是在示范方法，启动思维，让学生明白：原来换一个视角看世界是如此有趣。从观看《颠倒歌》视频，到自己发散思维开启想象，这样层层推进，让学生的学习变得更轻松，更无痕了。

二、选择主角，故事创编初体验

师：是的，我们可以这样去想象。这样是不是很好玩啊？想不想挑战一下？能不能这样去编一个有趣的故事呢？三年级上册有一篇习作《我来编童话》，你们还记得吗？

生：记得。

师：还记得童话故事要有什么要素吗？

生：时间、人物、地点、事情。

师：掌声送给他。今天，我们童话故事的主角不一样了。这次我们的主角变成什么样了？

生：具有了相反特征。

师：好的故事不仅要有角色，还要能围绕一个话题展开，比如友爱、团结。你们会想到什么话题？

生：自由。

生：助人为乐。

师：真好。这样，我们就能围绕一个话题想象情节了。现在，我们来玩个游戏，好吗？我们让这个故事的主角随机转动起来，停到谁，我们就选谁，好不好？

（大屏幕随机滚动，师生合作）

师：开始！

生：停！

师：主角是——

生：飞天小鱼。

师：我们再看话题。

师：开始！

生：停！

师：话题是什么呀？

生：助人。

师：谁能根据这两个提示编一个故事呢？别紧张，我们来玩故事接龙。谁来说故事的开始？

生：有一只小鱼，他会在天上飞。

师：故事开始了，主角出场了，接下来会发生什么事呢？

生：他是一条漂亮的小鱼，特别喜欢帮助别人。

师：哦，介绍了主角的特点。他会遇到什么呢？

生：有一天，他遇到了一只小老鼠，小老鼠想把奶酪放回家，但是中间有一条河……

师：看，他加了一个角色，谁呀？

生：小老鼠。

师：加得妙不妙？

生：妙。

师：对，独角戏不好玩，角色加一加，故事更精彩。小老鼠出场了，他在搬奶酪，可是他搬不回家，怎么办呢？谁来继续编？

生：小鱼看到了这只小老鼠，对他说："没关系，我帮你送回家。"

师：我们的小鱼会说话了。他加上了对话，故事就更精彩了。这时候小老鼠怎么说？

生：谢谢你，小鱼。

师：对话很精彩。谁来用一句话给这个故事画上完美的句号？

生：小鱼就用嘴叼着奶酪，把小老鼠驮在背上，不一会儿，就把小老鼠和奶酪送回了小老鼠家。

师：怎么样？掌声送给他。看，同学们合作完成了一个故事。故事的主角是谁？

生：飞天小鱼。

师：这个故事的话题是什么？

生：助人。

师：圆满完成任务。还想挑战吗？

生：想！

师：那我们再玩一次，这次让主角和话题同时出现，我说开始，你说停。

师：这次故事的主角是谁？

生：是善良的鲨鱼。

师：对，性格不一样了。这是关于什么的故事呢？

生：友情。

师：谁来独立编个故事？

师：看，四位同学举起了手，我想把这次机会给没有发言过的同学。

生：大海里有条鲨鱼，他不像其他的鲨鱼那么凶猛，他很善良。

生：有一天，他游出了家，在路上，碰到小鱼卡在了珊瑚里面……

师：嗯，又添加了一个角色，还有了新的情节。这样想象真有趣。

生：鲨鱼立刻游过去，用它锋利的牙齿把珊瑚咬断，救出了小鱼。

师：这时候，锋利的牙齿就起到了作用，这就是巧合。了不起啊，掌声送给他。我们的小作家！

| 点评 |

在很多学生眼中，习作是件头疼的事情，在很多教师眼中，上习作课是很冒险的选择，可为什么汤老师的习作课如此有趣？原来，汤老师能够满怀一颗童心来设计习作课，她的课堂上有玩不完的游戏。故事的主角和话题都是由学生"喊停"决定的，多好玩呀；故事的情节是由同学们接龙完成的，多有意思。透过好玩的表象，我们更看到了汤老师独到的用心：随机选取故事的主角和话题，能够放飞学生想象的翅膀；合作完成故事接龙，不仅降低了讲述的难度，也让每一个学生时刻都得用心倾听，让彼此之间有了更多的协作。

三、绘本引路，提供创编思路

师：一篇有趣的童话故事就这样诞生了。关于这样的主角、这样的话题，老师也给大家带来了一个故事，想不想看？

生：想。

师：我们可以学学怎样把故事想象得更加有趣。来，让我们走进——

生：《爱笑的鲨鱼》。

师：故事开始，主角出场了，你来读。

（师生合作读绘本《爱笑的鲨鱼》）

师：这就是《爱笑的鲨鱼》的故事，我们再完整地看一下这个故事。故事的主角是谁？

生：爱笑的鲨鱼。

师：还可以怎么说？

生：最善良、最阳光、最爱交朋友、最爱笑的鲨鱼。

师：我们说过，一个好的故事不能只唱独角戏，要干吗？

生：加一加角色。

师：这里加了谁？

生：鱼儿们。

师：我们编故事的时候也可以——

生：角色加一加。

师：鲨鱼笑笑用什么救了鱼儿们？

生：笑笑唯一能做的就是——笑！

生：他一笑就吓跑了渔夫。

师：你们觉得这样写好不好玩？

生：好玩。

师：这就叫故事的巧合。

师：我们可以——

生：巧合用一用。

师：这样一来，我们编出的童话故事就特别有趣了。想不想自己也来编一编？

师：先想一想，这么多的角色，你们会选择谁呢？和你们的同桌交流交流吧。

（同桌交流讨论）

师：谁来谈谈？

生：蚂蚁扛大树。

师：期待你的故事。

生：我准备讲的是蜗牛健步如飞。

师：围绕一个什么话题？

生：蜗牛当了快递员。

师：这个主意不错，可以把你需要的东西送回家。你看，联系生活也可以去想象。还有谁来？

生：公鸡会下蛋。

师：这是怎样一个有趣的故事？

生：有个农夫准备吃掉他，突然有一天，他下了个蛋。

师：哦，他这样做是为了自救啊。这是聪明的公鸡。

| 点评 |

　　三年级学生进行习作要不要教方法？答案是肯定的。提到写作方法的指导，我们眼前出现的很可能是教师枯燥的讲解，学生毫无兴致可言。不过汤老师的课堂却不同，她巧妙地引入学生非常感兴趣的绘本故事。学生在阅读绘本故事的过程中不知不觉就学到了"角色加一加""巧合用一用"等方法，一切水到渠成，自然而然。

四、依据评价，自主创编故事

师：好了，同学们已然展开了想象的翅膀，那还在等什么？不过，在写之前，老师有三条温馨提示。谁来读一读？（出示星级评价标准，指名读）

师：请同学们拿出习作单，展开大胆的想象，开始自己的创作吧。

（生现场写作，师巡视，时间10分钟）

师：来，我们来分享同学们的作品吧。

师：来看第一位小作家，请她读一读自己的作品。其他同学可以结合刚刚的评价标准进行评价。

（生读自己的作品《蚂蚁扛大树》）

师：有人自发鼓掌了，你为什么要给她鼓掌？

生：故事中的主角有相反的特征。

师：蚂蚁会扛大树了，一颗星。

生：情节比较奇异。

师：奇异在哪里？

生：蚂蚁发挥神力救了压在树下的大象。

师：是啊，这样的情节真是不可思议。你给他几颗星？

生：五颗星。

师：再来看一篇作文《小狗飞天》。

（生读作品《小狗飞天》）

师：如果你是小作家，怎样把这个情节变得更奇异？

生：小狗的翅膀变大后，带着三个小女孩飞上了蓝天。

师：对，如果变成小狗带着三个小女孩飞上了天，带她们去看精彩的世界，你觉得这样写会不会更有意思呢？

生：会。

师：这样，这个故事的话题就是——

生：梦想。

师：我们来看李同学的。

生：啊？

师：为何有同学"啊"了一声？

生：因为他平时写作都写不好的。

师：今天，老师想告诉你们，我们要换个眼光看同学。不信，我们来看看他的作文。

（李同学读《公鸡下蛋》。生鼓掌）

师：哦，为什么情不自禁地为他鼓掌？

生：故事中公鸡和主人的对话特别好玩。

师：是呀，他巧妙地用对话推动了情节的发展。

生：在公鸡快要被主人吃掉的时候，他的梦想突然实现了。

师：是啊，在危急的时刻故事发生了转折，对吗？

生：对啊。他的体内突然爆发了洪荒之力，生出了一个大鸡蛋。

师：哈哈，好的故事总是充满巧合。别着急，精彩还在后面。

（李同学继续读《公鸡下蛋》）

生：公鸡居然生出了金蛋，太神奇了。

生：这样主人更舍不得吃掉他了。

师：这个故事充满了奇妙的想象。你们给他几颗星？

生：六颗星。

师：你想向这位作者说点什么？

生（走到李同学旁边）：你的想象非常奇妙，故事很精彩。

李同学：谢谢！

师：看，你们充分的肯定可能会改变他哦。说不定，以后他就是你们班的作文高手呢。课后，同学们可以继续完善自己的作品。

| 点评 |

  学生掌握了方法，自然要动笔实践写一写。不过，汤老师在这里加上了一个独特的环节：请学生先读一读星级评价内容，清楚评价要点后再动笔写，这样就能有效避免一些问题的出现。相信这样目标清晰的写作才是更高效的表达。从了解评价要点，到动笔写作，再到根据评价要点进行评价，这样就真正将评价落到了实处，真正做到了让评价促进习作。

五、畅谈感悟，放飞想象之翼

师：今天，我们像这样展开了奇妙的想象。通过这节课的学习，你们有什么想和大家分享的吗？

生：我们可以想象动物具有相反的特征。

生：可以围绕一个话题大胆地想象。

生：在故事的情节中制造巧合。

生：这样反着去想象很好玩！

师：真好！还有最后一个机会，谁来总结陈词？

生：今天，我学会了怎样展开想象写故事。

师：你的这句话是对我这节课最高的评价，谢谢你！最后，老师送给你们一句话，好吗？一起来读读吧。

生：换个角度看世界，会不会更有趣？

师：换个角度看世界，会不会更有趣呢？继续大胆想象，勇敢尝试吧，下课。

| 点评 |

　　结课前的反思和总结是非常重要的，汤老师引导学生分享自己的学习收获和思考，不仅是对这节课学习情况的梳理，也为后面的继续学习奠定了基础，相信"换个角度看世界"的思维方式一定会带给学生更多的收获。

─────── 总　评 ───────

　　在成都，现场聆听了汤瑾老师执教的《这样想象真有趣》一课，那一刻最真实的感受就是：这样的课堂真有趣！课堂上孩子们极为兴奋，积极性高涨，思维十分活跃，听课老师也被深深地吸引着，掌声笑声不断。很多老师都深感头疼的习作课，怎么汤老师上起来就如此有趣呢？我想，这与汤老师的儿童立场和儿童视角是分不开的，与她巧妙的资源运用与精妙的教学设计是密不可分的。

　　一、从儿童的立场出发，设计有趣的教学活动

　　我们常说，心中要装着儿童，要让儿童站在课堂的中央，课堂教学的主体是儿童。但这些往往只停留在表面，并没能深入教育者的内心。一位真正关注儿童的教师是能够从儿童的立场出发来审视课堂，设计教学活动的，汤老师就是如此。《颠倒歌》多么有意思啊，于是她就从《颠倒歌》切入。她清楚，相较于文字来说，儿童更喜欢直观的视频，于是她播放《颠倒歌》的视频让学生欣赏，这样一下子就抓住了学生的心。由此拓开去，汤老师请学生说说还会想象到自己喜欢的小动物具有怎样相反的特点。就这样，在欢愉的氛围中学生的思路得到了拓展。

　　故事需要围绕一定的话题展开，需要有主角、有情节，怎样的搭配才更有意思呢？汤老师没有生硬地指定，也没有让学生直接选择，而是通过游戏的方式来确定。"点击按钮，喊停决定"这样的游戏方式不仅很好玩，而且很刺激。会出现怎样的组合，事先没有人知道，课堂就是因为有这样的不可预知性而精彩，写作就是因为有这样的不确定性而充满新鲜感。

　　二、从儿童的视角思考，选用有效的指导方法

　　学生的学习是一个不断建构的过程，是建立在已有认知的基础上的，这节习作指

导课上，汤老师请学生回顾三年级上册写过的习作《我来编童话》，温习写童话的要点：时间、人物、地点、事情。这样就让新知的学习建立在了已知的基础之上，符合学生的认知规律，自然教学就会更有效。

对于儿童来说，认知新的事物，掌握新的知识，形成新的能力都需要化难为易，循序渐进。汤老师心中装着儿童，从儿童的视角观察，看到了儿童的需求，于是在讲故事的环节，她请学生通过故事接龙的方式来讲，几个人进行合作，有效降低了难度。当学生能够通过合作来讲一个完整的故事后，汤老师再请一位同学完整地讲故事，自然就能讲得流畅而符合预期多了。

课堂上，怎样才能指导学生写出满意的习作？这不仅需要打开学生的思路，也需要教师有针对性的方法指导。说到方法指导，很多教师想到的很可能是逐条展示的写法要领，预设到的是刻板、生硬。汤老师的课堂上也有方法指导，而且指导十分有效，更为可贵的是，她的指导几近无痕。汤老师带着学生们阅读绘本，在学生们饶有兴致的阅读过程中使用了"角色加一加""巧合用一用"等方法，深入学生们的心中。

从儿童的视角看问题，自然能够看到儿童真正的需求，从需求出发，设计层层推进的教学环节，自然就能取得水到渠成的效果。

立根原在"语言"中

——三年级上册《父亲、树林和鸟》教学实录与点评

点评：浙江省台州市椒江区教育教学发展中心　黄吉鸿

地点：台州市椒江区海正育才小学

课前小游戏

师：同学们！看，这是一幅图。谁能用"_____、_____和_____"这样的形式，也就是用几个关键词来说一说呢这幅图？你来。

生：有海鸟。

师：还有什么？

生：大海。

师：有没有发现这里有一位老人在和海鸟对话呢？谁再来填一填？

生：老人、海鸥和大海。

师：真棒！我们再来玩一次。这一幅图你会怎么说呢？你来试试。

生：土地、麦子和人。

师：掌声送给他。就这样，我们抓住关键事物，还发现了他们之间的联系。你再来试试。

生：麦田、天空和农民。

师：真好！

一、课题激趣，找寻联系

师：同学们，今天就让我们一起走进《父亲、树林和鸟》。（师板书课题）谁来读一读课题？

生：父亲、树林和鸟。

师：真好。有没有发现他读出了停顿。谁再来读一读。

生：父亲、树林和鸟。

师：我们一起来读一读。读着读着，你们的眼前仿佛出现了怎样的画面？

生：我仿佛看到了父亲和鸟在树林里。

师：真好。你来。

生：我仿佛看到了父亲在树林边看着树上的鸟。

师：你看到了父亲在看鸟呢！你说。

生：我仿佛读出了树林和鸟之间的故事。

师：是的，当我们读的时候可以像同学们这样想象一下，也许读着读着，我们就能读出一幅画呢！

师：请同学们打开课本看一看，有没有发现文中有一句话就表现了父亲、树林和鸟之间的联系？

生：父亲一生最喜欢树林和歌唱的鸟。

师：是的。我们一起来读一读。

生：（齐读）父亲一生最喜欢树林和歌唱的鸟。

二、走进自然，驻足发现

师：同学们，现在就让我们走进这篇课文。请同学们自己读一读，看一看，作者是怎样描写父亲、树林和鸟的呢？找出关键的词句，画一画，读一读，开始吧！

（生自由朗读）

师：现在，小组同学可以交流交流，用书上的词语来说一说，作者是怎样描写父亲、树林和鸟的？

（生小组内交流）

师：同学们交流得很热烈。大家有没有发现，我们的桌上有记号笔和磁卡，如果你们交流好了，就把你们认为的关键词语写在磁卡上。

师：让我们一起走进那个美妙的童年的清晨吧！童年时，一个春天的黎明，父亲带着我从滹沱河岸的一片树林边走过。父亲突然站定，朝幽深的雾蒙蒙的树林、上上下下地望了又望，用鼻子闻了又闻。同学们，猜一猜，父亲在干什么呢？

生：他在观察鸟。

生：他在寻找鸟儿的踪迹。

师：说得非常好，原来这个清晨父亲带我一起去寻鸟啊。这是怎样的树林啊？

生：幽深的雾蒙蒙的树林。

师：谁写下了这个词组？来，贴在黑板上。

（生上台贴磁卡）

师：同学们，你们感受过幽深的雾蒙蒙的树林是怎样的吗？你来。

生：黑漆漆的有雾的。

生：幽静的朦胧的。

师：你是从哪个词读出了幽静？

生：幽深这个词。

师：你是从哪个词读出了朦胧呢？

生：雾蒙蒙。

师：真好。你看，刚才那位同学把这两个词连起来读、连起来想。我们把这两个词也连起来读一读。

生：幽深的雾蒙蒙的树林。

师：看，这就是幽深的雾蒙蒙的树林。我们一起再来感受一下。

生：幽深的雾蒙蒙的树林。

师：今天的这个词组和我们平时见过的词组一样吗？

生：不一样。书中的这组有两个形容词。

师：我们平时见过的词组有一个形容词，但今天这个，作者连用两个形容词。有同学发现，这样一连用，不仅让我们感受到了它的幽静深远，还让我们感受到了它朦朦胧胧的美。我们一起再来读一读。

生：幽深的雾蒙蒙的树林。

师：所以，建议同学们在摘抄的时候像书上一样，把这个内容写完整。（师用红笔强调）我们一起完整地来读一读。

生：幽深的雾蒙蒙的树林。

师：我和父亲来到这幽深的雾蒙蒙的树林，来寻鸟呢！文中是怎么描写父亲的呀？谁发现了？

生：上上下下地望了又望，用鼻子闻了又闻。

师：是的，这就是我的父亲，一生最爱树林和歌唱的鸟的父亲。他在干什么呀？

生：寻鸟。

师：父亲在寻鸟呢！他寻到了吗？你读。

生："林子里有不少鸟。"父亲喃喃着。

师：你为什么读得这么轻柔呢？

生：因为父亲生怕惊动鸟。

师：你从哪个词可以发现父亲的声音很小？

生：喃喃着。

师：喃喃就是小声地说。你再来说一说。

生："林子里有不少鸟。"父亲喃喃着。

师：父亲觉得林子里有不少鸟，可是我？

生：并没有看见一只鸟飞，并没有听到一声鸟叫。

师：并没有看见，并没有听见，可是父亲看见了，听见了。我们把这句话再来读一读。读着读着，想着想着，这句话竟然变成了一首小诗，谁来读一读？

生：并没有看见——一只鸟飞，并没有听到——一声鸟叫。

师：是的，在这幽深的雾蒙蒙的树林，一切都是那么美好，"我"感觉"我"也融入了这片树林。于是，"我"继续听，继续看。

生：我茫茫然地望着凝神静气的像树一般兀立的父亲。

师：我怎样地望着？

生：茫茫然地望着。

师："茫茫然地"说明了什么？

生：说明我正在仔细地观察着鸟的踪迹。

师：你们什么时候有过茫茫然的表情？

生：发呆的时候。

生：迷茫的时候。

师：发呆的时候，不知所措的时候。"我"茫茫然地望着父亲，此刻，"我"的父亲是怎样的？谁找到了？请你把磁卡贴到黑板上。说说此时此刻，你看到的是怎样的父亲。

生：凝神静气的像树一般兀立的父亲。

师：看，这就是凝神静气的像树一般兀立的父亲。这位同学也写在了黑板上。我们一起来读一读。

生：（齐读）凝神静气的像树一般兀立的父亲。

师：凝神静气的近义词你们知道吗？

生：全神贯注。

生：聚精会神。

师：既然这些词语的意思和凝神静气差不多，为什么作者用的是凝神静气呢？

生：这样特别有感觉。

师：哪一个词让你特别有感觉？

生：静气。

师：其中的哪一个字让你特别有感觉？

生：静。

师：什么时候你特别静？

生：思考问题的时候。

生：专心写作业的时候。

师：静的时候可能会怎样？

生：可能会发呆，会浮想联翩。

生：会投入到那件事中。

师：一个"静"字会让我们投入其中，会让我们更有智慧，有一个词叫静能生慧。所以，父亲就是这样，凝神地、静静地把自己融入这片树林，融入这片歌唱的鸟的树林。一个"静"字体现了父亲的专注和投入。

三、运用联系，品味语言

师：又有问题了，此处，作者为什么把父亲比作树呢？

生：说明父亲是一动不动的，挺拔的。

生：因为他很高大，又站得笔直。

师：有没有不一样的答案？开动你们的脑筋。

生：我联系了后面的内容。父亲站得兀立，所以就像树一样。

师：你联系兀立这个词，特别好。还记得父亲一生最喜欢什么吗？

生：树林和歌唱的鸟。

师：谁能够再次运用联系的方法猜猜为什么把父亲比作树？

生：因为父亲一生最喜欢树林和歌唱的鸟。

师：掌声送给他。这就是学会联系。原来用树一般兀立来形容父亲是那么自然、妥帖，一起再来感受一下。

生：我茫茫然地望着凝神静气的像树一般兀立的父亲。

师：这就是"我"的父亲，这一生最喜欢树林和歌唱的鸟的父亲啊。于是，"我"开始问问题，父亲要向"我"解答了。

生：父亲指着一棵树的一根树枝对我说："看那里，没有风，叶子为什么在动？"

生：我仔细找，没有找到动着的那几片叶子。"还有鸟味。"父亲轻声说，他生怕惊动鸟。

师：是的，这就是"我"的父亲，一生最爱树林和歌唱的鸟的父亲。

生：我只闻到浓浓的苦苦的草木气息，没有闻到什么鸟的气味。

师："我"只闻到了什么样的草木气息？

生：浓浓的苦苦的草木气息。

师：我们发现作者又用了形容词连用的方法来进行描写。刚刚我们看到写父亲是这样写的，是也这样写的。这时候，描写草木也是这样写的。一起再来品——

生：浓浓的苦苦的草木气息。

看，"我"只闻到了浓浓的苦苦的草木气息。可是，父亲却闻到了鸟的味道。我们继续来想象，父亲闻到了怎样的鸟的味道呢？

生：父亲闻到了香香的鸟味。

师：你是懂父亲的，可能在别人的鼻子里是异味，但是在父亲的鼻子里却是香香的。因为父亲——

生：因为父亲很喜欢鸟。

师：还可能是怎样的鸟味？

生：父亲却闻到了热腾腾的鸟味。

师：掌声送给她。知道为什么要为她鼓掌吗？

生：因为她联系了上下文。书中写道："树林里过夜的鸟总是一群，羽毛焐得热腾腾的。"

师：很好，这位同学运用了联系的方法，闻到了热腾腾的鸟味，还可以怎么说呢？

生：热热的。

师：今天我们刚学了形容词连用，谁能活学活用？

生：父亲却闻到了热腾腾的淡淡的鸟味。

师：掌声送给他。这么大的树林，淡淡的鸟味都被父亲闻到了，说明父亲怎样？

生：观察仔细，嗅觉灵敏，热爱鸟，懂鸟。

师：看，父亲却闻到了热腾腾的淡淡的鸟味，闻到了熟悉的香香的鸟味。这就是我的父亲，一生最爱树林和歌唱的鸟的父亲。于是，我和父亲开始了一段对话。请两位同学来读。我好奇地问——

生：鸟也有气味？

师：父亲笑着说——

生：有，树林里过夜的鸟总是一群，羽毛焐得热腾腾的。

师：父亲又说——

生：黎明时，所有的鸟都抖动着羽毛，要抖净露水和湿气。每一个张开的喙都舒畅地呼吸着，深深地呼吸着。

师：父亲又说——

生：鸟要准备歌唱了。

师：同学们，有没有发现这里描写了什么？

生：我和父亲之间的对话。

师：刚刚有没有发现老师在他们俩对话的时候加了什么？

生：提示语。

师：书上有这个吗？

生：没有。

师：为什么书上没有提示语呢？

生：因为只有两个人在交流。

生：因为这几个自然段是连用一个双引号的。

师：你发现了一个细节。我们书上后面的下引号没有了，到最后才加上。你真是一个善于观察的女孩。还有什么原因呢？父亲为什么一口气要说这么多呢？

生：说明父亲对鸟的细节了解很多。

师：是的，因为父亲对鸟了解太多，所以一口气说了很多，如数家珍，滔滔不绝。所以还需不需要提示语？

生：不需要。

师：让我们一起来感受父亲对鸟儿特殊的情感。女生来读问句，男生来读我的话。

（男女生合作读）

四、放飞想象，体悟真情

师：刚刚我们找寻和鸟有关的词语，你们找到了哪些词语？谁来读一读？

生：热腾腾、歌唱、呼吸、舒畅。

师：很好，把你写的贴在黑板上。还有谁找到了？

生：快活。

师：这是怎样快活的鸟啊。父亲说，看，鸟要准备歌唱了。来，我们继续往下读。

生：父亲和我坐在树林边，鸟真的唱了起来。"这是树林和鸟最快活的时刻。"父亲说。我知道父亲此时也最快活。

师：是的，这是树林和鸟最快活的时刻，我知道父亲此时也最快活。来，竖起我们的耳朵，一起来听鸟儿的歌唱吧。看，鸟儿唱起歌来了，仔细听，它们在唱什么呀？（播放课件）

生：它们在唱："我真快活。"

生：春天来了，我要出去玩了。

师：鸟儿们可能会干什么呢？

生：它可能要去捕捉食物。

生：它可能会在一棵高大挺拔的树上建一个鸟窝。

生：它还可能飞到父亲肩上，逗父亲玩。

师：这也是爱鸟，爱父亲的鸟啊。这个时候，树林会干什么，说什么呢？

生：树林会和风哗哗地唱歌。

生：它会张开臂膀，拥抱鸟。

生：树林会替父亲和鸟开心。

生：会抖动树叶，给鸟伴奏。

师：一切都是那么和谐，都是那么美好，此时此刻，是树林和鸟最快活的时候，也是父亲和鸟最快活的时候。父亲会说些什么呢？

生：我很快活，因为树林和鸟也很快活。

师：是呀，这是父亲最快活的时刻。刚才同学们一边读一边展开了丰富的想象。这就是快活的树，快活的鸟，快活的父亲。这一刻，"我"真高兴。这一次又出现了"我"。细心的同学发现了吗？文章写的是父亲，却反反复复出现了"我"。这是为什么呢？

生：让"我"更好地融入其中。

生：为了更好地表现父亲对鸟的了解与喜爱。

师：是的，通过文中"我"与父亲的对比，更加凸显了父亲对鸟的了解和喜爱。"我"真高兴。"我"高兴什么？

生："我"高兴父亲不是猎人。

师：那父亲在"我"心中是什么人呢？

生：父亲是一个懂鸟、爱鸟、知鸟的人。

师：真好。父亲此时此刻在我的眼里就是——

生：鸟的守护神。

生：鸟的天使。

生：鸟的朋友。

师：是的，父亲不是猎人，而是鸟的守护神、鸟的朋友、鸟的家长、鸟的天使。同学们，我们就这样读着，想着，看到了一个爱鸟的父亲。是的，这就是"我"的父亲，一生最爱树林和歌唱的鸟的父亲。"我"真高兴，父亲不是猎人。"我"为什么高兴呢？下节课，我们继续走进《父亲、树林和鸟》。

点 评

汤瑾老师执教的《父亲、树林和鸟》是一节有着浓浓的语文味的课。这节课最显著的特点是汤老师自始至终以"关键词句"作为教学的切入点和突破口，教学目标极其明确，咬定词句不放松，一切尽在语言中。这样的教学意识和追求成为这节课的一条"血脉"，贯穿教学的每个环节，使教学板块设计尤为大气，散发活力。

更难能可贵的是，汤老师的教学做到了大气而不失精致。品读她的每一个教学细节，整节课她把学生投入到"语言的海洋中"，引导他们以"关键词句"为抓手，不断地去寻找发现、反复品味和巧妙运用。细细回味，堪为精彩。

一、寻找"关键词句"

通常，三年级的语文教学容易陷入"琐碎"状态。老师逐段、逐句、逐词地分析和品味，精细有余而大气不足。更大的问题在于，学生被老师牵引着走，缺失了学习的自由度和灵动性。

汤瑾老师在这节课中巧妙地设计了这样一个"学习任务"：作者是怎么描写父亲、树林和鸟的呢？找出关键词句，画一画，读一读。细细思度，这个问题的"视阈"非常"广阔"。首先，老师让学生全文去寻找，而不是拘泥于某一段、某一句。其次，答案多元，不固定。老师没有要求学生一定要找到几处，找到一处也无不可。第三，老师精心安排了学生完成任务的必要方法——"画一画，读一读"。这样的做法可谓"一箭三雕"。

在学生"独学"的基础上，汤老师又适时地引导他们进行"共学"。"现在，小组同学可以交流交流，用书上的词语来说一说，作者是怎样描写父亲、树林和鸟的？"老师是要学生"用书上的词语说一说"，立足课文，源于课文，挖掘课文，同时又相应地降低了学习难度，便于学生发现。

紧接着，在学生小组讨论之后，汤老师又补充了一个非常重要而有效的学习方式。"大家有没有发现我们的桌上有记号笔和磁卡，如果你们交流好了，就把你们认为的关键词语写在磁卡上。"

老师的意图非常明确，始终抓住"关键词句"不放，让学生经历"找""画""说"和"写"四个过程。尤其是最后一步，让学生把关键词语写在磁卡上，这一做法更是值得一线老师借鉴和学习。单就这一环节看，"关键词句"被"穷追猛打"，在学习过程中体现得淋漓尽致。这不由让人想起王阳明先生当年提出的"为学当如掘井"一说，语文学习也要像掘井一样，找准一点，深掘细挖，方见源头活水。

随后，我们可以看到，在汇报、交流环节，汤老师巧妙引导，及时点拨，教学重点渐渐显山露水。"冗繁削尽留清瘦，精彩语言已自知"，本文最生动、最有典型性的语言形式就自然而然地锁定了。

这一教学过程是学生自主寻找的过程，也是生生、师生对话交流的过程，更是基于"文本特质"和单元"语文要素"设定的精准把握教学内容的过程。在这一过程中，我们还欣喜地看到汤老师对"关键词句"的把握很有分寸。她并不是简单地圈定课后第三题中的三个重要句子，而是在"不蔓不枝"的基础上追求适度和必要的"节外生枝"。这从下面的教学板块中可以看出。

二、品味"关键词句"

发现和找到"关键词句"只是第一步，展开必要的、有章有法的品读是汤老师这节课中最为浓墨重彩的一笔。纵观这一重点教学板块，老师的导学做得极为出色，因"势"利"导"，有"法"而"导"，适"时"引"导"，灵动扎实，令人佩服。

1. 转换。在品读"幽深的雾蒙蒙的树林"这一"关键词句"时，汤老师智慧地采用了转换的方法引导学生学习。

师：同学们，你们感受过幽深的雾蒙蒙的树林是怎样的吗？你来。

生：黑漆漆的有雾的。

生：幽静的朦胧的。

师：你是从哪个词语读出了幽静？

生：幽深这个词。

师：你是从哪个词读出了朦胧呢？

生：雾蒙蒙。

在老师的引导下，学生用自己的话语说出了对课文中"关键词句"的理解。这是一种重要的词语学习方法,即学生用自己的话来替代课文中作者的话语。这是一种语言的内化,是语言习得的标志。学生用"黑漆漆"代替"幽深",这样就让抽象的词语更加具象和形象,也更具生活化和个性化。学生用"朦胧"来解释"雾蒙蒙",这样就从感性走向理性,从课本走向经验。看似简单的转换功夫,其实简约而不简单。

2. 比较。汪潮教授说过:"比较是比较好的学习方法。""关键词句"的品味自然离不开比较,汤老师深刻领会这一思想。

教学"凝神静气"一词时,汤老师让学生找出它的近义词:"全神贯注"和"聚精会神"。这样的方法一线老师也都在使用,但是,他们可能"功亏一篑"。汤老师的智慧就表现在她不失时机地加了关键的一步:"既然这些词语的意思和凝神静气差不多,为什么作者用的是凝神静气呢?"

看似不经意的一问,却把学生的思维引向了纵深。学生自觉和不自觉地联系课文语境,思考"凝神静气"的精准和妥帖在哪里。然后,老师一步一步地引导学生关注"静气",关注"静",再让学生联系实际生活:"什么时候让你特别静?""静的时候可能会怎样?"学生在对"关键词句"的理解比较和层层的思考中逐渐对词语明晰、亲切起来。

在这里,笔者有一个小小的不成熟的思考:在理解为什么要用"凝神静气"一词的时候,如能联系"像树一般兀立的父亲",将"静"和"树"、和"兀立"进行对应、比较,立足课文具体的语境,抓住语境中的"关键字词"加以分析、体会,可能效果更好。

3. 聚焦。抓住"关键词句"展开教学,对其中的核心"关键词语"汤老师有着清醒而深刻的认识。在文本细读时,她精准地发现了作者牛汉先生写作上的一大独特风格,即形容词的连用。至少有三个教学细节聚焦了这样三组独特词句:"幽深的雾蒙蒙的树林""凝神静气的像树一般兀立的父亲"和"浓浓的苦苦的草木气息"。

汤老师采用这样高度凝练的教学策略,充分彰显了她作为一名优秀教研员、特级教师的语文智慧。她心中有"标",依"标"施教。语文课程标准第二学段阅读教学目标和内容第三条:"能联系上下文,理解词句的意思,体会课文中关键词句表达情意的作用。能借助字典、词典和生活积累,理解生词的意义。"第五条:"能复述叙事性作品的大意,初步感受作品中生动的形象和优美的语言,关心作品中人物的命运和喜怒哀乐，与他人交流自己的阅读感受。"强烈的"课标意识""目标意识"尤为可贵，值得一线教师认真学习。

另外，汤老师采用"聚焦"策略来教"关键词语"，和本文所在单元的"语文要素"高度吻合。"感受课文生动的语言，积累喜欢的语句"，显而易见，"课文生动的语言"重点在于汤老师教学中所说的"形容词的连用"，在于这三个精彩的句子。

只不过，笔者在这里又要"吹毛求疵"了，如果汤老师在教学这几个重点语句时能及时地引导学生加以背诵、积累，则会"锦上添花"。

4. 联系。语文学习一个最为根本，也是最为重要的目的是培养学生对语言文字直接、敏锐的感知能力。用夏丏尊先生的话来说，就是"语感"。汤瑾老师非常重视这一点，教学中，她不失时机地创设情境，搭建平台，引导学生去关注、品味和感受课文中作者语言的精致、细腻和准确。教学中有一个细节让人深深回味。

师：作者为什么把父亲比作树呢？

生：说明父亲是一动不动的，挺拔的。

生：因为他很高大，又站得笔直。

学生说得不无道理，汤老师自然表示认同。她不作回答，用无声而亲切的肢体语言传递了肯定的信息。同时，她又不满足于此，她快速地从两个学生的回答中判断出他们都未能很好地关注课文中的语言文字。她非常清楚地知道，"能联系上下文，理解词句的意思"是第二学段学生必须掌握的一种重要的学习方法。于是，便有了接下来非常精彩的一个教学片段：

师：有没有不一样的答案？开动你们的脑筋。

生：我联系后面的内容，父亲站得兀立，所以就像树一样。

师：你联系"兀立"这个词，特别好。还记得，父亲一生最喜欢——

生：树林和歌唱的鸟。

师：谁能够再次运用联系的方法，猜猜作者为什么把父亲比作树。

生：因为父亲一生最喜欢树林和歌唱的鸟。

师：掌声送给他。这就是学会联系。原来用树一般兀立来形容父亲是那么自然、妥帖，一起再来感受一下。

教学中，汤瑾老师不断引导学生借助"联系"，表扬学生学会"联系"，教学始终重视"联系"。教学因"联系"而精彩。

三、运用"关键词句"

"发现"——"品味"——"理解"——"运用（积累）"组成了这节课基本的语言学习链。而无疑，这些最终都为"运用（积累）"服务，所谓"学以致用"。

当然，需要"运用（积累）"的语言不能随意，而要披沙沥金，找准课文这个"例子"中最具典型性、优质性的语言形式。对于《父亲、树林和鸟》一文来说，即"形容词连用"这一独特、精彩的言语表达形式。

那么，汤瑾老师这样做了吗？当然做了，而且做得极其自然。教学中，围绕"父亲闻到了怎样的鸟的味道"这一问题，学生说出了不同的答案："香香的""热腾腾的""热热的"等。这个时候，汤瑾老师再一次展示了她高度的教学智慧，做了一次极其洒脱的"推波助澜"行动："今天我们刚学了形容词连用，谁能活学活用？"果然，学生的回答灵光乍现："父亲却闻到了热腾腾的淡淡的鸟味"。

有幸在活动中我现场观摩了汤瑾老师这一课的教学，至今回味无穷，深感非常精彩！

基于语境的"真"交际

——五年级上册《父母之爱》教学实录与点评

点评：杭州市钱塘区月雅河小学　巢利莉
地点：杭州市钱塘区学正小学

一、忆亲情

（一）聆听声音

师：来！同学们，让我们来听几段熟悉的声音。边听边想，你们的脑海中出现了怎样的画面？（播放音频：婴儿啼哭声。女孩说："我在天上找妈妈，我找到爸爸妈妈了。"妈妈说："睡吧睡吧，我亲爱的宝贝。"女孩说："妈妈，晚安。"爸爸说："宝贝，勇敢地走过来。"女孩说："爸爸，我会走路啦。"）

师：此时此刻，你们的脑海中出现了怎样的画面呢？

生：我的脑海里出现了一位母亲，她温柔地抱着她的宝宝，在夜深人静的夜晚摇啊摇，还唱着催眠曲。

师：多么温馨的场景啊！同学们有没有想到自己小时候呢？

生：我听妈妈说我小时候很爱吃奶，半夜里都要喝三次奶，我妈妈经常睡不了多久就要起来陪着我。我要喝奶的时候就喂我喝，还要抱着我大概20分钟，让我不吐奶。

师：看，养育你，父母多么辛苦，但是他们觉得这样的辛苦也是甜蜜的。

(二) 翻阅相册

师：时光飞逝，不知不觉中，大家已经是五年级的大孩子了。来，让我们翻开这本爱的相册，多少往事涌上心头啊！（播放视频，内含学生们的全家福）

师：同学们，你们看到了什么？又感受到了什么？

生：我看到一家人幸福地站在一起，嘴角挂着甜蜜的笑容，充满了幸福感。

生：我看到一家人围在桌子旁吃年夜饭，那个就是我们家。当时我们许了很多愿望。

师：多么难忘的场景！多么美好的愿望！是的，这一张张的照片是满满的幸福的回忆，让我们感受到了深深的父母之爱！（板贴：感受）

| 点评 |

语言的魅力在于表达，在于实践。要想充分调动学生的表达意愿，教师要先从入课着手，建立适切的语境，唤醒学生的记忆，链接相关的生活情境，触发学生表达。

二、辨亲情

（一）交流"李刚事例"

师：生活中父母之爱如影随形，他们各自有不同的表现。不信，咱们来看看！同学们读一读这个事例，你们怎么看待李刚爸爸的做法？想一想，小组之间可以交流交流。开始吧。（屏幕呈现：李刚的学习成绩忽高忽低，考得不好时，爸爸就会训斥他。训斥完，爸爸又总是说："我们爱你，才这么严格要求你。"）

（小组交流）

师：你觉得这是怎样的爱，如果要给它起个名字呢？

生：严厉的爱。

师：对此，你怎么看？有想法的同学可以举起你的手牌。

生：我支持严厉的爱。因为我们班徐老师从小对她的女儿非常严厉，所以她的女儿被保送去了非常好的大学。

师：这位同学不仅说出了自己的观点，还引用了老师的例子。你怎么知道徐老师的这个例子的？

生：徐老师经常在班里分享她教育孩子的经验。

师：我们的老师很有智慧，和你们分享了自己的育儿经。你的观点很鲜明，且用鲜活的例子来证明自己的观点，谢谢你。

生：我也赞同李刚爸爸的做法，但是我觉得他还有一些地方需要改进。

师：既赞同，又有一些建议。那你有什么建议？

生：一味地训斥孩子，孩子就得不到自信。在孩子没有自信的情况下，可以多一些鼓励。

生：我赞同李刚爸爸的方法。我记得主持人董卿的爸爸小时候对她就很严厉，无论遇到什么困难，都让她自己去解决。

师：那个时候董卿肯定不太理解。

生：她甚至怀疑过她是不是爸爸亲生的女儿，但是现在她懂了，这是她爸爸对她的一种特殊的爱。

师：特殊的爱是一种什么爱？

生：是一种严格的爱，这种爱能使董卿成才。

师：看来，董卿的例子让你有了深入的思考。你是一个非常善解人意的女孩，我们握握手。

（二）情境表演"李刚事例"

师：大家是不是觉得这个事例有点似曾相识？我们来演一演，好不好？

生：好！

（生上台表演）

师：考试结束了，李刚拿着成绩单回到了家。

生1：考试成绩怎么样？

生2：爸……爸……这是我的试卷。

生1：怎么才考了七十二分啊？

生2：这个试卷太难了，我们班好多同学都是七八十分。

生1：你不要总和考得不好的同学比！你看这些题目，给你买的复习资料上全都有，你到底有没有复习呀？你在干什么？

师：爸爸生气了，有谁想跟李刚爸爸好好说说？

生：李刚爸爸，您好！我是您孩子班里的一位同学，我觉得您对李刚有点过于严厉了。因为这次考试我也没有考好，这次的卷子确实比较难。您不要一味严厉地批评他，而应帮助他找出错误的地方，指导他改正。

师：你说你自己也没考好，那你的爸爸妈妈是怎么跟你交流的？

生：我的爸爸妈妈没有一味批评我，而是把我的所有错题整理到了易错本上，让我每天去巩固，去翻看。

师：李刚爸爸，同学们给你的建议你接受吗？

生1：没有规矩不成方圆。孩子考得不好主要是因为没有把学习放在心上。现在对他严厉一些，以后是有好处的。

师：原来，爸爸有这样的良苦用意，是为孩子的将来着想。你们还有没有话要说？

生：您对孩子过于严厉，会让孩子失去信心，不再有信心上进学习，从而产生一种心理阴影。所以您可以批评孩子，但是也要给孩子一些适当的鼓励。

师：李刚爸爸，她希望您适当地批评，要是能够给一点鼓励那就更好了。

生1：我觉得她说的可能有一点道理吧。

师：嗯，他爸爸有一点心动了。谁再来说一说？说不定他就被你们说服了哦。

生：我觉得您真的可以给他适当的鼓励，因为我在电视上看到一个这样的事例，有一个小孩子因为考得成绩不好，他妈妈就一味地批评他，使他失去了信心。在之后的考试中，他也是想考多少分就考多少分，不再上进了。

师：这是一个反面的例子，能不能用一个正面的例子鼓励李刚的爸爸？

生：我们班有个同学，他的爸爸妈妈在他考试成绩差的时候不会一味地批评他，而是给他鼓励，现在他的成绩提高了，所以我希望您能给他一些适当的鼓励。

师：这个同学是不是就是你呀？李刚爸爸，他用自己的例子告诉你，鼓励让他有了信心。现在你怎么看？

生1：你们这么多人劝我，肯定是有道理的。我可能对李刚有点严厉，我会改进的。

师：这是一位善于反思，接受别人意见的好爸爸，掌声送给他。

（掌声响起）

师：李刚，你想对爸爸说点什么？

生2：爸爸，虽然您有点严厉，但是我知道，这是您对我的爱，只是我也需要您的肯定和鼓励，行吗？

师：行吗，李刚爸爸？

生1：当然可以。

师：看，儿子多懂事，父亲听了孩子的心声之后，也开始接受他的建议了。那么我们来一个爱的拥抱吧。（"李刚"与"爸爸"拥抱）所以，我们也要试着和父母进行沟通。其实在这个情景当中，我们已经在换位思考了，把掌声也送给自己。

（三）明确交际要求

师：细心的同学有没有发现，在交流的过程中，很多同学不仅说出了自己的观点，还做到了什么？

生：还做到了尊重别人的观点，对别人的发言给予积极的回应。

师：对，特别是在我们的情景表演中，我们也做到了——

生：选择适当的材料来支持自己的观点。

师：真棒！那怎样的材料是适当的材料呢？

生：生活中的事例，或是在电视、书本中看到的事例。

师：对，我们可以选择生活中的事例，也可以选择影视作品、书籍中看到的小故事。我们还可以怎么选择材料？

生：还可以找一些名言名句。

师：对，用名言名句来支持自己的观点，比如，李刚爸爸就说了一句——

生：没有规矩不成方圆。

师：对，李刚爸爸引用了大家熟悉的名言名句来支持自己的观点。

（四）强化认知体验

师：这不，也有一位同学要表达自己的想法了。一起来听一听，看看他是怎样选择恰当的材料来支持自己的观点的。（播放音频：我认为严格的爱会让人更加自律，据说钟南山爷爷小时候很调皮，有一次，他拿父母给的午饭钱去买了零食，父母知道后，严厉地批评了他。父亲的那句"南山，你好好想想这个事，你做得对不对"让他很是羞愧，从那以后，他更加严格地要求自己，勤奋学习，成为了了不起的抗疫英雄。当然，我认为适当的鼓励也很重要，正如威尔·杰斯所言："我们不可能全都英雄，总得有人坐在路边，当英雄经过时为他们叫好。"所以我希望父母给予我们的既有"糟糕透了"的鞭策，又有"精彩极了"的肯定。）

师：同学们，这位同学的观点给你们怎样的启发？谁来评一评？

生：这位同学引用了钟南山爷爷的事例，也引用了威尔·罗杰斯的名句。

生：我觉得他是客观地看待了李刚爸爸的行为。

师：客观？！

生：我认为任何一种爱存在于世界上，一定有它的价值。我们要学会判断和取舍。

师：我懂你的意思了，就是我们要用思辨的视角来看。同学们既需要"糟糕透了"的鞭策，也需要"精彩极了"的鼓励。

| 点评 |

　　口语交际教学实际上是对生活中各种场景的模仿和再现。在教学中，教师对课堂氛围的烘托、对交际场景的假设、对交际目的的明确，甚至包括对学生情绪的调动都做好了充分准备，在交际过程中也给予学生足够发挥的留白空间。学生们在适切的语言环境下建立起了良好的交际关系，较好地表达了自己的观点和想法；同时，在教师的引导下进行多角度思考，形成完整的表达。

三、唤亲情

（一）结合讨论单，进行深度交流

师：我们再来看看生活中熟悉的事例吧。对于这两个事例，你们有话要说吗？是不是也联系到了自己的生活？别着急，拿出我们抽屉里的讨论单，和小组同学进行讨论交流。

事例一：王小雅的妈妈每天帮她收拾房间，整理书包，还陪她写作业。有一次，妈妈连续几天不在家，王小雅不是忘了带文具盒，就是忘了带作业本，自己的房间也是乱七八糟的。

事例二：陈敏的爸爸晚上经常和他一起下象棋，周末还带他出去看电影或爬山。

（小组讨论）

师：第一则事例是怎样的爱？

生：宠溺的爱。

师：对此，你们怎么看？

生：我们小组讨论出来的结果是我们不支持王小雅妈妈的做法。

师：理由是什么？

生：举个例子吧。我的小姨特别宠表妹，她要什么就给她什么，谁欺负了她小姨就直接找上门去为她说理。现在的表妹经常惹事，欺负了很多同学，经常被家长投诉。我的小姨被她弄得都无心工作了。

师：现在小姨有所醒悟吗？

生：有，她明白不能再溺爱我的妹妹了。

师：如果花儿姐姐就是王小雅的妈妈，谁想跟我一起角色扮演一下？

生1：小雅妈妈，您不能这么宠溺她了。有一次，听说您出差了，她要么忘了带文具盒，要么忘了带作业本，房间里也是乱七八糟的。

师：哎！我就出去了那么几天。

生1：所以，您要学会放手，让她学会自己的事情自己做。

师：真的要这样吗？

生1：真的要这样。因为我小时候我妈妈对我也特别宠溺，到三年级的时候我的自理能力还不是很强。后来，她意识到了自己的问题，开始放手让我自己去做力所能及的事情。看，现在的我变得独立而自信了！

师：我知道了，你妈妈的变化对我很有启发，谢谢你。

生2：王小雅妈妈，我也不赞同您对王小雅宠溺的爱。我的表姐从小父母离婚，跟着外婆一起生活。外婆对她百依百顺。现在，她不仅学习成绩不好，自理能力也很差。

师：谢谢你，我听进去了。

师：同学们，对陈敏的爸爸，你们有话要说吗？

生：我支持陈敏的爸爸。让陈敏在学习之余多和大自然接触，他的性格会变得阳光活泼。

生：我觉得陈敏爸爸的爱是一种陪伴。

生：我曾经看到过一句话：陪伴是最长情的告白。

师：真好！

生：我爸爸妈妈一有空就陪我和妹妹，我和妹妹感到特别幸福，也更加珍惜这份亲情。

师：原来陪伴会让人感受到亲情，给予人自信！谢谢所有发表观点的同学。这样的讨论，让我们对父母之爱有了更深的理解。（板贴：理解）同学们不仅能够选择适当的材料来支持自己的观点，在这个过程中，你们还学会了尊重别人，予以积极的回应，太棒了！

（二）聆听热线，引发生活感悟

师：最近，花儿姐姐开通了热线，这不，很多同学、家长都给我打来了电话呢！我们来听一位家长的来电吧。（播放音频：花儿姐姐，您好，我是一个五年级孩子的妈妈。最近我和孩子之间发生了一些不愉快的事情，我很苦恼。随着年级的升高，我想让孩子学习更多的东西，所以给孩子布置了许多课外作业，可是孩子不理解，总觉得我不爱她，可一个妈妈怎么会害自己的孩子呢？她怎么不能体谅我的心呢？花儿姐姐，我到底该怎么办？）

师：原来，父母也有关于爱的困惑。谁来为这位妈妈支支招？

生：这位妈妈可以多跟自己的孩子沟通一下。随着年级的升高，作业量也变大了，如果这位妈妈换位思考一下，她就会感觉作业很多，如果再布置一些课外作业，孩子就没有休息玩耍的放松时间了。现在，孩子心理还不成熟，不能理解妈妈的良苦用心，妈妈要多跟孩子沟通交流。

生：我觉得您可以给孩子布置一些课外作业，但是要适量。如果孩子一开始不接受的话，您可以让她在玩中学，在乐中学。

师：那就是寓教于乐。看来，你们都是善于思考、懂事的孩子。如果给这位女儿支支招，你会跟女儿说点什么？

生：你好，你的妈妈给你布置课外作业，是想让你成为各方面都优异的孩子。我希望你也能体谅你的妈妈。如果你觉得作业太多了，可以和妈妈商量一下，看看能不能适当地减少一些。

师：真好！学会体谅，学会沟通。这不，女儿也听到了你们的建议，她给妈妈打来了电话，听听她怎么说。（播放音频：妈妈，有段时间我真不想做课外作业，但是坚持之后，各科基础比以前确实扎实了，我也找到了自信。

以前，是我不懂事，伤了您的心，我知道您是爱我的，是为了我好。妈妈，以后我们多聊聊天吧，劳逸结合，我一定会学得更有效！)

师：是的，当我们遇到爱的困惑时，就要像这样，和父母进行有效的沟通。现在，花儿姐姐就给你们尽情表达的机会。在生活中，你们也一定有爱的烦恼吧，谁来说一说？

生：我的爸爸经常出差，一回来他要么出去跑步，要么就是躺在床上玩手机。我希望爸爸能多陪陪我。

师：多想让爸爸给你爱的陪伴啊！那就勇敢地说出来。

生1：爸爸，希望您能多陪陪我。从小到大我都没有和您一起玩耍过，一起散步过。

师：我相信爸爸会接收到你的心声。

生2：我的爱的烦恼是我妈妈给我安排的任务太多了，我希望能有属于自己的时间和空间。

师：大胆表达了自己的渴望。谢谢你。

生3：我妈妈的口中经常会出现别人家的孩子。比如说，有一次我考了班级第三，我觉得自己已经尽力了。结果我妈回来，竟然说："你看看人家第一名，多厉害呀，97分，你再得两分不就能追上去了吗？"我听了心里特别难受。

师：哎，妈妈总是用别人家的孩子来和自己对比。你想对妈妈说什么？

生3：我想对妈妈说——妈妈，请您的口中少出现一些别人家的孩子吧。我知道您是为了我好才和别人家的孩子进行比较。但是，我更希望听到您的肯定和鼓励啊。

师：谢谢你的真情告白。

(三) 现场连线，真情互动

师：现在，花儿姐姐就给你们一个现场和父母沟通的机会，要不要？

生：要。

师：你叫什么名字？

生：我叫叶和嘉。

师：拿出手机，让叶和嘉和她的妈妈现场连线吧。大家一起来用心倾听。

师：喂，您好，是叶和嘉妈妈吗？

妈：是的，老师您好，我是叶妈妈。

师：您的女儿有话想跟您说。

妈：好的好的。

生：妈妈，我有话想对您说。还记得上个学期我数学期末考试没有考好，回家您就批评了我一顿，还把我跟班级里的杜雨轩做对比，我非常委屈，觉得您老是拿别人跟我做比较。您只看到了我的缺点，没看到我的优点。但是，现在我明白了，您那样做是为了让我有努力的方向，向她看齐，让我变得更加优秀。

妈：谢谢你，宝贝。你说的这个事情妈妈想起来了。当时我确实批评了你，实在有点心急，可能情绪上、表达上都不是很好。非常感谢你的理解和体谅，妈妈以后也会注意的。孩子，在我心中你一直是最棒的！

生：谢谢你，妈妈！

妈：好嘞好嘞。

师：谢谢这么包容孩子的母亲和这么体谅母亲的女儿。看，这位同学和妈妈进行了一次有效的沟通，你们课后也可以试一试。别忘了，爱要勇敢地说出来，想法也要勇敢地去表达。

（四）敞开心扉，倾诉真情

师：同学们，我们知道在这个世界上——

生：我们不是一个完美的小孩。

师：就像从来也没有完美的父母，所以我们必须——

生：相互包容，互相理解。

生：相互理解，彼此深爱。

生（齐读）：坚定幸福地在一起。

师：同学们，我们要把心中的爱勇敢地表达出来。（板书：表达）相信今天这节课能给大家带来很多思考。当我们回味想起这节课时，你们对父母之爱一定会有更多、更深的体会。那就让爱的感悟在时光中慢慢沉淀吧。

| 点评 |

　　口语交际教学贴近学生生活，教师用鲜活的事例唤醒了学生的情感，在情感的推动下，学生有话可说，有情可表。教师充分调动学生表达能动性，在情感的渲染下，学生学会理性思考与分析，较好地掌握了"交际"技巧。对于高年级学生来说，交际能力显得尤为重要，教师不断创设情境，让学生学会在不同语境下进行正确表达。

———— 总　评 ————

　　语境是进行交际的基础，是建构口语交际情境的一个重要因素。因此基于真实语境下的口语交际教学才能助推学生在真实交际的过程中实现真实的成长。目前口语交际一直处于语文教学的边缘，教学中的主体和主导双方都极易忽视口语教学的实践意义而误入"真空"交际。而汤瑾老师很好地解决了口语交际上内容"交际"的缺失，厘清了模糊的交际层级，实现了在真实语境下的学生口语交际素养的全面提升。

　　一、营造语境，激活"交际"情感

　　口语交际来源于生活，应用于生活。教学中汤老师充分利用日常生活中的教学机遇，抓住生活细节唤醒学生的交际情感。正是为"情动而辞发"，汤老师的口语交际课堂通过营造语境，从听觉、视觉、联想与感受方面充分调动学生感观，激发其想说敢说的情感表达内驱力。不得不说汤老师善于"造境"，善于把"交际"置放在语言的场域中以构造真实的交际过程。这节课上，汤老师先声夺人造"声音之境"，开课伊始便创设情境："同学们，让我们来听几段熟悉的声音。边听边想，你们的脑海中出现了怎样的画面？"引导学生聆听幼孩与父母的对话，唤醒学生的记忆，让学生在听觉刺激中产生画面形成想象，触发他们的表达。再用生活相册来造"画面之境"："时光飞逝，不知不觉中，大家已经是五年级的大孩子了，来，让我们翻开这本爱的相册。多少往事涌上心头啊！"此处的画面把生活点滴印迹搬进课堂，引发学生自主联想，与画面相关的情景和情感便油然而生了。课到此时，交际话题悄然植入学生的内心，极大地引发了学生交际情感的共鸣。"造境"的成功之处便是悄然入心，水到渠成。

二、模拟语境，蓄积"交际"动能

口语交际教学需要解决的首要问题是交际内容为"真交际"。现实教学中，教师常常会忽略交际真实的重要意义，粗暴地把交际的过程简化为对话的过程。在这样错误的教学理念之下，学生们在口语交际课堂上的表达往往会陷入日常化、口语化的误区，忽视交际技巧与策略的习得，最终交际能力提升受阻。汤老师把现实生活中的真实事例植入课堂，用模拟语境的方式引导学生进行思辨。以课中"你怎样看待'严厉的父爱'？"的提问为例，汤老师首先组织学生在小组中充分交流，再用"思"与"辩"的方式指导学生说清自己的观点，做到言之有理，言之有物，说理充分且有依据。在学生已初步形成自我观点和一定范围的交际互动之后，汤老师再次进行情境模拟，完整地实现现场交际的过程。课堂上，双方"当事人"面对面进行了一场以"严厉的父爱"为主题的交流与辩论。从思辨到语辨的整个过程，清楚明确。汤老师牢牢把握高年级口语交际层级目标，注重培养学生倾听能力、表达能力、应对能力；在交际过程中积极调动学生思维，蓄积口语表达的动能。

三、真实语境，实现"交际"功能

课堂上的口语交际教学迫于时空的限制，经常是在模拟生活情境下进行的。但每一个学生在进入口语交际课堂前都不是一张白纸，他们有固有的口语交际思想与能力。因此，口语交际教学不仅要指导学生掌握交际方法，提高交际能力，更需要让学生在习得方法后到得到能力的提升，而这往往需要多次反复的"实战"。如何在真实的语境下完成交际，一直是口语交际教学的痛点，也是亟须解决的难点。纵观汤老师的这节课，可以说是在口语交际的课堂上实现了"真语境"下的"真交际"。教学中，汤老师多次选取与学生息息相关的生活实例进行辨析，讨论孩子与父母之间的关系及情感建立的方法，体会父、母爱的不同方式。在充分地讨论交流和情感内化之后，通过设置"花儿姐姐热线"环节，让学生帮助"来电者"解决父母与孩子之间的矛盾冲突。此时的口语交际课不再是空中楼阁，汤老师的巧妙设计将学生从模拟推进真实，从课堂走进生活，从方法进阶到了实战。如何运用刚刚习得的口语交际方法来解决生活中的真实问题呢？此时学生的角色在课堂单一的空间内、短暂的时间里发生了巨大的转变：学生不再仅仅是一个学习者，还需要成为热线对面的沟通者。学生要明确自身表达的观点、厘清劝解或实现情感共鸣的思维，实现正确有效的沟通。此时学生经过多次模拟语境交流已经能从关键话题中寻找到解决问题的路径和方法，大部分学生能较好地给出建议。在此基础上，汤老师抛出了在场一位学生与母亲交流的问题进行现场连线，让这名学生实现了与母亲互动交流的真实过程。学生敢于表达自己的想法与感受，母亲也欣然接受了孩子的想法。这一设计极尽精妙，看似简单，却是口语交际的课堂"战场"，发挥着真实"交际"的积极作用。学生只有学以致用真正做到换角度辨问题，发自内心地产生与母亲建立良好交际关系的情感内驱，才会想表达、敢表达，并运用口语交际方法说出自己的真实想法。

在这节课上，汤老师的口语交际方法不仅让学生在"真交际"中提升交际能力，缓解与家人之间常见的人际关系矛盾，也让学生在方法习得中与他人、与自我实现"真交际"。想来这便是在真实语境下，学生于口语交际教学中最真实的"真交际"，以及最真实的成长。

一片繁星入梦来
——四年级下册《短诗三首》教学实录与点评

点评：浙江省杭州钱塘新区文清小学　郭湘辉
地点：杭州钱塘区景苑小学

一、以诗导入，走近冰心和《繁星》

师：今天让我们一起走进现代诗歌。首先老师想和大家分享一首我特别喜欢的小诗，好吗？

生：好！

师：成功的花，人们只惊羡她现时的明艳！然而当初她的芽儿，浸透了奋斗的泪泉，洒遍了牺牲的血雨。（师有感情地示范朗读）这首小诗的作者就是——

生：冰心。

师：你是怎么知道的？

生：我们班有同学之前读过。

师：看来你们是有备而来。课前同学们搜集过资料，你对冰心有多少了解？

生：我知道冰心是福建人，原名是谢婉莹。

生：冰心被称为"世纪老人"。

生3：我知道冰心从燕京大学毕业。

师：你们了解得可真清楚。一提到冰心，我们就知道她是中国诗人，也是儿童文学作家。你们读过冰心的诗歌吗？

生：读过。

师：曾经有人用一首小诗来赞美冰心，他是这样说的："一泓柔婉荡漾的春水，一帘晶莹璀璨的繁星，一位笑颜温婉的女子，一段芳心馥郁的人生。"读了这段对冰心的赞美，你们有什么发现吗？

生：我发现这首诗是描写冰心的美丽和笑容的。

生：我发现小诗中提到了"繁星"和"春水"，这是冰心的诗集。

师：她发现这首诗里暗藏着冰心写的两部诗集，那就是——

生：《繁星》与《春水》。

师：今天，让我们走进《短诗三首》，走进《繁星》。（师板书课题）同学们，对于《繁星》这本诗集，你们有哪些了解呢？

生：我知道《繁星》一共有164首诗。

生：冰心写《繁星》的时候，灵感来源于生活，并且是她弟弟告诉她这些小诗可以组成一部诗集。

师：原来诗来源于生活，生活给了诗人创作的源泉。那么我们就来了解一下这本诗集——《繁星》。请大家快速默读屏幕上的内容。

（生默读）

师：请一位同学大声地读给我们大家听。

生：《繁星》是冰心的第一部诗集，收入诗人所写小诗164首。诗歌形式短小而意味深长，充满对自然、童真和母爱的赞颂和热爱。

师：是的，这就是《繁星》。这部诗集包含了对自然、童真和母爱的赞颂与热爱，所以，冰心有这么一句话——

生：有了爱，便有了一切。

二、品读《繁星（一三一）》

师：那就让我们走进《繁星》这部诗集，走进那一首首小诗吧！首先，我们自己来读一读这一首《繁星（一三一）》。

（生自由朗读）

师：谁愿意读给大家听？

生：大海啊！哪一颗星没有光？哪一朵花没有香？哪一次我的思潮里没有你波涛的清响？

师：字正腔圆，其中有一个地方这位同学读得特别好，谁发现了？

生：最后一句读出了感情。

师：他也读得特别准确。请你再来给我们读一读。

（生读）

师：这首小诗是冰心写给谁的呢？

生：我认为冰心是写给大海的，因为后面的每一句都是反问句，而开头就是大海。

师：开头直接表达了自己的情感，作者是在对谁倾诉？

生：大海。

师：既然是写给大海的，怎么又提到了星星，提到了花儿呢？再读，看看你们读出了什么。

生：大海啊！哪一颗星没有光？哪一朵花没有香？哪一次我的思潮里没有你波涛的清响？作者用星和花写出了大海的辽阔与伟大。

师：原来，作者想着想着，就想到了——

生：星星和花。

师：通过课前资料的搜集，你们发现冰心和大海有着怎样的情缘呢？

生：我在《繁星·春水》的插图里看到，一个下雨天，冰心来到凉亭旁看海，那时候正好是晚上，而且天上满是繁星。

生：冰心小时候住在山东烟台，因为她的爸爸是海军，所以她经常去海边。

师：冰心在海边长大，经常和爸爸去看海。他的爸爸是一位了不起的海军军官，曾经参加过甲午战争，后来又创办了一所海军军官学校，担任校长。看来，冰心和大海有着特殊的情感。了解了这背后的故事，相信你们有了更深的感受，谁再来读一读？

生：大海啊！哪一颗星没有光？哪一朵花没有香？哪一次我的思潮里没有你波涛的清响？

师：读着，读着，你仿佛看到了什么，想到了什么呢？

生：我仿佛看到冰心站在海边，吹着海风的样子。

师：真好！你已经开始浮想联翩了。当我们面向大海的时候，身边未必就有鲜花，就有星星，但是作者却想到了星星和鲜花，那是因为在作者看来，大海有着星星般的光芒，这大海有着——

生：花的香。

师：真好。就这样，读着读着，我们也和作者一样展开了联想。我们再来看这首诗，你们还有什么新的发现吗？

生：我发现每一句都押韵。

师：是的，我们一起读。

生（齐读）：大海啊！哪一颗星没有光？哪一朵花没有香？哪一次我的思潮里没有你波涛的清响？

师：还有什么发现吗？

生：我发现作者在每一句的后面都写了问号，一共有三个问号。

师：不仅有三个问号，还有一个——

生：感叹号。

师：谁来读一读？用标点来传达你的情感。

生：大海啊！哪一颗星没有光？哪一朵花没有香？哪一次我的思潮里没有你波涛的清响？

师：这大海带给冰心美好的回忆。同学们，在这本诗集当中，有这么一首诗，写了作者和她父亲看海的画面。她写道："父亲呵，我怎样的爱着你，也怎样的爱着你的海。"来，把这份爱融进去，我们一起来读。

生（齐读）：大海啊！哪一颗星没有光？哪一朵花没有香？哪一次我的思潮里没有你波涛的清响？

师：对大海、对自然深沉的爱都融进了这首小诗中，难怪冰心说——

生：有了爱，便有了一切。

三、品读《繁星（一五九）》

师：我们一起接着往下读。

生：母亲啊！天上的风雨来了，鸟儿躲到它的巢里；心中的风雨来了，我只躲到你的怀里。

师：读着读着，你们有什么发现吗？

生：我发现冰心这首诗充满了她对母亲的爱。

生：我觉得这首诗中的两个"风雨"不是一个意思。

生：我发现中间的分号把两个"风雨"分开了。

师：这首诗用了一个分号。两个"风雨"一个是——

生：天上的风雨。

师：另一个是——

生：心中的风雨。

师：分别是什么意思呢？

生：天上的风雨是天上下的雨和刮的风，而心中的风雨指的是自己的挫折和失败。比如说，我不小心把同学的水杯打翻了。

师：你不仅说出了这两种风雨的意思，同时还展开了丰富的联想，请你继续联想。

生：同学的水杯被打翻了，我正好在旁边，但是有同学却误会我，以为是我把水杯打翻的。

师：很真实，这对你来说就是生活中的小挫折。这个时候，你会做什么？

生：我会向他解释。

师：如果你解释了，对方不听，你最想和谁倾诉？

生：想和妈妈倾诉。

师：很真实的经历。其他同学还有不同的经历吗？

生：一次课间，我去交作业，旁边的一个同学不小心把他的牛奶打翻了，还硬说是我弄的。

师：大家觉得是小事，但对这位同学来说却是大事。

生：回到家我向妈妈倾诉。

师：妈妈是怎么和你说的？

生：妈妈让我忍一忍。

师：是的，生活有的时候需要忍耐。这就是母亲，有着大海一般的胸怀，总是在平常的小事当中展现出她的人生智慧。在你们的心中，母亲就是——

生：母亲是我心中的避难所。

生：母亲是我心中的花朵。

生：母亲是太阳，为我驱散阴霾。

师：那就把我们体会到的情感带入文中，再读一遍。

生：母亲啊！天上的风雨来了，鸟儿躲到它的巢里；心中的风雨来了，我只躲到你的怀里。

师：我读出了你的深情。

生：母亲啊！天上的风雨来了，鸟儿躲到它的巢里；心中的风雨来了，我只躲到你的怀里。

师：是的，这就是母亲，这就是母爱。所以，作者说"当心中的风雨来了，我只躲到你的怀里"。这个"只"字，你们品出了什么？

生：我品出了喜爱，表现出母亲对我很重要。

生：我体会到了冰心对母亲的依恋。

生：我体会到了作者对母亲的信任。

师：真好，带着这份依恋、这份信任，一起读——

生（齐读）：有了爱，便有了一切。

师：就让我们带着自己的感受，男女生一起配合着读一读。

女：母亲啊！

男：母亲啊！

合：母亲啊！

女：天上的风雨来了。

男：鸟儿躲到它的巢里。

女：心中的风雨来了。

男：我只躲到你的怀里。

合：我只躲到你的怀里。

师：这就是冰心的诗，虽短，却让人回味无穷。

四、品读《繁星（七一）》

师：这么美的诗歌还有许多，大家来读一读这一首。

生：这些事——是永不漫灭的回忆：月明的园中，藤萝的叶下，母亲的膝上。

师："这些事"是哪些事呢？你们发现了吗？

生：这些事是指作者儿时在母亲的膝上听故事、看星星。

师：哪一句让你展开了丰富的联想？

生："月明的园中，藤萝的叶下，母亲的膝上"这一句让我展开了联想。

师：是的，这些事发生在——

生：月明的园中，藤萝的叶下，母亲的膝上。

师：这些事还可能是哪些事呢？

生：可能是母亲在和"我"诉说快乐。

生：可能是"我"和母亲说着童年的趣事。

师："这些事"的后面有一个什么标点符号？

生：破折号。

师：破折号表示作者对这些事物进行了列举。同时破折号还代表了一种绵长的回忆，从哪个词中可以体现？

生：我觉得应该是"永不漫灭"。

师：你觉得这个词是什么意思？

生：我认为是永远不会忘记的意思。

生：我觉得是永远不会燃尽的意思。

生3：我认为是永远刻在脑海里的记忆的意思。

师：是的，是永远刻在"我"的心中，值得"我"一辈子去珍藏的记忆。一起再读。

生：这些事——是永不漫灭的回忆：月明的园中，藤萝的叶下，母亲的膝上。

师：让我们随着冰心一起走进那些永不漫灭的回忆吧！（播放图片、音乐）此时此刻，你仿佛看到了什么，听到了什么？

生：此时此刻，我仿佛看到了冰心童年的记忆，仿佛听到了冰心童年时那一阵阵快乐的欢笑声。

生：我仿佛看到了一朵朵花儿绽放，也听到了蝴蝶在花丛中飞舞的声音。

师：多么浪漫的场景，多么美妙的画面，和母亲在一起，一切都是那么的美好。

生：我看到作者在园中，在母亲的膝上听母亲讲故事。

师：母亲的怀抱啊，那么温暖；母亲的故事啊，说也说不完。

生：我仿佛看到一个小女孩冲出来，冲到了母亲的怀抱里，和母亲一起看月亮，数星星。

师：真美，那是一幅多么美好的画面。特别是小女孩冲出来，扑到了母亲的怀里的画面。

生：我仿佛看到冰心和母亲一起在看海，仿佛看到远处的月亮，仿佛听见海浪扑在沙滩上的啪啪声。

师：如果你在这样的情境下，你又会想到些什么呢？

生：我会想到我和父母在藤萝下一起静静地看流星雨的场景。

师：这就是诗，读着读着，我们仿佛走进了那些人、那些事，走进了那一幅幅难忘的画面。所以，冰心说——

生：有了爱，便有了一切。

师：这就是冰心的诗，永远值得我们回味。我们再来读一遍。

女：这些事——

男：这些事——

女：是永不漫灭的回忆。

男：是永不漫灭的回忆。

合：是永不漫灭的回忆。

女：月明的园中。

男：月明的园中。

女：藤萝的叶下。

男：藤萝的叶下。

女：母亲的膝上。

男：母亲的膝上。

合：母亲的膝上。

五、创作悟情自主积累

师：我们再来看这首诗。这也是冰心的诗，谁来读？

生：春天的早晨，怎样的可爱呢？融冶的风，飘扬的衣袖，静悄的心情。

师：春天是怎样的可爱？

生：作者列举了融冶的风，飘扬的衣袖，静悄的心情。

师：这春天的可爱体现在这些方面，但又远远不止这些。此时此刻，我们也可以试着想一想，说一说。选择一个你最想表达的角度试着创作一首小诗，小组交流一下。

（生自主创作小诗，小组交流）

师：谁来分享自己创作的小诗？

生：春天的早晨，怎样的可爱呢？嫩绿的小草，晶莹的露珠，拂过的微风。

生：春天的早晨，怎样的可爱呢？飘扬的柳枝，绽放的花儿，可爱的我们。

生：这些事——是永不漫灭的回忆：静悄的后院，飘扬的柳叶，飞舞的心情。

师：写着品着，同学们俨然也成了一个个小诗人。看来，冰心《繁星》里的一首首小诗也刻在了我们的心上。

（生自由练习背诵，展示交流）

生：这些事——是永不漫灭的回忆：月明的园中，藤萝的叶下，母亲的膝上。

生：大海啊！哪一颗星没有光？哪一朵花没有香？哪一次我的思潮里没有你波涛的清响？

生：母亲啊！天上的风雨来了，鸟儿躲到它的巢里；心中的风雨来了，我只躲到你的怀里。

师：是的，这一首首小诗，正如满天的繁星温暖了我们的心灵，也照亮了我们前行的路。同学们，最后送给你们一句话——

生：（齐读）诗，充满迷醉心怀的智慧；诗，洋溢动人心魄的真情。

点　评

一、与诗人对话，奠定爱的主旋律

冰心的诗歌篇幅都很短小，每一个字仿佛都被赋予了生命，生动灵现。"知其人，论其世"，要想读懂《短诗三首》，必然先要读懂诗人冰心，这样才能让学生隔着时空走进诗人的内心，去感受诗歌的情感。但冰心的资料何其多，如何筛选出对本节课有用的资料，在学生与诗人之间架起桥梁？这就很考验一位教师的智慧了。

开课伊始，汤瑾老师以学生非常熟悉的一首冰心的小诗作为引子，然后让学生根据课前搜集到的资料一起来交流对冰心的认识与了解：知道了《繁星》这本诗集包含了作者对自然、童真和母爱的赞颂与热爱。这一环节虽小，但意义重大，为本堂课的学习奠定了情感的基础，播下了"爱"的种子。汤瑾老师再顺势把冰心的"有了爱，便有了一切"这句话作为课堂情感的线索，让学生反复诵读，将学生的情感层层推向深处。在接下来的组诗学习中，汤瑾老师也是恰到好处地适时补充资料，帮助学生站在诗人的视角来读诗悟诗。如学习《繁星（一三一）》时，汤瑾老师介绍了冰心的父亲是一位了不起的海军军官，顺势补充了另一首小诗：父亲呵！我怎样的爱着你，也怎样的爱着你的海。在不断地认知中，学生自然能够体会到冰心与大海之间这份特殊的情感。此刻，不需要过多的阐述与分析，学生由多元理解走向意象聚焦，与诗人的对话由最初的毫无章法到方向明晰，情感被慢慢唤醒，披文以入情，最后用一遍一遍的读充分展现了诗歌深蕴的内涵。

二、与文字对话，用发现擦亮星空

课标指出，语文学习要注重培养学生独立阅读的能力，学会运用多种阅读方法，注重情感体验，发展感受和理解能力。在学习现代诗歌时，这种"情感体验"更显得尤为重要。教学中，汤瑾老师让学生站在学习场的最中央，用音乐、图片等营造了一种诗的意境，引导学生进行或高或低、或舒缓或高昂的朗读，并不断追问："读着读着，你们发现了什么？还有哪些新的发现？"让学生去探寻文字的组合密码，自由展开丰富的联想，重现一幅又一幅唯美的画面，如同欣赏到了那动人心魄的满天繁星。

为了让学生"情到浓处人自醉"，汤瑾老师在文本上做了一个大胆的处理：打破了课文原先的排列组合，先学习《繁星（一三一）》《繁星（一五九）》，再学习《繁星（七一）》。这种处理可谓精妙，非常符合学生的认知规律，让其先通过文字走近那些美好的事情，随着时光流逝，继而化成了"永不漫灭的回忆"，自然而然地将冰心对亲人的思念与对童年的追忆永远定格在了学生的心灵深处。在这三首小诗的学习中，汤瑾老师采用以下三种细节处理方式，将学生带入了纯美清丽的诗歌殿堂。

1. 发现标点的秘密。标点符号是书面语言的重要组成部分，它作为一种表达的工具，配合文字来表达人的思想和情感。在诵读中，汤瑾老师有意识地引导学生去关注文字中的标点符号，在反复诵读中去体味标点符号所承载的情感，继而帮助学生与文字产生共鸣。

在学习《繁星（一三一）》时，学生发现了诗中有一连串"？"。为了让学生更好地体会这种反问的语气，感受情感的强烈，汤瑾老师巧妙地采用一句一读，一问一答的诗歌改写方式，毫不费周章地引导学生理解了诗歌所要表达的意思。然后，让学生把体会到的情感融入朗读中去。读着读着，学生自然而然地联想到冰心对大海最深沉的爱。那洒满星星的海面、那大海波涛的清响、那海轮上的慈爱父亲，常常让冰心思绪万千，难以忘怀。此刻大海变成了一种美好意象，学生得以进入诗人的精神世界，完成多元审美体验，感受到现代诗歌无与伦比的语言魅力。在接下来的学习中，汤瑾老师继续放手让学生去关注诗中的标点，从"；"中感受到"风雨"的不同含义，从"——"中感受到"永不漫灭"的绵长回忆……

2. 体悟文字的情感。要想学好诗歌，就要能够洞察诗人用字的真正意图。教师要将学生逐步引入"炼字"的境界，专注一个字，抓牢一个词，好好地去品味背后的真情，并在潜移默化的过程中提升学生遣词造句的能力。这是现代诗歌教学的核心。

在学习《繁星（一五九）》时，汤瑾老师聚焦一个"只"字，引导学生转化视角，联系生活经验，学生很快就感受到了诗人对母亲的喜爱、信任与依恋。是呀，当心中的风雨来临之时，唯有母亲的怀抱最能暖人心。这既是对这首小诗的理解，更是学生对自己母亲的真情流露。

再如学习《繁星（七一）》时，汤瑾老师又牢牢抓住"永不漫灭"一词，引导学生联系上下文来进行理解。有的学生认为是"永远不会忘记"的意思，有的认为是"永远刻在脑海里的记忆"的意思，更精妙的是，有的学生认为是"永远不会燃尽"的意思。多形象的比喻呀，"这些事"就如同永不燃尽的火把，照亮了冰心的童年，也照亮了学生当下的生活。有了这不着痕迹的铺垫，学生后面的联想水到渠成，真性情在言语中自然流淌，泛着诗的味道。让我们一起来回顾课堂上这一段精彩的对话。

师：让我们随着冰心一起走进那些永不漫灭的回忆吧！（播放图片、音乐）此时此刻，你们仿佛看到了什么，听到了什么？

生：此时此刻，我仿佛看到了冰心童年的记忆，仿佛听到了冰心童年时那一阵阵快乐的欢笑声。

生：我仿佛看到了一朵朵花儿绽放，也听到了蝴蝶在花丛中飞舞的声音。

师：多么浪漫的场景，多么美妙的画面，和母亲在一起，一切都是那么的美好。

生：我看到作者在园中，在母亲的膝上，听母亲讲故事。

师：母亲的怀抱啊，那么温暖；母亲的故事啊，说也说不完。

生：我仿佛看到一个小女孩冲出来，冲到了母亲的怀抱里，和母亲一起看月亮，数星星。

师：真美，那是一幅多么美好的画面。特别是小女孩冲出来，扑到了母亲的怀里的画面。

生：我仿佛看到冰心和母亲一起在看海，仿佛看到远处的月亮，仿佛听见海浪扑在沙滩上的啪啪声。

……

3. 展现画面的美感。诗歌是语言的艺术，灵动又不失厚重，隽永而深刻，总能给读者带来无限的美感。汤瑾老师最高超的地方就在于她能够使这种无法言说的美感摸得着、看得见，让人陶醉其中。除了其善于创设情境，用富有感染力的语言不断启发、点拨、升华外，更值得大家借鉴学习的是，她对诗歌表达的敏锐发现，对教材的用心解读，对目标的准确定位。

三首短诗学完之后，汤瑾老师巧妙地对"语文园地"中的板块内容进行"随文处理"，将冰心的另一首短诗与《繁星（七一）》进行比较学习，从中引导学生发现语言表达的规律：将几种事物巧妙组合，勾画出令人难忘的画面。的确，月明的园中，藤萝的叶子，母亲的膝上，这三种事物在空间上给人以深邃与悠远的感觉；融冶的风，飘扬的衣袖，静悄的心情，这三种事物在叠加中给人以灵动与轻盈的感觉。通过这种补充与比较，学生发现了冰心笔下诗歌的特点，那就是具有鲜明的绘画质感，用简洁凝练的几个短句就能呈现出一幅多元立体的画面。这种拓展式的学习很有价值，能不断引发学生的思维向高阶发展。

三、与生活对话，一片繁星入梦来

在单元导读中，写着这样一句话：诗歌，让我们用美丽的眼睛看世界。汤瑾老师紧扣单元目标，智慧地引导学生在诗歌中兴致盎然地走了一个来回，如同一缕春风，带来了月的明朗，花的芬芳，海的广博，爱的绵长……但，又不止步于此，她不仅引导学生品味文字，而且站在冰心的视角看世界，更清醒地牢记语文学习的本质——让学生站在儿童的立场看世界。在这片璀璨的繁星闪耀下，学生们悄然筑梦，用诗一样的语言来描绘这个美丽的世界。

在整堂课的学习中，汤瑾老师总是会巧妙地引导学生跳出冰心的诗歌，勾连生活，捕捉美好，如：提问学生心中的风雨是什么，是怎样面对风雨的。学生自然而然会想起自己的母亲，想起当自己面对生活中的各种风雨时总是能够得到母亲的安慰。母亲就是"避难所""心中的花朵""太阳"……这样的文字，又何尝不是学生最真实的生活写照呢？当诗歌与学生当下生活紧密联系，相互映照之时，冰心的《繁星》已经悄然走进了学生的心灵。读《繁星》，就是读自己！

这样的处理在学生仿创小诗的环节中更是展现得淋漓尽致。课堂里，学生的灵感被调动、被激发、被点燃，学生将眼睛看到的美丽世界用一首首清新淡雅的小诗来传情达意，为单元实践学习"创编小诗集"做好了热身：

春天的早晨，怎样的可爱呢？嫩绿的小草，晶莹的露珠，拂过的微风。

春天的早晨，怎样的可爱呢？飘扬的柳枝，绽放的花儿，可爱的我们。

这些事——是永不漫灭的回忆：静悄的后院，飘扬的柳叶，飞舞的心情。

在课堂中找准一个点，拉出一条线，画出一个圆，让学生徜徉在美好的诗歌世界。或许，不知不觉中，诗的种子已经在学生心中落下、发芽，多年以后，更多的"冰心"将从这里诞生……

汤瑾老师的心中有一片充满诗情画意的繁星，她将其一颗又一颗地擦亮、升起，照亮了课堂中每一位学生的心灵，让学生的眼中有美，心中有情，梦中有诗，一路追寻诗意的生活，可谓功德无量！

柳暗花明又一村："思趣"课堂下的思维漫画

——五年级下册《漫画的启示》教学实录与点评

点评：温州市教师教育院　何必钻
地点：杭州钱塘区云帆小学

一、漫画导入，激活思维

师：同学们，上课之前，咱们先来聊一个话题。看，就是同学们感兴趣的——

生：漫画。

师：相信同学们都读过很多的漫画。谁来说一说漫画带给你什么样的感觉呢？

生：突出人物的特点，还特别好玩。

师：真会看漫画。

生：漫画幽默搞笑。

师：漫画还能让我们会心一笑。

生：我觉得有一些漫画能够给人以启示。

师：真棒！既然大家对漫画有这么多的感悟，花儿姐姐就来考考你们了！大家来欣赏这幅漫画，谁能给它配上绝妙的文字呢？

生：三心二意。

师：哦，他是一边写作业一边自拍。

生：看！今天又是我努力的一天。

师：太精妙了！用人物的内心活动来揭示漫画的主题——虚假的学习。

生：大家看到了没？我在写作业，认认真真地写作业。

师：这也是人物的内心独白。同学们想知道作者的配文吗？来，读——

生（齐读）：不走心的努力都是在敷衍自己。

师：一语中的！还想不想再看？

生：想。

师：大家看这幅漫画，谁能给这幅漫画配上文字？

生：就差一点儿。

师：意味深长，启发读者自己去品味。

生：摔倒后再站起来就是真正的胜利。

师：好励志，铿锵有力。那作者是怎么写的？

生（齐读）：跌倒不算失败，爬不起来才算。

师：这就是漫画。好的漫画有魅力，带启示。今天，让我们一起走进《漫画的启示》。

| 点评 |

　　从学生最感兴趣的漫画导入，激发学生的学习兴趣。教师让学生给漫画配上绝妙的文字，将图片以文字形式呈现出来，让学生感受其中的无限魅力，初步感知漫画带给人的启示。

二、循序渐进，初探深意

师：话不多说，我们来仔细地看一幅图。（动态分步呈现一幅图）瞧，图上出现了什么？

生：一棵小树苗。

师：你是怎么看出来的？

生：因为它只有几片叶子。

师：观察得很仔细。继续来看，想一想这个人和小树苗之间的关系，谁能说清楚？

生：这天，一个人在给他种的树浇水。

师：仔细看图，关注图上的细节。

生：图上有一把铁锹。这个细节证明了这棵树是这个男人种下的。

师：当他拎着水壶给这棵小树苗浇水的时候，他突然发现——

生：他发现了另外一个男人在小树苗下乘凉。

师：同学们，就这样，我们通过联系图之间的事物的方式看懂了一幅图。除了要关注图上的细节，还要看一看图上的提示语。请同学们试着读一读他们的对话。

生：你干什么？等着乘凉。

师：这就是完整的图画，谁能够把它说清楚？

生：一天，一位叔叔正准备给种好的小树苗浇水，突然看到一个戴着帽子和眼镜的男人靠在小树苗下乘凉。

师：说得很清楚。同学们，拿出抽屉里的习作单，把图上的内容清楚地写在习作单上，做到文从字顺。

（生写图上的内容）

师：这一位同学写得又快又好，请你来读。

生：有一天，一个叔叔正准备给自己的小树苗浇水，突然，他看见一位眼镜哥在树下乘凉。

师：有没有同学想要点评的？

生：他的语言非常简练。

生：他把那个戴眼镜的人称作眼镜哥，读来很亲切。

师：不仅亲切，还有什么好处？

生：还很简洁。

师：用上"眼镜哥"的称呼就能很好地区别图上的两个人物。我们也可以在自己的作品中用上简洁而又幽默的称呼。那我们就称他为"眼镜哥"吧。这幅图中最值得关注的就是他们的对话。谁来读一读这一问一答式的对话？

生1：你干什么？

生2：等着乘凉。

师：同学们，你们听出了什么？

生1：我听出了不屑。

生2：我听出了"眼镜哥"的悠闲。

生3：我听出了"眼镜哥"漫不经心的慵懒。

师：来，聚焦最核心的四个字——

生：等着乘凉。

师：你们品，你们细品，通过这四个字你们品出了什么？

生：我感觉"眼镜哥"认为这就是他该拥有的。

师：你读出了他坐享其成的心理。

生：我读出了这个"眼镜哥"自己不去种树，在等着这棵小树苗长大，有种想要不劳而获的感觉。

师：同学们特别厉害，通过短短的四个字，品出了"眼镜哥"想要坐享其成、不劳而获。如果用一句简洁的话说说这幅漫画给你们的启示，你们会怎么说？

生：不能做一个坐享其成、不劳而获的人。

生：不要轻易地产生妄想。

生：等待并不能让小树变成参天大树。

师：大家讲得很有哲理。那还等什么？写下你最想说的启示。

（生在习作单上写一句话的启示）

师：请你来说一说你写下的启示。

生：坐享其成，最终会两手空空。

生：比起等待，不如自己着手去做。

生：不劳而获不可取，劳动的人民最可爱。

| 点评 |

  教师将漫画中的人和物一一呈现，让学生在猜想的过程中明晰其中的深意。教师引导学生在进行习作展示的过程中尝试利用情境模拟的方式在人物的对话过程中让学生感知二者的不同心理特点，并用简短的语言概括出其中的启示，凸显循序渐进的学习过程。

三、联系生活，深入体会

  师：看着这幅漫画，想必大家都会情不自禁地浮想联翩吧，那就让我们由这幅漫画想开来。想着想着，同学们有没有发现这一幅漫画似曾相识，是不是曾经也有这样一个寓言故事？

  生：我想到了守株待兔的故事。

  师：英雄所见略同。主人公有什么相似之处？

  生：他们都想要不劳而获。

  师：当我们面对一幅漫画，通过深思联想会情不自禁地想起熟悉的故事。我们继续看这幅漫画，你们会发现，其实在我们的生活中也有这样的人，也有这样的事。你们想到了吗？

  生：我想到了买彩票的人，总是想着天上掉馅饼。

  生：我想到那些不通过自己的努力，妄想超过别人的人。比如，在考试的时候抄别人答案的人。

  师：敢于说出生活中不好的现象，需要勇气啊。

  生：大扫除时，个别同学会编一些理由而不去打扫卫生。但当老师来检查的时候，他们又会装作正在打扫的样子。

  师：你对生活观察很仔细。此时，你在想什么？

  生：他们不劳动却享受着这干净的教室，不会觉得害羞吗？

  师：是的，其实生活中还真有不少这样的现象。我们自己说不定偶尔也会这样吧。

生：做数学试卷遇到不会的题目时，我就等着同桌去做。他写出来后，我直接抄答案。没想到，后来考试的时候遇到了相同的题目，我就傻眼了。

师：坐享其成，用现成的答案，真是搬起石头砸了自己的脚啊。

生：生活中，我常常是衣来伸手，饭来张口。

师：不劳而获可不行啊。

师：原来生活中还有很多这样的人和事呢。（课件出示相关事例）

师：那还等什么呢？把你联想到的生活中的事例写下来。别着急，在写之前有几点温馨提示，请同学来读读。

生：一、能清楚地表达自己的想法。

师：你将得到两颗星。

生：二、能借助人物、现象、故事等把启示写具体。

师：你将再得两颗星。

生：三、尝试用幽默有趣的语言进行表达。

师：那么你还会再得一颗星。请继续完成《漫画的启示》吧！

四、写下启示，交流分享

（生在习作单上写漫画启示）

师：相信大家都迫不及待地想分享自己的作品了。你来吧。

生："可是它还是一棵小树，主干都还没我的手臂粗。"树的主人说。"小树一直等，不就变成参天大树了吗？"这个乘凉之人不屑地说。

师：原来你展开了自己的想象续写了这幅图。继续分享。

生：这个人如果能自己好好地种一棵树，认真浇水、施肥，那他收获的就不仅是凉爽了，还有快乐以及满满的成就感。朋友，生活中这样的人不多吗？那些自己上课不认真听讲，下课后抄别人作业的人，不和这个乘凉之人一样吗？朋友，请相信，不劳而获不能让人成长，只能收获空虚。

师：谁来点评？

生：首先，他清楚地表达了自己的想法，两颗星就有了；其次，他能够借助人物续写故事，还联系了生活中的现象，这两颗星也有了；最后，他的语言也非常幽默。我觉得他的作品可以得到五颗星。

师：同学们，这位同学的作品有没有给你们留下印象深刻的地方？

生：最后一句话让我印象深刻：不劳而获不能让人成长，只能收获空虚。

师：是呢。老师还发现，在这段话里他还用了反问句。用上反问句来配对 林里读起来更有——

生：更有讽刺的感觉。

师：对，触动人心。接下来，分享第二位同学的作品。

生：每个人的人生都是一片荒凉的土地，需要去播撒种子，这样它才能成为一道美丽的风景。而有些人，却想着到别人的树林里去偷。看，他们写作业时，懒得算，懒得做，抄抄别人的多省力。结果呢，考试中因为大脑没有充满电，一片黑屏。同学们，每个人都一样，希望自己的未来是一道靓丽的风景线。但是不付出努力，终究只是一场梦，遥不可及。

师：谁来点评？

生：他借助了生活中真实发生的事例。我还觉得最后一句话特别幽默风趣。

师：又是一篇五星作品。咱们再来欣赏一篇作品。

生：看，图中的两个人，一个在浇水，一个却等着乘凉，把这个等待的时间用来实践不好吗？这使我想到了曾经的自己。我曾经想着要是有知识面包和会写答案的笔那该有多好啊！但现在想起来太可笑了。与其坐等不可能发生的事还不如自己去奋斗，一分耕耘一分收获，等待并不能等来成功。只有不断努力，小树才能变成参天大树。

（掌声响起）

师：最后，我们再完整地分享一位同学的作品。

生：一天，一个人种下了一棵小树苗，正准备给小树浇水，却看到一个戴眼镜的男人在树下，就问他："你在干什么？"那个人却不屑一顾地说："等着乘凉。"读了这幅漫画，我获得的启示是，生活中，只有付出努力才能有所收获。我们可不能像漫画中的"眼镜哥"一样只想着坐享其成，最后可能一无所获。生活中也有这样的人。看，有的同学遇到不会的题目，就想着同桌会，自己不动脑筋就把答案抄上去了。后来在考试中遇到同样的题就束手无策了。当然，在生活中也有默默努力的人。袁隆平爷爷把自己的一生都用来钻研水稻，经过不断努力终于研发出了杂交水稻，让中国人民都吃上了香喷喷的米饭。所以，付出努力才能收获累累果实。

师：此处应该有掌声。他不仅联想到了生活中反面的例子，也想到了生活中正面的例子，由此来做正向的引领。写启示的时候，不仅要有讽刺，有批评，有揭露，也可以像这位同学一样有正向的引领。此刻，我想到了另外一幅漫画，它给了我们很多正能量。我们一起来读漫画中的文字。（出示漫画）

生：前人种树后人乘凉。我们每个人都是乘凉者，但更要做种树者。

师：你记住了哪句话？

生：每个人都是乘凉者，但更要做种树者。

师：我们可以把这句话放到哪里呀？

生：我觉得可以把这句话放到结尾，作为总结。

师：是的，我们也可以做正向的引领——每个人都是乘凉者，但更要做种树者。

| 点评 |

寓言故事学生耳熟能详，教师将漫画的启示与寓言故事勾连起来，营造学习情境，进而引导学生将漫画和生活联系起来，拓宽思维深度与广度。学生通过分享习作，交流感想，将认知与实践联系得更为紧密。

五、提炼方法，升华内涵

师：同学们，今天我们读了一幅漫画，原来可以通过故事、人物、现象来具体写漫画的启示。刚刚同学们完成了属于自己的漫画启示。如果给你的作品取个题目，你会取什么题目呢？

生1：漫长的等待。

生2：等着乘凉。

生3：坐享其成。

生4：种树者与乘凉者。

师：每个同学取的题目都意味深长。我们来回顾一下，可以怎么写漫画的启示呢？先——（课件进行小结）

生：观察。

师：对，在观察中发现细节、提示语和题目。接下来干什么？

生：思考。

师：借助标题或文字提示来思考漫画的内涵。最后我们要——

生：撰写。

师：对，落笔成文。先写清楚漫画的内容，再写出自己的思考，最后再借助例子充分表达出自己的想法。掌握了这样的方法，不仅可以写今天的这个漫画，还可以写更多的漫画。同学们，在课堂的最后，花儿姐姐送你们一句话。（课件出示）

生（齐读）：漫画，会心一笑，引人深思，获得启示。

师：我们收获的是漫画的启示。其实，生活中的人，生活中的事，都可能会给我们带来启示。

| 点评 |

　　每位同学的文章从一开始的创作阶段到后来的落笔成文，都离不开一步一步的积累与凝练，而题目的拟定就是画龙点睛的重要一笔。教师通过引导学生拟定题目进一步帮助学生凝练启示，最后帮助学生掌握写启示的方法，使学生从这一篇走向了这一类，做到了激发情感，授之以渔。

—————— 总　评 ——————

　　《漫画的启示》一课的习作教学是汤瑾老师对"思趣语文"的课堂实践与思考的

又一个鲜活的课例，对我们的习作教学有着别有深意的启示。我们知道，语言是思维的外壳。在课堂里，学生外显出来的是语言表达，内隐的却是思维形态与层级水平。这节课我们真切地感受到了学生"思维与语言"齐飞的曼妙境界，这应归功于汤瑾老师在课堂上体现的三个特点：

一、内容与形式的无痕相融

漫画同其他绘画的主要区别在于其独特的构思方法和表现手法。它具有讽刺与幽默的艺术特点以及认识、教育和审美等社会功能。从习作价值来看，《漫画的启示》就是这种社会功能的文字化呈现；从习作类型来看，本课属于读后感、启示类的文体。从学生的习作心理逻辑出发，教师首要考虑的问题是"写什么"。汤瑾老师通过赏漫画、谈乐趣、配文字、品对话、聊感想等方式激活学生思维，发掘教材资源，丰富课堂乐趣，唤醒生活联系，帮助学生打开内容思路。同时，教师从教学目标达成出发，重点考虑的是"怎么写"，如何做到"读"与"感"的有机结合，如何"感"得有理、有例、有情，这是这节课的重难点。汤瑾老师整节课以激活学生思维为核心，从内容入手，形式相随，分成"读画——思理——行文"三个阶段激荡学生的习作思维，引领学生融入习作全过程。课例中，无论是"画意的理解""生活的联系""启示的深入""技法的提炼""评价的支持"，还是最后的"主题的升华"，都是在别有匠心、暗藏玄机地盘活学生的言语系统，开掘习作的表达形式。教师立足于思维发展的层次性，环环相扣，层层递进，关注了习作内容的开发和生成的过程，关注了学生新的言语结构搭建的过程。这样既解决了"为什么写"的问题，又在"写什么"和"怎么写"的问题上给予充分有效的支持，达到了内容与形式的无痕相融，浑然天成。

二、技法与需求的适机渗透

从对学情的了解来看，像这样类似读后感的文体，学生的表达往往存在着"启示空洞、说理高调、语言乏味"等问题。也就是说，本课对学生来说，难的不是写"漫画的内容"，而是如何有层次、有新意、有深度地"写启示"。教材里提供了"先写清楚漫画的内容，再写出自己的思考"的习作路径，但这还是属于一种概念化、标签化的写作知识，学生还是只能基于自己原来的语言表达水平来"写启示"，却少有学习意义上的提升。在这一点上，汤瑾老师特别有智慧，整堂课始终顺学而教，依学定教，在困难处出招、在迷惑处指路、在平淡处升华，给予学生精准的写作知识辅助。如"老师还发现，在这段话里他还用了反问句。用上反问句读起来更有讽刺的感觉""此处应该有掌声。他不仅联想到了生活中反面的例子，也想到了生活中正面的例子""如果给你的作品取个题目，你会取什么题目呢？"，汤瑾老师在这里看似随意的评价语，实则暗藏玄机。这里有三条习作小妙招：1. 多用反问句；2. 正反例子两面说；3. 取个标新立异的题目。这样的习作小妙招就是精准的写作知识。这样的指导不是一种强塞和告知，而是一种点化和提升。汤瑾老师把本次习作要求转化为学生在习作过程中"听得懂、学得会、用得上、带得走"的精准习作知识，能有效帮助学生增长新的习作经验。当然，学生如有其他的表达方法，也应该予以肯定。

三、思维与能力的增质深化

习作是一种过程性技能。习作教学如果只是硬邦邦地传递知识，那就是僵化的、死的知识，无法形成灵动的、活的能力。要想显化写作知识为写作能力，就不能停留在"懂知识"这一层面上，而是要在提升学生思维水平和品质上下功夫，促化能力的提升。比如课例中的"取题目"指向思维的概括性，"细品配图对话"指向思维的深刻性，"联结寓言故事"指向思维的关联性，"正反两面例子"指向思维的辩证性等，这些都有力地推进学生在思维锤炼和言语表达实践中实现能力转化、素养积淀，从而让习作能力真实地发生，高效地发展。同时，汤瑾老师在学生充分交流、理解、认同的基础上进行"普适性"的习作方法的指导，适时出示了三条"温馨提示"：写清楚画意——写具体启示——幽默地表达。这样明确可测的习作要求下要保底（第一、二点），上不封顶（第三点）。课堂上汤瑾老师充分保障了学生的动笔时间，进行习作的过程性指导。在学生写了初稿后，通过同伴习作对比、范文亮点发现让学生有了主动学习习作知识的需求感；通过在点评学生习作时提炼出的"习作小妙招"让学生再次尝试修改，并运用到自己的习作中。这样就让学生在各自基础上有了"学"的增量和提质。通过《漫画的启示》的习作将思维认知与能力实践二者紧密地联系起来。本次习作最终指向的不仅仅是"文"的完成，而且是"人"的发展。

教学设计

乘着绘本的翅膀飞翔
——六年级上册习作《变形记》教学设计
巧设游戏　交际互动
——一年级上册《我们做朋友》教学设计
趣运南瓜　巧学表达
——一年级上册《小兔运南瓜》教学设计
由题目入手　展想象之翼
——三年级下册《奇妙的想象》教学设计
……

乘着绘本的翅膀飞翔

——六年级上册习作《变形记》教学设计

一、教材分析

《变形记》是六年级上册第一单元的习作内容，它借由"变形"来转换自己的视角与思维，并进行想象与表达的训练。小学生天生拥有丰富的想象力，从小学第一、二学段开始，语文教学中都有关于学生想象与表达的训练，如续编故事、编童话等。而此次的想象有别于之前，即需要转变自己的视角，以第一人称来表达，注重立意、选材、构思、起草、修改等内容，体现整个过程的实践性，让学生在写作实践中学会写作。习作教学中，学生的言语动机特别需要被唤醒，如此也更加能够写出自己的心声。

二、教学目标

1. 通过绘本这一支架的学习，让学生感受"变"的神奇，唤起学生的想象。

2. 能引导学生根据已有的生活经验转换思维与视角来构思情节。把变形的经历这一重点部分写详细并体会"变"背后的心声。

3. 能与同学分享习作，并根据同学的意见修改习作。

三、教学重点

让学生感受"变"的神奇,唤起学生的想象。

四、教学难点

能引导学生根据已有的生活经验转换思维与视角来构思情节。把变形的经历这一重点部分写详细并体会"变"背后的心声。

五、教学过程

(一)感受孙悟空的"七十二变"

1. 视频出示,激发学生想象。(出示《西游记》片头视频)

同学们,看到孙悟空,你们会想到什么?

预设:大闹天宫、西天取经、三打白骨精、七十二变。

学生自由发言,教师根据学生所说联系到"变"。(板贴:变)

回忆一下,孙悟空都变成过哪些事物呢?

2. 图片出示,感受悟空之变。(图片出示悟空变成桃子、苍蝇、公鸡、牛魔王的样子)

他会变成各种各样的事物。变,变,变!那么好玩,那么新奇!他变成这些最终都是为了降妖伏魔,保护师傅去西天取经。

| 设计意图 |

通过孙悟空的"七十二变"唤醒学生的言语动机,激发学生的想象,让学生欣欣然进入想象的世界。

(二)超级变身,展开想象

1. 图片出示,体悟心声。不仅孙悟空会变,大家也都有变的愿望。(依

次出示蜘蛛侠、小精灵、云朵、书的图片，说说别人变形的愿望）

看，有人想变成飞檐走壁的蜘蛛侠，有人想变成可爱的小精灵，有人想变成一朵自由自在的白云，有人想变成一本耐人寻味的书。

2. 联系自身，尽情畅想。如果给你一次变的机会，你最想变成什么？给你10秒钟的时间，认真地想一想，郑重地写下你要变成什么。

（1）学生将答案写在习作单上。嗨，如果你会变，你想变成什么呢？我想变成_____

（2）指名说说原因。

预设：我想变成风，开心的时候是微风，生气的时候变狂风。

我想变成小鸟，去摸摸白云，还可以自由地在天空飞翔。

我想变成美人鱼，去探索海底世界。

我想变成无所不能的金刚侠，这样子我就很厉害了。

| 设计意图 |

引导学生展开丰富的想象：如果有一次变的机会，你想变成什么呢？进而在天马行空的"变"的畅想中选择自己最想变的事物。

（三）读绘本，学表达

1. 出示绘本，感受卡夫卡心愿。一个名叫卡夫卡的小学生，大家来猜猜他变成了什么。

学生自由猜测。

教师引入绘本：他变成了一只超级大甲虫！（出示甲虫图片）一直被人忽略的卡夫卡想变成一只虫子得到大家的关心。来，让我们一起走进这个故事。（出示封面《卡夫卡变虫记》）

2. 聚焦第一个情节：变身那一刻。

（1）观察图片，发现形象之变。播放动图，提问思考：卡夫卡变成什么样子了?

学生根据动图说一说。

教师小结：看，这里写出了他变身后形象的变化。（板书：形象）

（2）变身主角，体味心理之变。指名朗读，读出惊讶的语气：啊，我怎么变成这样了?

教师小结：心理发生变化。（板书：心理）

（3）角色朗读，体会他人反应。（出示卡夫卡变身后爸爸妈妈反应的文字，学生读一读）

学生说一说其他人的反应，与卡夫卡的自我认知形成鲜明对比。

（4）提炼写作要点。我们在写的时候，也可以写一写形象变化、心理变化和他人的反应。当然，可以选择其中一两个方面来具体描写。

3. 学生练写第一个情节，交流评议。

（1）创设情境，激发想象。（出示动态课件：魔幻的镜子）

同学们，神奇的变身时刻到了！结合自己心中所想，看一看镜子中的自己变成了什么。

（2）对话交流，以说促写。你变成了什么？是什么样子的?

学生自由发言，说说自己变成了什么，描述自己的样子。

预设：我变成了神笔马良。我穿着古人的衣服，衣服很长很大，还有两个大袖子。

我变成了隐形人，能自由地走来走去，别人看不见我。

我变成了一阵风。大家都没有发现我，我有时飞到天上，有时飞到马路上跟着汽车跑。

我变成了一朵云，飘到了我想去的每一个地方，去北京长城、去上海东方明珠，我还可以出国旅行呢。

（3）想象具体，初次练写。变，变，变！当你变成了心中所想，那一刻会发生什么？请你写下来。

（学生第一次练写，教师巡视指导）

(4)交流习作,个性点评。邀请两位同学上台朗读作品,师生互动评价。结合学生习作,教师点评:看,变身那一刻,如此奇妙!角色就这样发生了变化。(板书:角色)

| 设计意图 |

巧妙介入绘本《卡夫卡变虫记》,让学生在阅读交流的过程中发现表达的秘妙。引导学生聚焦变身的那一刻从绘本中得到启发,具体想象自己变身那一刻形象的变化、心理的变化以及他人的反应。

4. 聚焦第二个情节:变身以后的经历。

(1)以声为引,带入情境。变成大甲虫的卡夫卡会遇到怎样有趣的事呢?听,这是什么声音?(播放呐喊声,出示绿茵场图片)

课件出示文字,播放足球赛的图片。

(2)朗读文本,感受卡夫卡赛场上的神勇。

教师小结:卡夫卡不是普通的小学生了,他变成了一只灵活的超级大甲虫。作者写出了卡夫卡作为虫的特点,写出了卡夫卡作为足球健将的神奇经历。来,带上动作,再去感受感受。(板书:经历)

5. 学生练笔,写出奇妙经历。

(1)习作尝试。当你变身后,你生活的世界随之发生改变,变形后的你会拥有怎样的特殊技能呢?会拥有怎样有趣的经历呢?展开想象,继续往下写,注意把重点部分写详细一些。

(学生第二次练写,教师巡视指导)

(2)学生分享习作。邀请三位各具特色的同学上台朗读作品,学生进行即时评价。学生分享后,教师使用白板技术,运用正确的修改符号即时修改,为学生提供修改范例。

(3)习作修改。和同学交换习作,看看他们对你的"世界"是不是感兴趣,再根据他们的意见修改自己的习作。

| 设计意图 |

再次用绘本引路,引导学生发现如何写变身后的奇异经历。学生及时进行第二次写作,写出自己变身后的经历与同学们交流分享。

(四) 回顾习作,巧取题目

1. 出示本次习作的具体要求。课后,请同学们完成习作八,沿着自己的思路往下写,编成一个完整的故事。

2. 鼓励学生依据内容巧取题目。如果给你的习作取个题目,你会取什么?

预设:飘在天上的日子、我是一条幸福的蚯蚓、打不垮的"小强"、当世界对你充满善意……

3. 教师总结:让我们在变,变,变的奇思妙想中传递心声,享受快乐吧。在音乐声中结课。

| 设计意图 |

鼓励学生继续完成一个完整的故事,并为自己的故事取个有趣的题目,让学生体味"变"的自由与快乐。

巧设游戏 交际互动

——一年级上册《我们做朋友》教学设计

一、教材分析

统编版小学语文教材将口语交际作为独立、明晰的课型，各个内容之间有序推进，构建了螺旋上升的口语交际体系。《我们做朋友》是一年级上册第二次口语交际，教材内容分三大部分：

一是导语。"班里有些同学你还不太熟悉吧？去做个自我介绍，跟他们聊聊天，成为好朋友吧！"教师亲切地发出邀请，鼓励学生通过主动交流的方式找到新朋友。

二是情境图。图中，两个学生正在进行交流。"我喜欢踢毽子。你呢？"男孩用自己喜欢的体育运动引出了交际话题。"我也喜欢踢毽子。放学后我们一起去踢吧！"女孩的回答是积极的回应，相约放学后一起去踢毽子。"好啊！"男孩愉快地答应。此处，教师以熟悉的画面、友善的交流唤醒学生对生活的回忆，并让学生明白话语信息要在交际对象之间往返，做到"你有问，我有答"的交流互动。

三是交际提示。"说话的时候，看着对方的眼睛"强调了交际的基本原则，指出了本次口语交际的具体要求。学生知道要这样做，但并不等于他们能这样做，这就需要在课堂实践中反复练习。

需要强调的是本次口语交际不同于开学初学生之间的自我介绍，它不是个人独白，而是为了交朋友而进行的交际互动。因此，教师要帮助学生积极打开自我介绍的范围，让学生明白兴趣爱好、生活趣事、心底的愿望等都可以成为交流的话题。学生们正是在这种你一言我一语的交流之中找到共同的语言，交到更多的朋友。

教师在教学本课时，继续注重学生倾听习惯的培养。"听"是基础，是口语交际的能力训练起点。只有认真倾听对方的话语才能从中捕捉到关键信息，并做出积极的回应，引出更多的交际话题，进而达到交朋友的目的。与人交谈时，看着对方的眼睛，这是一种基本的交际原则和交际礼仪，因此，在教学过程中应引导初入学的学生学习文明礼仪，建立起良好的行为习惯。

本课的教学内容贴近学生生活实际，教师可根据教材特点唤醒学生的交际需求，设计多层次的交际情境，在一个又一个真实的交际场景中拓展学生自我介绍的范围，让学生在实践中体验交际要求的重要性，在实践中获得交际的能力。

二、教学目标

1. 能向他人做自我介绍，引出话题，与人进行主动的交流。
2. 与人交谈时能看着对方的眼睛。
3. 愿意在生活中适当的场合里积极实践，学习基本的交际礼仪，养成良好的交际习惯。

三、教学重点

能对他人进行自我介绍，引出话题后能继续主动交流，与人交流时能看着对方的眼睛。

四、教学难点

愿意在生活中适当的场合里积极实践，学习基本的交际礼仪，养成良好的交际习惯。

五、教学过程

（一）绘本导入揭示交际话题

1. 讲述绘本情节，体会"朋友，真好"。课件出示，教师讲述日本著名诗人谷川俊太郎绘本《朋友》中的三幅画面。

画面一：一个人玩没劲，两个人一起，就好玩了。

画面二：一个人抬不动的东西，有朋友帮忙就抬得动。

画面三：一个人想挠痒痒够不着，要是朋友在边上，就能帮帮你。

2. 引导学生表达，激发交友愿望。学生可联系生活说一说：朋友还会给自己带来什么呢？

3. 教师点拨，唤醒交际动机。（1）怎样才能交到更多的朋友呢？学生谈一谈。（2）教师适时导入：班里有些同学你还不太熟悉吧？去做个自我介绍，跟他们聊聊天，成为新朋友吧！（3）板书课题，揭示话题。

| 设计意图 |

用有趣的绘本《朋友》导入，引发学生对朋友的感悟，激发学生联系生活，思考如何去交到好朋友。

（二）借助插图明晰交际要求

1. 观察课文插图，说说图上的两位小朋友说了些什么。

（学生可以读出两人的对话）

2. 引导语言发现：男孩主要在介绍什么？

教师小结：原来，向朋友介绍自己的时候可以说说自己喜欢的体育运动。

3. 引导图画发现：他们在谈话的时候是什么动作和表情呢？

学生观察表达，教师结合学生发言在黑板上贴上图片。

（1）贴眼睛的图片。（板书：看）

课件出示交际提示:"说话的时候,看着对方的眼睛。"

(2)贴耳朵的图片。(板书:听)

课件回顾交际提示:"说的人,要大声说;听的人,要注意听。"

| 设计意图 |

通过关注课文插图引导学生明确本次交际的具体要求:一是从看的方面,做到说话的时候看着对方的眼睛;二是从说的角度,做到听的时候要注意听。

(三) 学生示范模拟情境交际

1. 根据图片内容,同桌模拟图上小朋友的交际场景,进行对话。
2. 指名上台示范模拟,师生评议。
(1)两名学生上台示范,其他学生观察、倾听。
(2)学生自主评议,引导关注课件中的交际提示,进行针对性评价。
(3)学生再次进行交际体验。

| 设计意图 |

通过模拟书上的交际场景,加深学生的认知,在实践中获得更为深刻的体验。

(四) 借助图片拓展交际内容

1. 教师启发,引起思考。

师:和朋友做自我介绍的时候,我们还可以说些什么呢?

2. 课件出示,拓宽学生思维。

图片一:小朋友正在看书。(可聊聊自己最近在做的事情)

图片二:我喜欢画画。(可谈谈自己的喜好,如:颜色、食物、歌曲、动

植物等）

图片三：将来我想当个宇航员。（可说说自己的愿望，如：想去的地方、想见的人、想参加的活动等）

提示：借助图片等资源唤醒学生的生活记忆，丰富交际的内容。

3. 链接生活，让学生在情境中交际。

（1）学生自主选择交际内容，联系生活，与同桌进行情境交际。

（2）指名上台模拟，师生评议。

提示：引导学生除了关注交际内容外，还要关注过程中的互动及交际礼仪。

| 设计意图 |

通过各种支架帮助学生拓宽交际内容，引导学生联系生活，进行不同交际内容的情境互动，实现朋友之间的自如交流。

（五）通过游戏活动体验交际乐趣

1. 游戏活动一：找朋友。

（1）播放歌曲《找朋友》，学生一起快乐律动。

（2）自主交友，自由交流。

师：找呀找呀找朋友，找到一个好朋友，敬个礼呀握握手，你是我的好朋友。同学们，可能你们心中都有自己特别想交的朋友吧。那还等什么呢，走到你想交往的朋友面前去聊聊吧。

学生自主选择交际对象及交际内容，进行交流互动。教师巡视指导。

（3）选择两组进行交流展示。

2. 游戏活动二：你来问，我来答。

（1）介绍玩法。借助拍手歌："你拍一，我拍一……你拍二，我拍二……"让学生进行游戏互动。

（2）教师与一名学生示范。例如：你拍一，我拍一，你的名字叫什么？

你拍一，我拍一，我的名字叫小明。你拍二，我拍二，你的爱好是什么？你拍二，我拍二，我的爱好是打球……

（3）学生玩一玩，说一说。

3. 游戏活动三：我和朋友来亮相。

（1）一对朋友上台，向全班同学互相介绍对方。

（2）其他学生相机提问。

| 设计意图 |

通过三个有趣的游戏活动，层层推进，实现从找朋友到初步了解朋友再到把朋友介绍给更多人的梯度过程。

（六）在儿歌律动中体味交际愉悦

1. 朗读儿歌，加深认识。课件出示自创的儿歌《我们做朋友》，学生边读边做动作。

2. 教师小结：同学们，我们只要做到主动交流、认真倾听、态度诚恳，就会交到更多的好朋友。（板贴握手的图片）

| 设计意图 |

期待和别人做朋友是学生真实的心理需求，因此，唤醒学生内在的交际愿望是本课口语交际的基础；"说话的时候，眼睛看着别人"是此次口语交际的具体要求；和朋友介绍自己，可以说自己的基本信息、兴趣爱好等，这是本次口语交际的具体内容。教学中，教师不断激励、指导学生引出交流的话题，形成自然的交际情境。学生在熟悉的生活情景中进行口语交际，能够有效实现交际的功能，达成"我们做朋友"的愿望。

本课采用游戏活动的形式让学生进行交际互动，符合起步阶段儿童的学习心理需要及审美的取向，让学生在充满情趣的活动中进行轻松愉悦的话语体验，让学生不知不觉地沉浸其中，享受表达的快乐，体验交际的成就感。

趣运南瓜　巧学表达

——一年级上册《小兔运南瓜》教学设计

一、教材分析

统编版小学语文教材将口语交际作为独立、明晰的课型，各个内容之间有序推进，构建了螺旋上升的口语交际体系。《小兔运南瓜》是一年级上册第四次口语交际。本次口语交际借助一个有趣的童话故事展开，教材采用看图补白编故事的形式，配有三幅插图。第一幅图，小兔站在南瓜地里，望着大南瓜犯愁：怎么把大南瓜运回家呢？第三幅图，南瓜已经运到家了，小兔给兔妈妈讲着自己运南瓜的过程。第二幅图，没有内容，只有一个大大的问号——"小兔可以用哪些方法把南瓜运回家？"留给学生无限想象的空间。教师借助第二幅图引导学生想出多种多样运南瓜的办法，以此为话题展开，可深入开展口语交际活动。

本次口语交际的要求是"大胆说出自己的想法"，鼓励学生进行勇敢自由的表达。教师可从两个方面进行引导：一方面借助空白图，引导学生积极思考，展开想象，大胆说出自己想出的运南瓜的方法；另一方面引导学生展开评议，在多种方法中选择自己喜欢的，并说出喜欢的理由。

本次口语交际教学，要将观察、想象与表达有机整合，可从故事讲述导入，设置悬念，在充满故事性、趣味化的交际情境中激励学生为小兔运南瓜出谋划策，大胆地当众表达，说出自己的想法，评议自己喜欢的方法。

二、教学目标

1. 将观察、想象与表达有机整合，引导学生在观察图画中放飞想象，当众表达。

2. 乐于交流，大胆地把自己想到的方法说清楚。

3. 积极参与讨论，能选出自己喜欢的方法，并能说出理由。

4. 在故事情境中锻炼学生的口语交际能力，培养分析问题、解决问题的能力。

三、教学重点

乐于交流，大胆地把自己想到的方法说清楚。

四、教学难点

积极参与讨论，能选出自己喜欢的方法，并能说出理由。

五、教学过程

（一）谜语激趣导入新课

1. 猜谜导入，激发兴趣。

（1）出示谜语：绿藤绿叶满地爬，盛开朵朵大黄花，胖胖娃娃金黄色，"万圣"有它更好玩。

（2）学生大胆猜测。

（3）出示南瓜图片，揭示谜底。

2. 看图表达，埋下伏笔。

（1）出示万圣节的南瓜灯，感受南瓜灯的奇妙。

（2）出示南瓜的图片，引导学生说一说南瓜的样子。

3. 走进故事，进入情境。

教师相机导入：看，小兔子种的南瓜丰收啦，这个南瓜真是又圆又大啊。

| 设计意图 |

　　本次口语交际围绕"小兔运南瓜"的故事展开。小兔该如何将南瓜运送回家？教师需要引导学生一起来动脑筋、想办法。那么，南瓜这个童话故事中最重要的道具就必须要闪亮出场哦。教学伊始，教师用谜语、图片、故事来吸引学生，充分调动了学生学习的兴趣，让他们带着一颗好奇心不知不觉地走进童话故事的情境中来。

（二）设置悬念引发思考

1. 出示课文插图一，引导学生观察、感受。

教师讲述：看，南瓜这么大，这么重，该怎样运回家呢？小兔为难了。

2. 出示课文插图三，引导学生发现。

教师讲述：咦，南瓜运回家了！妈妈看到了，直夸小兔是个聪明的孩子。瞧，小兔开心地笑了。

3. 出示课文插图二，引发学生思考。

教师启思：这幅图上是一个大大的问号呀。是啊，小兔子是怎么把南瓜运回去的呢？

| 设计意图 |

　　教师讲故事，学生单一地听，即使再绘声绘色，学生的注意力也会分散。这就需要一个媒介，将学生一起带入其中。教材中的插图就是一个很好的媒介，它既能把学生一下子带入故事情境，又能让学生通过读图明白小兔子需要面对与解决的问题。

（三）观察想象大胆交际

1. 进入故事情境，教师引发情感共鸣。

师：看，小兔子可着急了。同学们，你们能帮帮小兔子想想办法吗？

2. 明确交际的方法。

师：同学们可以先把想出的办法用笔简单地画下来或者用关键词语写下来，再和同学们说一说。来，让我们一起帮助小兔吧。

3. 学生独立思考，在纸上简单地画一画或写一写关键词语。

4. 课件出示交际要求，教师提示：大胆说出自己的想法。

5. 学生四人小组交流讨论，教师深入小组内倾听、点拨。

6. 全班交流、评议。

（1）指名说。学生说出自己帮助小兔运南瓜的方法。（教师适时鼓励学生大胆地表达）

（2）教师相机将学生画下的画或写下词语的纸粘贴在黑板上，鼓励学生从不同的角度进行思考，想出更多的办法。

（3）教师适时和学生一起归纳出几类方法。（相机在黑板上贴上图）

①让南瓜"动"起来，帮助学生联系前面对南瓜样子的描述来想办法。②借助工具：用绳子拉、小车推、三轮车运等。③请人帮忙。

（4）组织学生对所说的运南瓜的办法进行评议，说一说自己认为哪一种办法最好，理由是什么。

| 设计意图 |

当学生进入故事情境后，教师及时提出交际方法，明晰交际要求。学生通过独立思考（酝酿）——组内交流（互助）——全班交流（分享）这一系列的实践活动，实现了亲历过程中的习得。其间，学生的交际活动主要落实在两个方面：一是尽情地讲述自己想出的运南瓜的方法；二是对同学想到的方法进行评价，说出喜欢的理由。

教师在这一过程中始终倾听、启发、鼓励、点拨。运南瓜的方法并没有在一开始就罗列出来，而是让学生联系生活实际自己想。这样一来，学生不仅调动了自己已有的生活经验与阅读积累，还充分展开了想象。方法是学生想出来的，表达也就自然而然。对别人的方法进行倾听、评价，学生也就在比较中学会了分析、判断。运南瓜的方法好不好不是最重要的，能够大胆分享自己的想法，说出自己喜欢某种方法的原因才是本次口语交际的重点。

（四）拓宽思维提升表达

1. 播放儿歌动画《大南瓜》，拓宽学生思路。
2. 学生自主去完善自己的方法或者再想一个新的方法。
3. 四人小组交流，教师鼓励学生倾听并提出自己的建议。
4. 全班交流评议，积极评价。

（1）指名上台说，引导学生重点关注是否把小兔运南瓜的方法说清楚了。

（2）组织评议。（从两个方面启发学生展开，一是评价方法如何，二是说得是否清楚，给出自己的建议）

| 设计意图 |

这是本课教学中学生的第二次实践活动，这不是简单的重复，也不是简单的叠加，而是在第一次实践与指导下的再实践。这一次，学生要在原有的基础上根据同学的分享、教师的指导，进一步完善运南瓜的方法，力求做到不仅把方法想出来，也要说个明白，提升学生的思维品质和交际水平。当然，学生也可以重新选择新的运送南瓜的方法进行交际。实践——指导——完善——实践，第三、四两个板块的教学设计凸显了交际活动的交际性、互动性，实现了让学生"在游泳中学习游泳"的目的。

（五）游戏体验巩固表达

1. 游戏一：我们演一演。

学生自主选择一个最喜欢的运南瓜的方法进行自说自演。

2. 游戏二:"大南瓜"夸小兔。

学生戴上南瓜头饰说一说自己是如何被小兔子运回家的。

| 设计意图 |

　　口语交际教学除了要重情境,还要重情趣。同样是语言交际活动,冠以游戏的形式效果就大不一样了。游戏"我们演一演"让学生加上动作边说边演,使他们在故事情节的表演中体味到了表达的快乐。游戏"大南瓜夸小兔"继续聚焦运送方法的表述,假借"南瓜"这一童话角色的身份将学生带入趣味化的情境,让交际活动有了更多的意义生成。

(六)读演儿歌回味深长

1. 读演儿歌,强化交际要求。

(1) 出示自编儿歌《帮助小兔运南瓜》:助小兔,运南瓜,爱动脑,方法多。大胆说,清楚讲,小朋友,顶呱呱。

(2) 学生读演儿歌。

2. 教师总结,完成板书。

师:在同学们的热心帮助下,小兔顺利地运回了南瓜。原来,动脑筋想办法很重要,把想到的办法大胆地说出来也很重要哦。让我们竖起大拇指对自己说:"勇敢表达,我能行!"(贴上大拇指的图)

| 设计意图 |

　　朗朗上口的儿歌再次强调了"大胆说""说清楚"的交际要求,加深认识,回味深长。教师的鼓励和学生自身积极的心理暗示能帮助学生树立正确的交际态度和交际自信。

由题目入手　展想象之翼
——三年级下册《奇妙的想象》教学设计

一、教材分析

这是三年级下册习作单元的第一篇想象作文，要求聚焦有趣的题目，由题目展开无穷的想象。"想象力比知识更重要。"在本单元两篇精读课文的学习过程中，学生畅游在想象的世界里感受着想象的神奇，并从阅读中习得表达方法。再经过交流平台进行归纳梳理，提炼方法：大胆想象创造出现实中不存在的事物和景象；大胆想象可以实现美好的愿望，拥有奇异的经历。初试身手中，学生初步尝试运用方法，展开想象，接龙编故事。经过层层学习与铺垫，学生再完成习作自然可以水到渠成。

二、教学目标

1. 能借助例文进一步体会神奇的想象，学会抓特征、反着想的方法。
2. 大胆想象，借助思维导图创作一个想象故事。
3. 能欣赏同学习作并提出修改建议。

三、教学重点

能借助例文进一步体会神奇的想象，学会抓特征、反着想的方法。

四、教学难点

大胆想象，借助思维导图创作一个想象故事。

五、教学过程

（一）绘本激趣，引入奇妙想象

1. 绘本引入，引发思考：故事从一张漂亮的桌布开始。这是外婆绣的桌布，也是妈妈的最爱。熨衣服的时候，我一不留神，漂亮的桌布上烙上了一个熨痕！这可怎么办？转动小脑袋，哈哈！瞧，添上几笔，给熨痕画上一对机翼，变成了一艘火箭呢！请你展开丰富的想象，你会把它变成什么呢？（学生想象，自由表达）

2. 出示绘本，学生进行猜想：瞧，爱想象的孩子是这么变的熨痕，咱们一起来猜猜。（学生进行猜想并抢答）

3. 教师小结：妈妈终于回来了，看到桌布，说："哎哟，好漂亮的图案啊！"在想象的世界里，果然什么都有可能发生呢！这节课就是属于你们的想象时间，让我们一起开启想象之门，走进想象的世界吧！

| 设计意图 |

学生在学习"初试身手"时对于"指纹画"的学习兴趣颇高，能把"指纹"画成各种各样想象的事物，极大地发挥了想象力。教师基于相同的学习原理，选择绘本《有麻烦了》来激发学生的课堂兴趣，将学生引入奇妙的想象世界。

（二）交流题目，初步展开想象

1. 出示教材中的习作题目，请学生交流最能引起自己无穷遐想的题目：同学们，这些题目，你们觉得哪个题目最奇妙，能激发你们无穷的遐想呢？

预设1:"最好玩的国王"。国王平时都是威严的,但现在却好玩了,怎么个好玩法能激发起我们无穷的遐想。

预设2:最吸引我的题目是"躲在草丛里的星星"。天上的星星为何会躲在草丛里呢?它会怎么躲呢?

预设3:"一本有魔法的书"让我不由得去想,书怎么会有魔法呢?它有哪些魔法呢?

2. 小结引导:同学们,国王、星星、书等在我们的生活中或许很普通,但是在想象的世界里什么都有可能发生。国王变得好玩,书本有了魔法,星星居然要躲,这些事物都能变得如此奇妙!你看,抓住关键词能引发我们无穷的遐想。(板贴"奇妙的事物")

| 设计意图 |

以教材中的各种题目作为切入口,既充分利用了教材这一优质资源,同时也引导学生关注习作题目,并学会抓住关键词去展开大胆的想象,为学生后续创编想象故事做好铺垫。

(三)学习例文,了解想象办法

1. 学习习作例文《一支铅笔的梦想》。

(1)请学生寻找《一支铅笔的梦想》的关键词:那习作例文《一支铅笔的梦想》这个题目中的哪个词能引发你无穷的想象?(梦想)

(2)请学生自读例文,找出铅笔的梦想:一支老憋在抽屉里的铅笔会有多少梦想?作者想象铅笔的梦想有哪些呢?(教师请学生开火车回答)

预设:萌出芽儿,开出花儿;撑起阴凉的伞;长成豆角,装成丝瓜;当船篙,当木筏;当撑杆,当标枪。

(3)教师引导学生比较铅笔的梦想,并思考:作者为什么会想象铅笔变成"豆角""丝瓜""撑杆"呢?作者为什么不想象铅笔拥有其他的梦想呢?

（4）小结引导：原来这里联系了铅笔细细长长的特点来想象。事物的特点好像变成了打开想象大门的一把钥匙。抓住事物的特征来想象，这样你的想象就会更加合情合理。（板贴"抓特征"）

2. 学习例文《尾巴它有一只猫》。

（1）学生自由想象，写下创作题目，教师相机选择学生进行交流，着重引导学生关注运用"反着想"的方法进行想象。

预设：力大无穷的蚂蚁，胆小的老虎，不会飞的鸟……

（2）小结引导：同学们看，像这样的想法还有很多。瞧！这和我们习作例文中的想法很相似，都是反着想。反着想让我们的想象更加大胆奇妙。（板贴"反着想"）

| 设计意图 |

习作例文是不容忽视的教学要点。习作例文《一支铅笔的梦想》重在引导学生了解掌握抓特征进行想象的方法，《尾巴它有一只猫》重在让学生试着学会反着想的方法，让想象更加大胆、有所创新，从而逐步掌握创编想象故事的方法。

（四）提出问题，进行深入想象

1. 请学生对比两篇例文发现共同点：确定了题目，故事该怎么写呢？细心的同学有没有发现，这两篇例文有什么共同点呢？

2. 师生交流例文旁的批注。

（1）《一支铅笔的梦想》，当看到这个题目，我们在想？（生答：铅笔有了梦想，它会想些什么呢？）于是铅笔一下子有了那么多的梦想。

（2）《尾巴它有一只猫》，看到这个题目，我们又在想？（生答：猫有尾巴，尾巴怎么能有一只猫呢？）作者就顺着这个问题想象了接下来的内容。

3. 小结引导：现在你们发现了吗？我们要想写出一篇想象故事，要先从一个想法开始，接着追问；为什么会这样呢？会发生什么呢？有什么有趣的事呢？然后顺着这些问题就想象出了故事的内容。（板书：多追问）

4. 师生共同试着向《一本有魔法的书》进行提问：我们一起来看看题目——《一本有魔法的书》，当你们看到这个题目你们想问什么呢？

5. 请学生试着对自己的题目进行追问，并写下自己提出的问题。

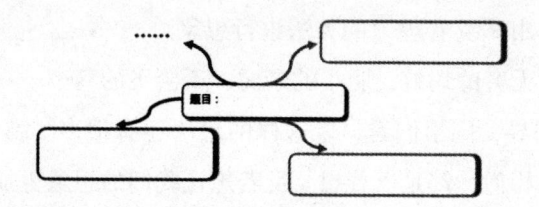

| 设计意图 |

教师引导学生认真解读习作例文，随后进行对比，从而发现两篇例文的共同点，进一步掌握创编想象故事的方法。学贵有疑，教师先协助学生对"一本有魔法的书"进行提问，而后放手让学生试着对自己的题目进行提问，由扶到放，让学生学会提出有价值的问题，并能顺着问题想象故事的内容。这也为后期创编故事提供了大量的写作素材。

（五）写习作，交流评议修改

1. 借助思维导图，尝试书写习作。请学生再次梳理思维导图，选择自己最想了解的问题，围绕问题想象故事。同时教师在学生习作前明确习作要求。（计时器计时，并配以轻松的音乐辅助，教师进行巡视）

根据题目展开大胆想象
故事中有奇妙的事物或神奇的景象
故事中有奇异的经历

2. 交流分享习作，师生点评习作。

（1）投屏呈现两位学生作品，作者朗读。

（2）学生依据习作要求进行交流评价，教师在一旁使用白板技术，相机指导，并运用正确的修改符号即时修改。

3. 小结引导：同学们，在想象的世界里会有现实中不存在的事物，会有神奇的景象，会有让我们兴奋不已的奇异经历。大胆想象吧！创造属于自己的奇妙的想象世界！

| 设计意图 |

习作教学应做到当堂练习，当堂指导。因此，课上要留给学生充足的时间进行书面表达。这时候，教师要走近每一位学生，进行有针对性的指导，再根据现场学生写的情况，结合具体要求，及时反馈，让评价真正入心，起到鼓励、促进的作用。

走进颠倒的想象世界

——三年级下册《这样想象真有趣》教学设计

一、教材分析

想象是童话的生命，正如语文课程标准中体现的"为学生的自主写作提供有利条件和广阔空间，减少对学生写作的束缚，鼓励自由表达和有创意的表达"。在教学过程中，教师应努力为学生营造一个自由宽松的氛围，充分调动学生的想象力，激发学生编写童话故事的兴趣，鼓励学生大胆创编、自由表达。

本篇习作是三年级下册第八单元的《这样想象真有趣》，是一次放飞想象、创编童话故事的过程。教材为学生搭建了一个想象王国：如果母鸡能在天空飞翔，如果蚂蚁的个头比树还大，如果老鹰变得胆小如鼠，如果蜗牛健步如飞，如果……一旦动物失去了原来的主要特征，或是变得与原来完全相反，那么它们的生活会有什么变化？又会发生哪些奇异的事情呢？让学生通过大胆想象，编写童话故事，充分展示自我，互相评改，互相激励，激发学生乐于写作的激情，主动参与习作，并学会评价他人习作。

二、教学目标

1. 选一种动物作为主角，想象它拥有与自身相反的特征。

2. 能围绕一个话题展开大胆的想象，创编故事。
3. 创编的故事里有奇异、有趣的情节。

三、教学重点

选一种动物作为主角，想象它拥有相反的特征。

四、教学难点

依据一种动物相反的特征，创编奇异、有趣的故事。

五、教学流程

（一）欣赏颠倒歌，点燃逆向思维

1. 学生欣赏《颠倒歌》的儿歌视频。
2. 说说你从儿歌中发现了哪些有趣的颠倒现象。
3. 说说自己想象的动物颠倒之趣。母鸡能在天空飞翔，蚂蚁的个头比树还大，老鹰变得胆小如鼠……你会想到什么呢？你会想象你喜欢的小动物具有怎样相反的特点呢？

| 设计意图 |

　　课堂开场的《颠倒歌》激发了学生的学习兴趣，同时也示范了方法，启动了思想，点燃了学生的逆向思维，原来换一个角度看世界如此有趣。从视频到自己发散思维开启想象，层层推进，让学习变得更轻松，更无痕。

（二）相机选择主角，体验故事创编

同学们都展开了丰富的想象。儿歌可以逆向思考，童话故事是不是也可以这样把事物往反了想呢？结合三年级上册的习作《我来编童话》展开深入交流。

1. 学生选择具有相反特征的主角和故事主题进行接龙创编。
2. 聚焦主角"善良的鳄鱼",聚焦话题"友情",尝试自主创编微童话。

| 设计意图 |

将过程寓于游戏体验中,让学生全身心地感受游戏的快乐,他们会更加喜爱写作。故事的主角和话题都由学生决定,情节也是由大家一起接龙完成,看似随机,却能够放飞学生想象的翅膀,降低了讲述的难度,也让每一个学生时刻保持倾听,彼此之间有了更多的协作。

(三)绘本引路,提供创编思路

同样的主角,同样的话题,让我们走进绘本《爱笑的鲨鱼》,看看作者是如何展开想象,带给我们一个与众不同的鲨鱼的奇妙故事的。

1. 阅读绘本《爱笑的鲨鱼》。

爱笑的鲨鱼

大海里住着一条名叫笑笑的鲨鱼。他是大海里最爱笑、最阳光、最有趣、最喜欢交朋友的鱼。每天,鲨鱼笑笑都能看见漂亮的鱼儿们,很想跟他们一起游泳和潜水。可是,每当笑笑向鱼儿们微笑时,他们都是迅速离开。

"你愿意和我一起玩吗?"笑笑问天使鱼。天使鱼吓得浑身发抖,以最快的速度逃走了。

鲨鱼笑笑咧着嘴对水母微笑……对章鱼微笑……对鲶鱼微笑……

可是他们都跑了,跑得远远的。

有一天,笑笑突然听到——

"救命啊!"鱼儿们大叫着,"我们被网住了!快来帮帮我们吧!"

现在,笑笑唯一能做的就是——笑!

"啊——"渔夫吓得双手一松,重重的渔网落进了海浪里。

"耶,我们得救啦!"鱼儿们欢呼起来。

从那以后，鲨鱼笑笑和他的朋友们一起玩耍，当然还有笑！

2. 引导学生体会"角色添一添""波折加一加""巧合用一用"。

（1）想一想：从这个童话故事中，你得到了哪些启发？

（2）说一说：和同桌一起围绕话题，交流想法。

教师小结：是的，就像同学们所说，我们可以把故事里的角色添一添，让故事更丰满，给我们的主人公增加一些困难，这样才有波折。如果再设一些巧合，故事就更有趣啦。

| 设计意图 |

写作方法的指导容易走入枯燥讲解的误区，本节课通过巧妙引入学生非常感兴趣的绘本故事，让学生在阅读绘本故事的过程中，自然地学习着"角色添一添""波折加一加""巧合用一用"等方法，学习就水到渠成了。

（四）选择一个角色创编童话故事

1. 学生先思考选择一个具有相反特征的动物主角。

记住我们的温馨提示：可以选择一个动物，但是它一定要具备相反的特征。

2. 出示星级评价标准，明确习作方向。

师：好的故事值得我们用笔去记录。来，看看我们的星级评价标准。

（1）选一种动物作为主角，想象它拥有相反的特征。

（2）能围绕一个话题展开大胆的想象。

（3）故事里有奇异、有趣的情节。

师：请拿出我们的学习单，开始你们的童话创作吧，将这些奇思妙想都记录下来。

3. 学生创作。

4. 交流反馈，学生结合星级评价进行自我评价。

| 设计意图 |

实践是认识的唯一来源。在此之前，本节课中还增加了星级评价内容，理解评价要点后再动笔能够避免一些问题的出现。从了解评价要点，到动笔写作，再到分析评价，将评价落到了实处，进一步地促进了学生写作能力的提升。

（五）畅谈创作感受，激发大胆想象

1. 说说自己的创作感受。
2. 教师出示：换个角度看世界，会不会更有趣？——汤瑾

| 设计意图 |

引导学生分享自己的学习收获和思考，不仅是对本节课的知识进行梳理，也为后面的继续学习奠定了基础。换个角度看世界，逆向思维方式也能够在实践中得到更加完美的落实。

思·辨：选择决定人生

——三年级下册《池子与河流》教学设计

一、教材分析

《池子与河流》是一首寓言诗，是三年级下册第二单元的略读课文。课文在池子与河流的对话中展开。第 1 至第 6 小节是池子问河流"为什么总是滚滚滔滔"等一连串的问题，池子认为自己清闲的生活没有什么能够代替；接下来第 7 至第 8 小节是河流的回答：水要流动才能保持清洁，也许自己将永远奔流不息，而池子可能会被遗忘；第 9 小节是写最后的结果：河流的话果然应验；诗的最后一小节揭示了寓意：才能不利用就要衰退，甚至磨灭。

本文结构清晰，用诗的语言来讲述故事。池子一连串的提问，河流坚定的回答，以及拟人、比喻的修辞手法和对比的表现手法的运用，突显了池子和河流的形象，表达了不同的人生观和价值观，字里行间孕育着丰富的情感，语言精练而理智，有韵味而又富于哲理，耐人寻味。

教学这篇课文，教师要结合本单元需要落实的语文要素以及课文的导读提示来整体设计。

1. 关注对话。《池子与河流》要求分角色朗读课文，要在朗读和默读课文的基础上落实。对于自由朗读课文部分，可以与字词学习相结合，然后在学生合作朗读中分清角色，了解课文内容，逐步达到正确、流利地朗读课文的效果，感悟池子与河流的观点，结合实际说一说池子与河流的观点你更赞同哪一种，以及领会寓意等，并且要注意整体默读，深入思考，尊重个性。这样，根据课堂进程中的不同任务有序安排朗读和默读，学生渐渐触摸到字里行间的丰富情感，实现真正的分角色朗读，真正关注到文本的对话。

2. 领悟寓意。"读寓言故事，明白其中的道理"是本单元要落实的语文要素。学生读懂故事是前提：知道课文通过对话展开情节，借助整体读书与角色体验厘清文本的顺序和结构，并且通过多种形式的读来了解池子与河流的观点，形成对课文的整体了解及对池子与河流的初步感悟。寓意要在读懂故事后再来领悟。教师可以先安排学生自主体会，相机引出最后一小节进行阐述，倡导学生结合课文、结合生活实际发表看法。学生要先了解观点，再说说自己的想法，最后结合实际体会寓意。

3. 迁移运用。"结合生活感受寓意，结合阅读加深理解"是值得倡导的。可以安排学生在课后阅读相关内容，这样不仅可以加深对课文的感受，而且可以实现润物细无声的德育实施效果。对作者克雷洛夫相关语言的阅读，有助于学生走近作家，感受其写作风格。

二、教学目标

1. 读寓言故事，感受不同的想法、生活方式和人生追求，并能发表自己的看法。

2. 明白寓言故事蕴含的道理，感悟"才能不利用就要衰退，它会逐渐磨灭；才能一旦让懒惰支配，它就一无所为"的含义。

3. 能联系生活，表达属于自己的认知和感受。

三、教学重点

读寓言故事，感受不同的想法、生活方式和人生追求，并能发表自己的看法。

四、教学难点

明白寓言故事蕴含其中的道理,感悟"才能不利用就要衰退,它会逐渐磨灭;才能一旦让懒惰支配,它就一无所为"的含义。

五、教学过程

(一)联系生活,从水聊起

1. 生活中我们离不开的水,你们了解吗?来,说说你们所了解的水的用处吧。

2. 学生畅所欲言。

3. 认识水的两种不同的存在方式——池子与河流,走进寓言故事《池子与河流》。

| 设计意图 |

    课堂的开场形式不单单只有一种,本节课通过与学生聊天的形式进行开场,减轻了学生内心的压力,更有利于大家尽情地表达自己的真实想法。水是生活中非常常见的,用处也特别多,但当它成为两种不同存在方式下的事物时,又会产生怎样的对话呢?这也引起了大家的思考。通过站在知识的对立面提出问题,引发思维认知冲突,进一步激发起学生的阅读兴趣和求知欲,培养大家的独立思考能力和应对交流能力。

(二)发现秘妙,走进对话

1. 看看这个寓言故事与以前读过的寓言故事有什么不同。

2. 关注对话,交流印象深刻的语言。

(1)自由读池子与河流的对话,画出自己印象深刻的语句。

(2)聚焦"比起来,你我相差竟这么大",引发学生思考。

| 设计意图 |

　　寓言故事的学习已经不是第一次，但在形式上，本篇课文具有独特之处，教师通过引导学生发现不同点，并进一步思考存在差异的原因，提高学生的观察能力。课文中的对话形式为其突出的语言特点，通过朗读、圈画关键语句、思考这一系列环节，培养学生逻辑思维能力，提升学生语言表达能力。同时，把握重点语句，聚焦关键段落，将大家的阅读重点转至特定内容，提升课堂的向心力。

（三）探究不同，研读对话

1. 思考：池子和河流有哪些方面的不同呢？学生自主完成学习单中的表格。
2. 结合表格，交流发现的两者之间的不同之处。
3. 品读语言，感受池子与河流不同的想法、生活方式和人生追求。
聚焦：（1）固然，我并不出名，
我没有出现在地图上，
像你那样蜿蜒地贯穿全国，
也没有行吟诗人为我弹琴歌唱。
——这一切其实都是空的。
体会"蜿蜒"的连绵不绝，感受河流的努力与执着。
质疑：这一切其实都是空的。这一切是什么？真的是空的吗？
（2）这清闲的生活无忧无虑，
还有什么能够代替？
任凭人世间忙忙碌碌，
我只在睡梦中推究哲理。
推测：池子此时的心理。
质疑：睡梦中如何推究哲理？你们觉得可笑吗？

| 设计意图 |

　　主问题的设置尤为重要，教师在这里提出"池子和河流有哪些方面的不同点"这一问题，引领学生思考，并让学生自主完成表格内容，增强他们的动手操作能力。语言的表达中蕴藏着不一样的个人情感，通过品读语言这一过程，帮助学生了解池子与河流想法的不同，进一步感受作者遣词造句的良苦用心。但学习的过程并非一味地接受，思辨能力的培养也至关重要，勇于质疑，善于思考，才能愈加明晰其中的深刻含义。

（四）辨析哲理，体悟规律

1. 说说池子与河流心中的哲理各是什么。
2. 聊聊河流心中的规律是什么。
3. 了解不同的选择带来的不同结局。

| 设计意图 |

　　"哲理"二字可能一下子给人以望而生畏的感觉，但在前期的充分铺垫之后，学生的思路已然开阔，走近池子与河流的内心世界，慢慢明白他们所坚持、所想的内容。剖析过程，厘清想法，了解结局。

（五）创意对话，说演评价

1. 同桌合作，口头完成池子与河流的对话单，说一说，演一演。
（学生借助对话单，进行对话表达）
2. 讨论交流：你更赞成哪一种观点。

| 设计意图 |

　　对话式的语言也是本文的一大特色，而这一内容要呈现在课堂中，可以巧妙地运用对话单这一形式。学生在说和演的过程中想象自己就是池子或河流，

表述过程中慢慢体会其中的深意。语文的魅力在于语言文字的运用，内化于心后才能外化于行。随后进行的讨论交流不仅让学生更好地把握其中的特点所在，同时也迅速提升与发展其语言表达能力和思维能力，让学生真正成为课堂的主人。

（六）联系生活，体悟寓意

1. 朗读：才能不利用就要衰退，它会逐渐磨灭；才能一旦让懒惰支配，它就一无所为。

2. 关注其中的标点符号";"。

3. 创意表达：如果把最后的标点符号句号改为分号，你们会怎么说呢？引导学生尝试从正面表达：才能一旦被利用就会怎样。

4. 思辨总结。

课件出示送给学生回味的一句话：选择决定人生。

| 设计意图 |

寓言的魅力在于深藏寓意于其中，却不完全显露。课堂最后的部分进行了升华，在思考过程中，把握池子与河流二者的不同选择，并借助标点符号的解析让学生进一步去辨析，去表达，去领悟，将对故事和寓意的理解融为一体。

倾听心跳的声音　表达真实的感受
——四年级上册《我的心儿怦怦跳》教学设计

一、教材分析

《我的心儿怦怦跳》是四年级上册第八单元的习作。这是一次命题作文，明确要求选一件令人心儿怦怦跳的事情写下来，写清楚事情的经过和当时的感受。"心儿怦怦跳"不仅仅是害怕、担心，还可能是紧张或是激动，因此，教师首先要帮助学生选择、确定一件"心儿怦怦跳"的事件，再唤醒学生的回忆，把经过，特别是心跳最厉害的部分记录下来。最后，引导学生用不同的方式记下当时的感受。如，记下不同的体现心情的词语，或是直接的心理活动描写等，让学生在积极的情感体验中"我手写我心"。

二、教学目标

1. 结合自身体验，选择一件令自己心儿怦怦跳的事件。
2. 写清楚"心儿怦怦跳"事件的经过和当时的感受。
3. 通过修改习作，尝试用不同的方法表达自己的心情和感受。

三、教学重点

写清楚"心儿怦怦跳"事件的经过和当时的感受。

四、教学难点

用不同的方法表达自己的心跳感受。

五、教学过程

(一) 巧设悬念，唤醒心跳体验

1. 播放心跳的声音。

(1) 师：来，让我们竖起小耳朵，听一听，这是什么声音？

(2) 学生自由表达。(板书课题)

师：为何老师的心儿此刻怦怦跳啊？猜一猜我此刻可能是怎样的心情。

2. 学生猜测。

3. 出示四种"心情包"，唤醒心跳体验。

师：原来，当我们担心、害怕、紧张、激动的时候，我们的心儿都可能这样怦怦直跳呢。

4. 用多种词汇说说心跳。

师：我们还可以用哪些词语来表示担心、害怕、紧张、激动呢？

5. 出示词云，加深认识。

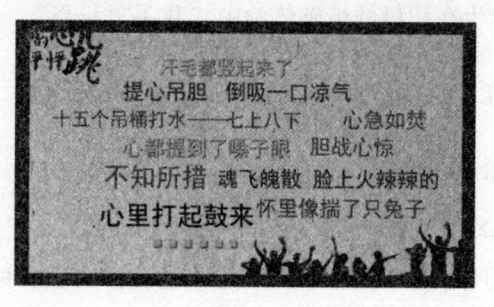

> 我的心儿怦怦跳
> 汗毛都竖起来了
> 提心吊胆　倒吸一口凉气
> 十五个吊桶打水——七上八下　心急如焚
> 心都提到了嗓子眼　胆战心惊
> 不知所措　魂飞魄散　脸上火辣辣的
> 心里打起鼓来　怀里像揣了只兔子

| 设计意图 |

教学伊始，教师从引导学生听自己的心跳声入手，让学生猜测此刻老师的心情，激发学生的好奇心。通过交流，学生发现当人担心、害怕、紧张、激动

的时候，心儿都会怦怦跳。随后，通过多种词汇及不同的表达形式帮助学生积累相关词语，为后面的习作埋下伏笔。

（二）链接生活，聊聊心跳事件

1. 联系生活，自由表达。

师：还记得你在什么时候、什么瞬间，有过这样心儿怦怦跳的感受吗？

2. 词云出示，唤醒记忆。

心跳事件
- 参加百米比赛
- 一个人走夜路
- 登上领奖台
- 在出站口等待久别的爸爸归来
- 参加班干部竞选
- ……

师：正是这些经历让我们的心情随之起起伏伏，我们还能听见心儿怦怦直跳的声音呢。那就赶快记下自己的心跳瞬间吧。

3. 学生完成心跳事件记录单。

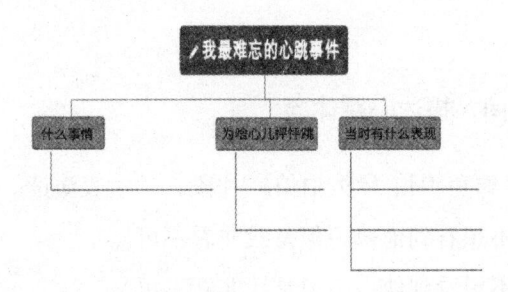

我最难忘的心跳事件
- 什么事情
- 为啥心儿怦怦跳
- 当时有什么表现

4. 师生交流评议。

| 设计意图 |

本次习作成功的基础是学生能选择一件令自己印象深刻且有真实体验的心

跳事件。因此，在此环节中，教师充分唤醒学生的生活经验，让学生去搜索自己的心跳事件，并通过思维导图将"心跳事件""心跳原因""心跳表现"进行罗列，让写作思维可视化。

（三）明确要求，记录心跳事件

1. 出示"心级"评价要求：选一件让你心儿怦怦跳的事情；写清楚事情的经过；能写出自己的感受。

师：那就用手中的笔写下自己的心跳故事吧。

2. 学生现场习作。

3. 师生结合评价要求点评。（投影学生作品，现场进行批阅点评）

| 设计意图 |

进入四年级，习作课上可以尝试先写后教。学生提笔写之前，重在激发学生的写作情感，帮助学生选择习作素材。当这一切准备好了，教师便出示习作评价标准，学生即可依据明确的习作要求直接进入习作实践了。只有让学生亲历写作过程，他们才会真正有所思、有所悟、有所得。

（四）捕捉瞬间，描述心跳体验

1. 出示绘本《鳄鱼怕怕 牙医怕怕》片段，学生表演读。

生1：我真的不想看到他……但是我非看不可。

生2：我真的不想看到他……但是我非看不可。

生1：啊！

生2：啊！

生1：我一定得去吗？

生2：我一定得去吗？

生1：我好害怕……

生2：我好害怕……

2. 师生共同绘制心情曲线图。（课件出示）

（1）画出心情曲线图。

师：在这个过程中，牙医和鳄鱼的心情就是这样起起伏伏的。特别是在彼此见面的那个瞬间，心跳得更是厉害。（教师板书）

（2）引导发现：心理活动描写。

师：他们的心跳感受，同学们是怎么知道的呢？（引导学生发现）

（板书中贴上他们在心里说的话）

（3）课件出示：完整的心情曲线图。学生畅所欲言。

师：能说说你们的发现吗？

3. 教师小结。

师：透过这张心情曲线图，我们感受到了这心儿怦怦跳的频率。看，我们不仅可以用上描写心情的词句，还可以通过描写心里的想法来传递心情。

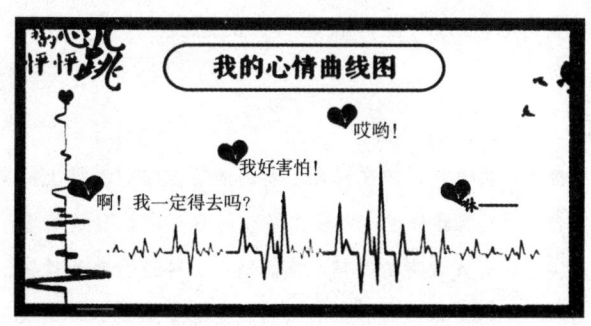

| 设计意图 |

此环节借助绘本《鳄鱼怕怕 牙医怕怕》片段，通过有趣的学生表演读进一步激发学生情感的高度投入，相机引导学生发现心跳的过程也是有变化的，且总有一个跳得特别厉害的时刻，要进行完整的记录。我们除了用描写情绪、心情的词句，还可以直接写出人物内心的想法。课堂上的板书和课件相互照应，进一步凸显可视化的写作思维。

（五）自主修改，完善心跳时刻

1. 课件出示修改要求。可以描写心跳时刻的情绪、心情，也可以直接描写心理活动，写出心跳体验。

2. 学生结合修改要求进行自主修改。

3. 同桌交流，集体反馈。

（投影学生的习作，特别是关注学生修改的部分）

4. 师生对话，留下思考。

（1）引导学生进行习作评价。

师生交流不一样的写作体验。

师：这次习作和我们平时的习作不同吗？

（2）送给学生一句话，引发思考。

师：让我们给自己一个时空，试着——

课件出示：倾听心跳的声音，表达真实的感受。（学生读）

| 设计意图 |

本节课安排了二次写作，即在习得了新的表达方法的基础上依据明确的修改要求，学生自主进行习作修改，力求在修改的过程中把自己的感受写得更加清楚，更加真实，以引发读者的共情共鸣。随后，再进行交流反馈，凸显本节课的习作增量。让学生对本次习作进行评价，是希望激发学生的反思意识，让他们看到此次习作最大的不同在于：写出自己的真实感受。让学生认识到：习作就是一种自然的倾吐，它是一种表达的需要，进而能深层次地激发学生的言语动机，从"这一篇"拓展到"这一类"，从课堂延伸到生活中。

教育随感

"负重的骆驼"何以远行
安顿教育的心灵
品师者风范　悟为师之道
要有光
一念执着

"负重的骆驼"何以远行

众所周知,作业是课堂教学的延伸和补充,是学生自主独立的学习过程。而在我看来,作业就是一扇窗。作业这扇窗,教师在看,学生在看,家长在看,社会也在看。教师透过这扇窗户,能将学生知识掌握、技能形成、能力发展的情况了如指掌,是反馈教学效果的重要环节,是反思、改进教学的重要依据;家长透过这扇窗,一方面了解了孩子的学习状况,另一方面也从一个侧面感知了教师的工作态度和工作能力,是家校沟通的桥梁;学生透过这扇窗,巩固知识、培养能力,及时得到学习的指导和反馈;而社会将这扇窗看作是了解学校,教师实施素质教育、进行课程改革的重要载体。可见,这扇窗马虎不得!大意不得!随便不得!

而不知从何时开始,这扇窗布满了"尘埃"——学生、家长怨声载道;社会口诛笔伐;学校如履薄冰;老师食之无味,弃之不舍。何去何从?纵使我们的教育制度还存在着某些弊端,是我们无法改变的,但是我们可以改变自己。因为教师观念、行为的转变才是解决问题、寻求策略的根本之道!所以,我想为一线的教师们支支招。

让学生在广阔的天地中学习成长

可能有的教师认为:学生在课本面前坐得越久,他就会变得越聪明,他的学习成绩就越好。其实并非如此。正如苏霍姆林斯基所认为的那样:只有让学生不把全部时间都用在学习上，而留下许多自由支配的时间，他才能够顺利地学习。学生的时间被功课塞满，那么，给他留下的思考的时间就少，他因负担过重学业落后的可能性就大。

"读万卷书，行万里路。"读书、旅行都是让学生开阔眼界、丰富心灵的有效途径。当然，自然、社会、身边的人和事，对于善于学习的有心人而言都是学习的资源。所以，用大量的作业来提升学生的成绩的做法是错误的。长此下去，只会剥夺学生敏锐的洞察力和思维能力，甚至让学生产生厌学情绪。要知道，学习是一辈子的事情，学习就是向世界汲取生命的能量。让学生走向广阔的天地吧，相信他们在观察、感知、聆听、体验、搜寻的过程中会有更多的收获！

学习是循序渐进、螺旋式上升的过程

任何事情的成功都不是一蹴而就的，学习更是如此，它是一个循序渐进、螺旋式上升的过程。我们不能因为学生在学习过程中出现了问题或障碍就寄希望于作业，用作业绑住学生，让学生通过作业、提升能力、提高成绩。事实证明，这样的做法是行不通的。特别是那些学习能力较弱的学生，面对大量的作业束手无策，他们只能选择逃避。

我一直相信，人的力量和可能性是不可穷尽的。一个学生可能在一整年里都没有把某种东西弄懂弄会，可能就在某一天他就突然懂了、会了。这种"恍然大悟"的内在的精神力量，是在儿童的意识里逐渐积累起来的，这就是"思维的觉醒"。作为教师，就是要通过自己的努力和培育激发学生的学习兴趣，给予他们自信，帮助他们积累知识，以便获得能力的提升。而这一过程是漫长的，甚至是反复的。所以，放慢脚步，调试心态，学会等待，对一名教师来说是最为重要的。教师的心态决定着他对学生的态度，也决定着他的治学态度。我想，只有我们摆正心态，遵循教学规律，才能根据学生的实际情况布置出科学、合理的作业。

向课堂 40 分钟要质量，提高课堂教学的效率

作业练习只是巩固、提高学习成绩的途径之一，课堂才是教育教学的主渠道。课堂带给学生的影响是深远的，教师的一言一行都会影响学生思维的发展，影响学生人格的提升。

在课堂上，教师是一个播种者、引领者，通过互动、交流、碰撞让学生在张弛有度的课堂学习中进行智慧的探索、知识的建构、能力的提升。所以，作为教师，首先要提升自己的课堂教学能力，让课堂吸引人，让学生在课堂 40 分钟的学习中真正有所得，而不是将学习任务转嫁到课外，用作业来"迫使"学生学习。

如何提高课堂教学效率呢？我想，主要取决于教学方法。要知道，好的教学方法会赢得学生对课堂的喜爱，避免学生做课堂的旁观者。要让学生跟随教师的授课思维获得知识和能力的提升。

作业设计应科学合理，做到因材施教

苏霍姆林斯基认为：作业应当是知识的运用和深化，因此，在布置作业时教师要告诉学生怎样把对理论规律性的思考跟完成实际性的作业结合起来。分析、研究、比较——这些积极的脑力劳动形式应当贯穿于家庭作业里，这样的家庭作业能把读书跟观察、劳动结合起来。

也就是说，作业应当真正成为学生积极主动的学习与巩固知识的纽带，促进学生学扎实、学精妙、学灵活，让学生从中获得充实感、成就感。

另外，作业的布置和批改同样需要因材施教。这里的"材"具有更丰富的意义，包括学生的年龄、心智、能力（接受、理解、动手）和意志力等。因此，作业的布置应当考虑学生的知识水平、学习态度、接受能力，教师所授课内容应与学生的发展水平一致，尽量巧妙、合理安排，在夯实基础的前提下力求训练形式的趣味性、多样化，体现综合性、实践性和开放性。

成绩不是评价教师能力的唯一指标

面对学生的成绩，教师应该拥有一颗平常心。要知道，学习成绩并不完全代表学生的学习能力及综合素质；学习成绩不是评价教师能力的唯一指标。教师应该有足够的自信：在长期有效的教育下，学生成绩的提高会不期而至的。请记住：我们的教育应着眼于未来，应为学生的成长奠基，而不是急功近利地去追逐平均分、及格率、优秀率。请相信：提升课堂质量更能发展教师的影响力。

课堂是呈现教师生命，展示教学生命，升华学生生命的舞台。这个舞台需要不断提升教育智慧、教学水平及教师的专业能力。能够滋养学生生命不断成长的课堂，其影响力也必定是不断发展，不断提升的。

给学生减负，其实也是给教师减负、减压。从成山的作业堆里解脱出来吧，相信当我们的目光看向远方时，我们会心境澄明，看到远处更美的风景。

学生不做"负重的骆驼"！失去了对学习的兴趣，没有了探究、内化的过程，如何去发展健全的人格，提升综合素质呢？

教师不做"负重的骆驼"！失去了对教育的热情，失去了读书、思考的时间，如何去厚实专业底蕴，积淀教育智慧呢？

就让我们携手学生，一步一个脚印地站立着行走吧！

安顿教育的心灵

也许，我们会与六个不同的自己相遇，一个明媚，一个忧伤，一个冒险，一个倔强，一个柔软，最后那个正在成长……

——题记

喜欢汪峰的那首《存在》，曾不停地问自己：作为一名行走在教育教学路上平凡的一员，我该如何存在？

站立·课堂

每天，从走进校园的那一刻起，我就开始了繁忙的工作，穿梭于教室与办公室，忙碌于书桌案头，行走在菁菁校园，我步履匆匆，但自感每一步都还脚踏实地。也想忙里偷闲到运动场上打一场羽毛球；也想去阅览室静静地阅读一本书；也想停下脚步，与同事交流情感，谈笑风生。但总觉得时间不够用，所以这些事情也只是想想而已。自从兼任行政工作后，我比以前更忙碌了，而要思考与处理的问题更多也更复杂了。而今，尝尽个中滋味，甘苦自知。

我的教育教学生活中，有了更多的会议、研讨与交流，但是尽管如此，我也不会落下一节课，漏掉一次作业的批改。因为，对于课堂，对于学生，我有着一种无法割舍的情怀。而我亦知，课堂才是一个教师的安身立命之处。

每次走上讲台，我都会忘却疲惫、不适与不快，每当我站立在三尺讲台上，脑海中就会不知不觉地冒出树的意象。我感觉，自己就是一棵树，一棵站立于课堂上的简单而快乐的树。

我想就这样一直坚定、挺拔地站立，无忧，亦无惧。

笔耕·自省

不知从何时起，我开始习惯在课余欣然提笔，写下自己在教育教学生活中的点点滴滴，丝丝缕缕。有幸，有几篇见诸报刊。看着变成铅字的拙文，惶恐多过于欣喜，唯恐所谈所感有所偏颇，辜负了给予我厚爱的编者与读者，竟不忍再阅。于是，对于落笔、行文、投稿，更多了一份谨慎，一份淡定。

在笔耕中，我学会自省，学会约束，也学会拒绝。

拒绝一切消耗生命的邀请，不要牺牲自己的时间、追求和人生价值去迎合别人，按别人的标准活着，而是享受属于自己的时间，静下心来阅读、思考。心如止水才能产生思想，生成智慧。

一个没有思想的教师行走于教育路上，犹如迷失方向的路人行走于葳蕤森林，拼命走，到头来却发现一直在原地踏步。一天的思考胜过一周的徒劳，只有思考能帮助我们从无效走向有效，从有效走向高效。思考最好的方式就是写作。拿起笔来，边走边记，纸上的文字便是这趟思考之旅的见证和收获。

感谢每次思考留下的痕迹，让我感受到了思想的力量，让我安顿浮躁的心灵……

叩问·生命

2012年7月至11月，我荣幸地参加了市教育局师资培训中心、区教育局举办的市国家心理咨询师培训班。

在这里，我们推开了一扇窗，感受着个体生命的独特，体会到了人性的坚强与脆弱；品析着个体心理的微妙与敏感；思考着如何建设更强大的内心世界，如何为身边的人提供心理咨询。

我珍惜每一次上课的机会，倾听、思考、提问、质疑，与我的学友们一起讨论、做练习，互帮互助，相互鼓励。在工作之余，在夜深人静的时候，捧起一本厚厚的心理学书籍，一点点地"啃"，一点点地消化理解……11月17日，带着沉甸甸的收获，我走进了国考的考场。

一个月后，好消息传来，我顺利地通过了考试，获得了国家三级心理咨询师资格证书。此次学习经历让我重温了学生时代的充实与紧张，已然成为我生命中一段宝贵的、值得回味的记忆！

我抱着无限美好的期许：一、将所学的心理学知识与技能运用到教育教学中去，走进学生的心灵，不仅仅教给学生知识，更要关注学生的心灵世界，让美好、纯善的东西在孩子的心里扎下根；二、帮助特殊儿童，对于他们，除了爱与耐心之外，还需要科学、正确的方法；三、调试自己的心态，做一个积极乐观、昂扬向上的阳光教师，不断地向身边的人传递正能量！

写给明天

在我看来，人生真正的幸福在于内心时常荡漾起轻柔充盈的暖流。有了这股暖流，不管是阳光灿烂还是阴霾满天，我们始终能漾起微笑；有了这股暖流，走到任何地方，我们都能不卑不亢，保持内心的祥和与平静；有了这股暖流，风再大，浪再猛，我们腰不弯，步不乱，目光穿越喧嚣与浮躁，清澈依旧。

教育路，莫慌张，且行且思量，且行且珍惜……

来，经常问问自己：我们的眼睛是否清澈依旧？我们的心是否柔软依然？我们是否还在追寻着最初的梦想？

品师者风范　悟为师之道
——重读《论语》有感

"水常无华，相荡乃成涟漪；石本无火，相击乃成灵光。"重读《论语》就是一次荡水、击石的美好经历。掩卷深思，作为教师的我看到了一个大众的平民的孔子，感受到了他作为师者的风范，更从中领悟出了为师之道。

拥有教育的理想，从当下做起

《论语》云："士不可以不弘毅，任重而道远。"是的，教育是需要理想和信念的事业，没有理想的教育就不可能具有追求卓越的精神，不可能在教育活动中洋溢着激情、诗意和活力。教育因为有了理想而更有目标，因为有了理想而更有理性。教育者有了教育的理想，就能使自己品尝教育、享受教育、实现教育和创造教育。我们要相信思想的力量是这个世界上最巨大的力量之一。

思想决定行动，也就是态度决定一切。有这样一个故事：三个人都在工地上汗流浃背地搬砖头。第一个人认为自己在搬砖，充满了怨气；第二人认为自己在砌墙，态度较平和；第三个人则认为自己在盖一座教堂，满是憧憬与期待。第一种人的态度称为悲观主义的态度，他把所做的每一件事情都看作是生活强加的一份苦役。第二种人的态度称为职业主义态度。这是孔子所说的"器"的境界，作为一个容器的存在他合格了，但是，他没有更高的追求。而第三种人的态度称为理想主义的态度。因为有了这个教堂梦想的笼罩，也成就了这样一个超出平凡的个体。我们的梦想，既是高远的，又不是遥不可及的，它其实就存在于当下，存在于我们每一个人的内心。

"往者不可谏，来者犹可追。"一切高远的理想都建立在朴素的起点上。我们要心怀高远，更要关注脚下，从当下做起。从一个淡定的起点去建立心灵的智慧！

创造教育的和谐，从心出发

在谈到"天地人"之道时，孔子认为，人的意义跟天和地是一样的，并称为"三才"。人是值得敬重的，人又是应该自重的。于是乎，孔夫子教育学生时很少疾言厉色，他通常是用和缓的、因循诱导的、跟人商榷的口气。

孔子认为，君子道有三，仁者不忧，智者不惑，勇者不惧。什么是仁？仁就是"爱人"，真心地对别人好，善待他人。什么是智？智就是"知人"，了解、懂得他人，尊重人。什么是勇呢？水中不避蛟龙是渔夫之勇，林中不惧猛兽是猎人之勇，但这都不是大勇。心灵的勇才是大勇，也就是孔子推崇的君子之勇。

那么，什么是教育的"仁智勇"呢？

我认为，教育的"仁"就应该是爱学生。这是我们讲的大爱、博爱。有人说："其实，每个孩子都是掉到地上的天使，他们来到地上是因为他们的翅膀断了，那么在他还没有忘记天空的时候，他一直想要寻找为他缝补翅膀的人。教师就是能替天使缝补翅膀的人，一位充满爱心的使者。"这是我迄今为止听到的对教师角色最美的诠释。为孩子缝补折断的翅膀，让他们自由自在地翱翔于天空中，多么富有诗意和人性啊！就让我们用真诚去对待身边的每一个学生，用自己的心去体会周围的每一个生命，用双手为孩子们打开通往快乐的门……相信，在我们的关爱下孩子们一定会有展翅于晴空的一天！"予人玫瑰，手有余香。"给予比获得更能使我们心中充满幸福感。

教育的"智"应是了解学生，做到因材施教。两朵云只有在同一高度相遇才能成雨。孔子不管这朵云在五千米处还是五百米处，他总能感知这个高度。这就是孔子面对那么多不同的学生都能够因材施教的原因。因此，教师换位思考，站在学生的立场去想问题，真正做到"想学生之所想，急学生之所急"是非常必要的。

教育的"勇"应是一种气度，能反思自己，宽容别人的气度。假如一个人真能做到一日"三省吾身"（《论语·学而》），真能"见贤思齐焉，见不贤而内自省也"（《论语·里仁》）就做到了约制。而能够反省到自己的错误并且勇于改正，这就是儒者所倡导的真正的勇敢。教育者反思自己的教学行为，并不断地修正、完善，这需要怎样的气度啊！教师不仅要勇于反思自己，更要勇于宽容与帮助学生。因为我们面对的是心智还不完善的成长过程中的孩子，他们难免会犯这样或那样的错误，在许多方面都需要我们耐心地指导与帮助。孔子说过，一个人能够听你讲道理，但是，你没有去跟他讲，这就叫"失人"。你就把这个人给错过了。作为教育者，我们就更不能"失人"，不能轻言放弃，我们要勇敢地面对，想方设法去解决问题。

看，教育是和谐的，它氤氲着人性的温情！

开启教育的智慧，在修身中提升

孔夫子说过："君子不器"。一个真正的君子从来不是以他的职业素质去谋求一个社会职位为目的，却一定是以修身为起点的。他要从最近的、从内心的完善做起。不是苛责外在世界，而是把有限的时间、精力，用来"苛责"内心。一个人的内心对自己要求严格一点，对别人就会厚道一点儿，可以包容和悲悯别人很多过错，可以设身处地地站在别人的立场上想问题。

修身，就是做最好的自己，让自己成为内心完善的人。

如何修身？学习。孔子经常说："我非生而知之者，好古，敏以求之者也。"他说自己不是生下来就了解很多事情，只不过对古代文化、对古人所经历的事情非常感兴趣，而且能够孜孜以求，一直认真学习而已。那么，什么样的学习是好的学习呢？国际上通行的说法就是：好的学习是导致行为改变的学习。这颠覆了我们过去的认识。一直以来，我们以为导致思维改变的学习才是好的学习。比如，一个观点，一个理论，入乎耳，发乎口，可以再去讲给别人，这就是学习。但是，在今天，只有导致一个人整个价值体系重塑，行为方式变得更有效率、更便捷、更合乎社会要求的学习才是好的学习。作为教育工作者，我们在学习新的教学思想、新的教学理论及方法的时候，不仅要在认识上有所改变，更重要的是要有一个内化的过程，最终落实于实际的教育教学工作中。"学而不思则罔，思而不学则殆。"一定要一边学，一边想，一边应用。孔子所提倡的是一种从容地把有限的知识放大到极限的学习方式。经过这样的学习、实践，我们才会在历练中逐步提升自己，从而形成富有个性的教学风格。

我想，执着地学习，不断地反思，心灵的体悟、教育的智慧必将从中汩汩生成！

"云山苍苍，江水泱泱，先生之风，山高水长。"孔子的思想带给我们的启迪将是深远的。就让我们捧起《论语》，且读且思吧！

要有光

记得一次参加教师论坛活动,有教师问我人生的座右铭是什么,我不假思索地说了三个字——"要有光"!

要有光,包含两方面的意思。一是指人生的前方要有光亮,要一直向着明亮那方前进。二指要努力让生命发挥最大的价值,焕发光彩。

作为一线教师,如何"有光"呢?

我以为,找到契合的课题进行研究,开发属于自己的课程,便能在"要有光"的烛照和追求中感受到从心底溢出的教育的幸福。

——找到自己。

记得前阶段,我作为评委参加某地市的教师招聘工作。其间一个女孩给我留下了深刻的印象。在她身上我看到了未来优秀语文教师的影子。于是,提问环节,我问了这样一个问题:"你认为自己最大的优势是什么?在今后的语文教学中,你将如何发挥这种优势呢?"她一下愣住了,有些不知所措,便含糊其辞地说了一些语文教学的大道理。这让我有些失望,其他评委也笑道:"可惜,你送了一束鲜花,她没有接住呀。"

原来,人最难了解的就是自己。不少教师教了一辈子书,却不知道自己的优势及劣势所在,更别说找到自己的教学特色,形成教学风格了。因此,认识自己、了解自己、找到自己是我们张开梦想之翼的第一步。

——找到语文。

"与其坐而论道,不如面壁参禅。"只有当教育者静下心来的时候才能开始真正的思考。沉思中的探索会让教师看到原先不曾看到的风景。来自教学一线的教师通常具有旺盛的生长力，他们对课堂、对学生有着深厚的情感。而这种质朴的情感恰恰催生出教师潜在的强烈的研究意识，并让他们爆发出非凡的潜能。

把工作当作课题来做，每一位普通的教师都可能成为研究的主体，都能从日常的教学工作入手进行深入的教学研究。这种依托于课堂教学实际的日有所思、有感而发则是最有生命力的教育状态，让人痛并快乐着。

——成为自己。

想必不少教师都曾有这样的感受：当你观摩别人的课或是阅读他人的文章时，常会感叹，用的不过是平常的方法，谈的不过是平常的道理；这个问题、这种方法我也想过呀。然而，扪心自问：为什么我们没有去这样做呢？这就让我想到一句话："人人心中有，个个笔下无。"本来，文科的特点就是发现那些语文的本质和语文教学的规律，而发现的根本就在于：实践，实践，再实践；探索，探索，再探索。看来不能回避的是：很多时候，我们有发现问题的能力，而缺乏解决问题的勇气、耐心和钻研的精神。

立即行动，方能于过程中生长，最终，成为自己。

——成为语文。

"人，只不过是一根苇草，是自然界最脆弱的东西，但他是一根能思想的苇草。"也许，我们平凡如草，却也坚韧如草，持之以恒，定有所获。就像管建刚老师那样，从作文手抄报开始，进而形成一整套作文训练体系；就像朱文君老师那样，从小古文教学入手，打开母语教育的新天地；就像丁慈矿老师那样，致力于传统语文教育教材的研究，开创了别具一格的"对课"教学……

此刻，我们的眼前浮现出一个个小语名师鲜活的面容，飞扬的神采；耳边回响的是他们振聋发聩的声音，独到的见解……他们已然成为语文，是一个个鲜明而独特的语文符号。正是他们执着的钻研引领我们走向小学语文教学的新天地。

然而，所有光芒，都需要时间才能被看到。

现在开始，从教学实际出发，结合自身志趣，掘一口深井，一门深入，层层铺展，光亮就在前方。

一念执着

熟悉我的人常常问我："怎么一谈到语文教学，一谈到学生，你就两眼放光、滔滔不绝了呢？"其实，连我自己也弄不清是从什么时候开始有如此表现的。回顾十几年的教学生涯，从一开始仅凭着一股激情、一种热爱走上了语文教学的岗位，到后来，教着教着越来越茫然和无措，再到现在的淡定与平和。回想一路走过的语文教学之路，不知道是什么在悄然地慢慢地改变着我，只觉得在记忆深处那次难忘的经历让我久久回味并催我奋进……

记得那是2007年的3月，我市自下而上开展了轰轰烈烈的第三届省教坛新星的评选活动。经过校级、区级的选拔，我顺利地进入了市级评选的行列。市级评选分为现场演讲、现场写教案、借班上课三个环节。当时，我的现场演讲成绩并不理想。这让我有了一些挫败感。回到家，从事了一辈子语文教学工作的母亲一下子就看出了我情绪的波动。记得当时，她说了这样几句话："孩子，得之不喜，失之不忧啊！就把这次比赛当成一种经历，一次历练吧！要知道，在这个过程中你终究会有所收获的！"

那一刻，我豁然开朗。于是，我调整状态，振作精神，继续后面的比赛。

记得赛课时，我抽到的是北师大版教材中的一篇新课文《散落的钞票》。乍一看，这篇课文还真让人头疼。因为文章比较长，内容也比较散。没有任何名师上过，也没有任何相关的资料可以借鉴。但这反而让我抛开了束缚，有了独立的、深入的思考……

如何让拾金不昧这种具有教育意义的课文在教学中充满人情味，真正引发学生的共鸣呢？我一遍又一遍地读着课文，在文章的字里行间去感受、揣摩、思索。读着，品着，想着，就在那一瞬间，我忽然有了灵感。我大胆地摒弃繁复，紧扣文本的关键之处，以体会"不乱的人心"为主线来牵一发而动全身。就这样，我一气呵成完成了教学设计。

到了上课的那一天，我感觉自己如脱胎换骨，竟有了一种从未有过的自信。那一刻，我的眼里没有了评委，没有了比赛的结果，有的只是学生，有的只是当下的课堂。

课堂教学就这样自然而然地开始了。我以"面对散落的钞票，人们的心究竟乱了没有呢？"这一问题来引导学生了解路人们主动拾起散落的钞票，归还失主的经过。在此过程中我巧妙地引领学生潜入文章的字里行间，扣住重点词句进行理解、品味，使得学生自发地推动了阅读进程。在学习过程中学生渐渐领悟到：原来，这不乱的"心"其实就是做人的良心，一个人的道义之心啊！

忘不了那时课堂上孩子们发亮的小眼睛，忘不了师生和谐共生的畅快，更忘不了那种挥洒自如、酣畅淋漓的感觉……

至今，我都在怀疑当时的课堂上是不是有神灵相助。原以为我这样的想法着实可笑，后来，我读到了王崧舟老师的那篇《课堂有神灵》。我更坚信：是的，课堂有神灵——只要我们对教学有足够的敬畏之心，有足够的深沉的情感！

从那以后，每当我站立在三尺讲台上，我的脑中就会不知不觉地冒出树的意象。我感觉自己就是一棵树，一棵简单而快乐的树……我不知道自己能否长成一棵枝繁叶茂的参天大树，但是，我会这样一直坚定地挺拔地站立着，看云卷云舒，看花开花落……无忧，亦无惧。

对，就做一棵站立于课堂之上的树吧！

名师评说

好一朵木槿花 / 郭湘辉
来自理想的支持 / 褚清源

好一朵木槿花
——我眼中的汤瑾老师

> 喜欢木槿花，
> 因为它告诉我，
> 每一次凋谢，
> 都是为了下一次更绚烂地开放。
> 就像春去秋来，
> 四季轮转，
> 却是生生不息。
>
> ——题记

这是汤瑾老师为自己写下的一首小诗。我初识汤瑾老师时，就发现她的微信昵称叫"木槿花"，猜测是因名字中的"瑾"字得来。但等我慢慢走近她，熟悉她，便深深地被她所吸引，所折服。原来，汤瑾老师的思想就像木槿花一样不断生长，总能给身边的人带来无限力量与惊喜。

绚丽绽放别样美

未见其人，先观其课。第一次认识汤瑾老师是因为她的一堂有趣的绘本写作课《读绘本写童话》，这堂课获得全国"新体系作文"教学现场大赛的特等奖，也是其参加全国第三届小语"十大青年名师"的代表作。这堂课之所以吸引我，是因为当时非常好奇，《鳄鱼爱上长颈鹿》这一本带着"爱情"元素的绘本如何成为导向习作的桥梁，分寸如何拿捏到位呢？于是，我点击了进去，瞬间就被课堂所吸引。只见镜头下的汤老师袭一身红裙，齐齐的刘海下笑靥如花，举手投足之间自有一种魅力，将学生带入一种"浪漫"的课堂。学生们在读绘本中发现言语规律，儿童天性在两次创作中得以释放。台上学生童言稚语频频发出，台下听课者笑声掌声不断。学着、写着、说着、笑着……蓦然之间，大家似乎都明白了，原来"爱是一种天赋，也是一种能力"。汤瑾老师就是用自己的天真与智慧带着孩子们共创了一堂独特的童话课。此时，"汤瑾"这个名字自然而然就深深地印在了我的记忆里。

一种奇妙的缘分，总会让彼此喜欢的人相遇。2019年暑期，我工作调动至杭州钱塘新区，恰好汤瑾老师担任区小语教研员。初到一个新的城市，我的内心多少有些担忧和迷茫，于是，从朋友那里问到了汤瑾老师的电话，非常冒昧地打了过去。没想到，电话很快接通了，那一头的热情、爽朗与真诚让我有那么一点恍惚，总觉得是老朋友的久别重逢，瞬间心里踏实了许多。现在，我总是开玩笑地对她说：因一堂课，恋你爱你，至此追随，不离不弃！

于是乎，我有了更多的机会在小语课堂里感受"花儿姐姐"的美丽风姿。不得不说，作为一名优秀的小学语文教师，汤瑾老师散发出来的魅力无人可抵，她时而活泼可爱，时而风趣幽默，时而深沉大气……或许有很多名师都更愿意在某一种课型上潜心钻研，自成流派，汤瑾老师却喜欢在多种课型之间大胆挑战，在各种年段之间自由转化，常出常新。她的绘本习作教学已经成果斐然，她却依然一边坚守一边突围，新课层出不穷。童话体民间故事《狐狸分奶酪》是随文识字教学的典范，更甚一筹的是，在低段教学中体现高阶思维，注重培养学生的思辨能力；口语交际课《父母之爱》能够活用教材，立足需求，勾连生活，巧用办法点燃学生交际动机；现代诗歌《短诗三首》善于创设情境，在多种形式的有效朗读中引导学生展开丰富的联想，并创作出一首首属于学生自己的小诗，让这片繁星无比璀璨；习作教学《漫画的启示》则引导学生透过画面看本质，学会引用事例阐述自己的观点与想法。同时，她的习作课堂也开始由绘本习作教学过渡到了教材习作教学，绘本成了习作教学中最好的载体，让习作变得更加有趣、更加吸引人。短短两年时间，汤瑾老师新课不断，好评如潮，每一次的现场展示都收获了一大批"花粉"。看着台上这位自带光环的执教者，我心中直叹：这朵木槿花真是了不得！

木槿花开满枝丫

一枝独秀不是春，百花齐放春满园。在和汤瑾老师的交往中，她常常说道："作为区教研员，我最大的愿望就是让钱塘新区教学在小语领域有自己的一席之地。"在工作中，她不仅这样想，更是身体力行，从教师培训入手，设计了形式丰富的项目化研讨学习活动。为了进一步提升年轻教师的专业能力，她除了自己经常上课，或者邀请名师示范外，更多的是把机会留给年轻人。从亲自指导设计到组建团队反复磨课，最后到搭建平台进行展示，都是高标准严要求，让活动场场精彩。她不仅仅坐在办公室低头研究教学，还经常到区内各所学校进行现场调研，点对点、面对面地把脉课堂，从中发现问题，给予指导。通过她的微信轨迹，不难看出她每天的行程都安排得满满的，活动内容更是聚焦一线小语教师的难点和疑点。通过短短三年的努力，一大批年轻教师从中受益，迅速成长，不仅公开发表教学设计和论文，更能够在杭州市教研活动、"千课万人"、中国教师报"课改中国行"等大型活动中崭露头角。

就在建党一百周年之际，汤瑾老师举办了一期"聚焦统编教材革命传统作品教学，提升教学设计力　发展学生思维力"的小语盛会。本次活动通过"未来老师"平台面向全国现场公益直播，旨在让更多的小语教师关注革命题材，破解教学重难点。2021年3月，汤瑾老师开始着手选择课例执教者，采用"老带新"的思路成立上课团队——既有特级教师，也有刚出道的小年轻。他们分别从小英雄雨来、军神刘伯承、伟人毛泽东三个不同的人物入手，将学生带入到了那段值得永久铭记的历史。从选题就可以看出她的独到与用心，三个不同年龄、不同身份的人物代表，却能够充分展现中国革命英雄不屈、坚韧、勇敢的精神。为了让课堂成为"革命教育"重要的阵地，她组织三位执教者在不同的学校、不同的班级进行试讲。执教《小英雄雨来》的是一位仅三年教龄的年轻教师。教学设计不达标，推翻重来；环节不出彩，深思再定夺；教学课感没有，示范给你看；语言不到位，字斟句酌地修改；课件不简约，一点点来完善……甚至上台穿什么衣服、话筒怎样拿汤瑾老师都做出指导，事无巨细。看着她日夜不停地投入，我和几位好友都忍不住心疼地对她说："这种大型活动你完全可以找一位成熟的教师去上课，这样自己会轻松很多，活动效果也会更好！"她连连摇头，不带犹豫地说："作为教研员，就应该给年轻人更多机会，化压力为动力，这样才能催使他们快速成长！更何况他们都很优秀，只要给出时间，相信他们一定会走出属于自己的一片天地！"

一个多月后，这场活动在众人的期待中如约而至，平台点击量达3万多人次。"我们是中国人，我们爱自己的祖国！"震耳欲聋的读书声在语文课堂上久久回荡着。"敬礼！"庄严崇敬的队礼下是藏不住的红眼圈。"青山处处埋忠骨，何须马革裹尸还！"伴着哭腔的童声里分明饱含着坚毅。当最后一堂课《青山处处埋忠骨》以一曲高昂的《英雄赞歌》结束时，全场师生忍不住跟着唱起来："为什么大地春常在，英雄的生命开鲜花……"精彩的课堂让红色基因融入师生的血脉中，英烈精神薪火相传。最后，汤瑾老师将活动的初衷与意义及在实践中的思考跟大家做了一次高屋建瓴的专题分享。在以"从高处立，向宽处行——小学革命题材教学的新动向"为题的讲座中，她细致地解读了统编本高段教材中革命文化题材课文的教学特点，带领教师们精准把握中高年级教材的教学内容，结合三堂精彩的课例，提炼了统编教材革命传统作品教学的教学策略，大大提升了教师们革命传统作品教学的实践能力。台上的她就是一道力量之光，激情高昂，向大家发出号召：高扬理想信念的旗帜，守望教育的精神家园。

强将手下无弱兵，在她的带领下，钱塘区的教师渐渐在杭州市甚至全国的舞台上拿到好成绩。还记得疫情期间，她开辟了"钱塘小语"微课堂，指导一线教师进行微课录制，其中就有8堂"快乐读书吧"微课在"杭州市共享课堂"展示，6 堂微课被选入"心系荆楚·名师驰援：百名特级教师公益送教湖北"活动资源库；在 2020 年由教育部、国家语委举办的"迦陵杯·诗教中国"活动中，钱塘区就有一名教师获得全国一等奖（全国仅 20 人获此殊荣，杭州仅 2 人），另还有 10 位教师获得国家级奖励。

汤瑾老师就是这样一个人，有想法、多创意、能实干。每一次活动要么不做，要做就做到最好，能够对与会者有所帮助，让他们有所提高，在成就他人的同时也成就了自己。《小学语文教与学》《人民教育》《小学语文教学》《小学语文教学通讯》等杂志上经常可以看到她或者她所带的名师团队的文章和教学设计。她还将近一年在统编教材低段"写话"和"口语交际"两个专题的精彩课例进行反复打磨，最终汇编成《小学语文习作这样写：写话》与《汤瑾口语交际 52 讲》，既有理论的高度，又具有实操性，成为很多一线教师办公桌上必备的参考读本。

不长的时间内便让钱塘区语文教学取得如此巨大的成果，让人惊叹！她是怎样做好时间管理的呢？或许就在清晨键盘的敲击声中、在假期的闭门笔耕下……此刻，夏风乍起，放眼往窗外看去，只见院中木槿花开满枝丫，是芬芳致远，驻足欣赏，你一定也闻到了吧……

温柔坚持正青春

或许很多人只看到了汤瑾老师的风风火火与激情四射，以及无数的荣誉，其实，生活中的她跟很多人一样，有着多样的角色，既是一位温柔的高中生的母亲，也是一个天真烂漫、有着诗情画意的小女子。

我的女儿与她的儿子年龄相仿，但我俩在教育理念上却各有不同。我家的是个女孩，所以陪伴居多；她家的是男孩，则喜欢放手。有一段时间，两个孩子一起参加培训，每天一大早，她家儿子会先到家门口买上她最喜欢吃的红糖馒头和豆浆，送上去放在锅里热着，然后再和我家女儿一起上学。我只有羡慕的份儿。她常常会在和我喝茶聊天的时候劝我："孩子大了，就由他们自己去闯！要管的事情太多，管是管不来的，不如支持他做自己喜欢的事情！你要读书，行，我就全力做好后盾；贪玩，也行，自己能够承担后果就好！"其实，教育的智慧就是信任，就是放手。正因为她有这样一套教育理念，支持儿子放弃保送，往前冲一冲，最终儿子裸考考入浙江大学附属高中。他性格温暖阳光，很独立、有主见，他们母子关系非常融洽。最重要的是，这位母亲依然是少女心，每天把自己打扮得美美的。我本来一直穿得比较保守，但在她的强烈建议下某天居然买了一件满身卡通动物的小衬衫。没想到班里的学生都超级喜欢，说我很"卡哇伊"，说我年轻了20岁！不得不承认，原来这位老师们口中的"花儿姐姐"就是这样来保持青春的呀！

暑假期间，她在健身，饮食上也要进行控制，每天就吃无油少盐的健康菜系。她能忍多久呢？她可是一个正宗的安徽人呀！或许，强大优秀的人就是无处不自律！让我惊讶的是，汤瑾一日三餐真的在吃蒸的、生的、素的……还吃得气定神闲、超级满足，然后每天雷打不动在健身馆挥汗如雨2个小时。一个星期下去，她穿着新买的裙子乐滋滋地在我面前转圈圈，我连声呼道："营养餐这么有效果呀！"她莞尔一笑，调皮地说："颜值与才华担当的老师才是孩子们最喜欢的老师，也是青年教师最喜欢的导师！"原来，汤瑾老师如此爱美，一方面是愉悦自己，另一方面也是用阳光的心态温暖他人！这，也是一种生活的智慧。

她的爱好非常广泛，听音乐、听书、看电影、追剧、阅读、拍照……样样不落。乘车时把耳机一塞，就沉浸在自己的世界里，投入时还会跟着轻轻哼起来。你们不知道吧，其实她还是一位不折不扣的麦霸呢，有机会可以让她唱上几句《甜蜜蜜》或者《小城故事》，你一定会认为是原唱。每当新剧上档，她都会及时推荐给我们，或者约上几个好友第一时间去观赏，散场后，还会参与讨论和发表影评……

当然，全国知名特级教师可不是浪得虚名，因为这些看过的、听过的、说过的都成了她上课的灵感和资源。看了电影《送你一朵小红花》，就随手写下一首小诗，在讲座的时候送给认真努力的老师们。

送你一朵小红花，

遮住你今天新添的伤疤，
多么苦难的日子里，
你都已战胜了它；

送你一朵小红花，
开在你心底最深的泥沙，
奖励你能感受每个命运的挣扎；

只要你相信我，
闭上眼就能到达。
送你一朵小红花……

如果你听过她的《读绘本写童话》，就一定会记得其中选用的歌曲《遇见》和《最浪漫的事》，为课堂教学锦上添花，瞬间打动学生的心灵，让学生动情地说着写着；如果你听过她的《漫画的启示》，就会发现上课导入引用的就是"小林漫画"系列之一《漂洋过海来看你》；如果你听过她的《短诗三首》，就一定能记得这句：一泓柔婉荡漾的春水，一帘晶莹璀璨的繁星，一位笑颜温婉的女子，一段芳心馥郁的人生……

好一朵不同寻常的木槿花！很荣幸，我能看到她坚强下的温柔可爱，也为能成为其挚友感到幸福！愿她在小语的道路上，温柔坚持，绚丽绽放，美丽而快乐着！

（郭湘辉　杭州钱塘区文海实验学校文清校区特级教师）

来自理想的支持

最好的成长方式，是创造持续而有意义的"小进步"。

汤瑾老师就是不断收获"小进步"的受益者。从每一次上公开课的精心设计，到日常工作中的反思记录，再到绘本写作教学体系的整体建构，汤瑾的这本书里不仅收集着每一次成长印记，还携带着她独有的成长的喜悦——"进一寸有一寸的欢喜"。

认识汤瑾老师是因为《中国教师报》组织的"课改中国行"公益活动，她曾经应邀作过线上直播课，也在线下上过公开课，每到一地都会收获不少"粉丝"。

2021年4月份，听过汤瑾老师的一堂习作教学公开课《漫画的启示》。她将大把的时间放在启发学生思维上，在"低结构"的教学推进中，让学习逐渐真实发生。显然，这堂课上学生提升的不仅仅是文字表达力，还有高阶思维力。

打量一位优秀教师的成长轨迹一定离不开她的学科。我眼中的汤瑾老师很好地印证了"语文因为语文教师而生动"这句话。

语文教师的形象往往是明亮且温婉的。汤瑾就是这样，她热情、开朗、真诚，爱语文，更爱生活。她像一束光，课堂上相遇的学生，会场上邂逅的同行，总能通过她连成一片光海。

如今，汤瑾老师又要出新书了。出书是一位教师成长中的关键事件，毫无疑问也是作者的"高光时刻"。每一本书的出版对作者的成长来说都隐埋了一条成长的线索，都在某个层面上诠释着一个人的过往和成长。

无论您是第一次知道汤瑾，还是汤瑾的老朋友，都应该读一读这本书，因为这本书就是一位语文教师的成长印记。这本书在经验、方法和故事之外，还向我们展示了一位教师创新的热情和对教学独特的理解力。

读一本书重要的是读人。如果有机会可以听听汤瑾老师的课，或者了解一下她的职业轨迹——作为优秀人才从安徽引进到杭州，从教师转身成为教研员，汤瑾的职业轨迹携带着丰沛的"奋斗感"。更何况，每一位离开家乡、奔赴远方的人都有值得被倾听的奋斗故事。

创课、阅读与写作是我所定义的教师专业成长"三件套"。创课是立业之基，让职业闪光；阅读是向下扎根，让自己站稳；写作是向上生长，让阳光照见。在我眼中，汤瑾老师当是成长"三件套"最好的模特。

无论阅读、写作还是创课，都是在过一种基于创造的教育生活。作为教师不是等成长了才去创造，而是创造了才有成长，哪怕 n 年以后回看最初的创造带有明显的稚嫩。

不少教师只是为了完成日常教学任务就已经感到疲惫了，但是汤瑾身上总是自带动力，随时会有动力补给，总是热情拥抱每一项有挑战性的工作。一位教师一旦善于将热情和勇气加注到日常教学，专业成长便有了新的可能。也许正是这样的生命状态给了汤瑾职业生活最好的奖赏。

作为教研员，汤瑾格外热爱课堂，活跃在课堂之上，以"习作教学""口语交际"语文教学中的难点为切入点，做项目式教研，还致力于建构"卷入·释放"式的教研模式。

一位优秀的教师要有自己的教学主张。汤瑾老师也不例外。近年来，她在"绘本习作"教学领域逐渐形成了自己的主张，这是她精确教学的结果。所谓"绘本习作"，就是学生以绘本为媒介，通过深入阅读绘本，在绘本的语境、技法的触发下，引发情感的共鸣，激发表达的欲望，激活言语思维，在模仿、借鉴、联想的基础上进入运用写作知识（或显性、或隐性）的语感状态，展开习作实践活动。她以绘本为凭借，将文学与生活、阅读与写作相结合，给原本枯燥的写作课堂带来了一股清新之风。

敢于亮出自己的教学主张，是教师专业成长阶段的一个重要"界碑"。记得福建师范大学余文森教授说过，一位教师没有思想，即使有再多的荣誉、再高的职称，发表再多的论文，做了再多的报告，在专业上依然是个"无家可归"的"流浪汉"。

汤瑾的专业行走方式便是：确立一种教学主张，然后不断把经验沉淀为思考，进而在写作中获得滋养，并能始终保持一种乐观、精进的状态。在我看来，汤瑾的发展轨迹代表语文教师的一种成长路线。我相信，循着自己的教学主张再出发，汤瑾老师会走得更稳健，也会走得更远。

写作是汤瑾专业发展过程中不可或缺的关键部分。她的专业写作并没有故作高深，多是一些教学实录、教学反思等对日常教学的复盘。这种写作可以更好地进入教学的内部，让教学日常充满生机，也可以更好地塑造自己的专业生活。

如果说成长是一种反思性存在，那么善于写作的教师，其专业成长的姿态才不会遮蔽，也更便于形成自身专业成长的一种闭合系统。写作就是寻找意义和赋予日常工作生活意义的过程。写下就是成长，坚持写作，时间总会兑现成长。现实中，不少教师对写作总是有畏难情绪，其实不过是缺乏对生活的观察之眼和勇敢之心。

我确信，这本书就是串起汤瑾老师日常教学中的珍珠成为项链的那根线。这些过去不同年份写下的文字在结集成书的那一刻会又一次被唤醒。我也确信，这一切都来自理想的支持。

如果您想像汤瑾一样过一种创造的教育生活，请别让理性的专业写作缺席；如果您想与这位日益精进的语文教师发生链接，请读这本书。

(褚清源《中国教师报·现代课堂周刊》主编)

成长故事

芬芳往事
奔跑吧,姐妹
岁月花开
特别的"公开课"
做有"度"之师

芬芳往事

"如梦如烟的往事，洋溢着欢笑，那门前可爱的小河流，依然轻唱老歌。如梦如烟的往事，散发着芬芳，那门前美丽的蝴蝶花，依然一样盛开……"

乘着这美妙的歌声，我的思绪飞扬起来，依稀中，我仿佛看到了——看到了那个倔强成长的青涩的小女孩……

曾经的我，自卑而敏感。因为在很小的时候，我就感知到了自己的平庸：既没有邻家小姐姐出色的容颜，也没有班级其他女生的伶俐聪慧。在我看来，自己就是一灰头土脸的"丑小鸭"。于是，这个孤独的却有着丰富心灵世界的小女孩总是安静待在角落里，徜徉在文学的王国里，在书海中与鲁迅、巴金、张爱玲、三毛、席慕蓉相遇……

那一年的期终考试事件让我至今难忘。记得那天，语文老师似乎特别高兴。她一进教室，就向全班同学公布了一个好消息——我们班有一位同学的语文成绩全年级第一。接着，我的耳畔竟响起自己的名字，那一刻，我恍若梦中。当我错愕地抬起头，正碰上老师笑盈盈的目光。她冲我点着头，微笑着。下了课，我在恍恍惚惚中跟着老师走进了办公室。记得当时教导主任也在，我一进门，他就高声问道："就是她吗？不错，不错！"随后，他从一大摞试卷中挑出我的那份，一边说一边用手点着："文章写得好啊，看，这句'我终于明白了什么是真正的友谊。''真正'这个词用得多妙啊！"……后来又发生了什么，我已经记不清了。始终抹不去的是教导主任那番不吝惜的称赞和他说到激动时挥动着的手臂……

这是我第一次在大庭广众之下得到表扬！也就是从那天起，我爱上了语文，爱上了写作！也就是从那天起，我开始悦纳自己，不再自怨自艾，因为我依稀看到了前方希望的光！

四年级的时候，班上来了四位年轻的实习老师。他们热情开朗，充满着青春的活力，最重要的是他们就如同我们的哥哥、姐姐，能和我们打成一片。那段时间，班级里总是充满欢声笑语，他们带着我们开展了很多丰富多彩的活动。这下，可把同学们的积极性给调动起来了！不少人毛遂自荐，要求担任某项活动的负责人。这个时候，我的心也动了，也想尝试尝试，可每一次都因为缺乏勇气，话到嘴边又咽下去了。

一天课外活动的时候，我正坐在操场上看着同学们打球。这时，一位女实习老师走近了我，坐在了我的身边。她看着我，柔声问道："听说你的文章写得不错。你还喜欢什么？"我看着她，她那密密的如黑栅栏般的睫毛扑闪着，那双眼睛好亮，好美！那一刻，我不知从哪儿来的勇气，怯怯道："我挺喜欢跳舞的！不过，就是自己平常在家跳着玩的……"还没等我把话说完，她欣喜地叫道："那好啊，过两天的课外活动，就请你来教大家跳舞吧！""我……"见我犹豫着，她笑道："我相信，你行的！"说完，她用力拍了拍我的肩膀。

两天后的课外活动中，我在老师和同学们面前跳起了自编的舞蹈《阿里山的姑娘》。我那白底红圈的裙角在飞扬，我头上的红色蝴蝶结在跳跃，我笑靥如花，灿烂无比。就在那一瞬间，我忽然觉得自己长大了，因为我变得勇敢了，学会有勇气去做我自己了！

六年级的时候，我主动报名参加了学校的"爱我中华"演讲比赛。为此，我一遍遍地写，一次次地改，一回回地练，累并快乐着。

记得那天比赛的场地被安排在了学校的大操场上。不记得我是第几个出场的了，也不记得我究竟讲了些什么，只记得我是所有选手中唯一脱稿且流利表达的。只记得讲完后，全场那雷鸣般的掌声和同学们竖起的大拇指；只记得我手捧着奖状,面对学校的照相机镜头甜甜地笑着……

事后,我分明是看到了那张照片的,让我印象最深的是女孩颈上围着的那条被风吹得高高扬起的紫色围巾,还有女孩向上翘起的嘴角……看着这张照片,我突然体悟到:原来,自信可以让一个人如此美丽。令我遗憾的是我没能拥有并保存这张照片,但是,那份勇于挑战的品性已深深融入我的血脉!

行文至此,我不禁想起了自己钟爱的一首老歌,歌中这样唱道:

推开记忆的门,我在心里看见了看见了,是他和她曾陪我走过生命里的淡淡早晨……

推开记忆的门,过往的事一幕幕一幕幕,似幻似真,有悲有喜……

感谢那些人,感谢那些事,感谢那一段段奇妙的缘分……

奔跑吧，姐妹

"速度七十迈，心情是自由自在，全力奔跑，梦在彼岸，肩并着肩，许下心愿……"

此刻，我的心情就像这首歌曲一样热情澎湃。因为就在今天，我工作室"灵动"课堂展示活动拉开了帷幕。三位老师执教了三节风格迥异的阅读课。台上，她们成熟蜕变；台下，我思绪万千。

往事犹在眼前。

2015年8月，我的工作室获得安庆市教育局批准成立。当别人都沉浸在喜悦之中时，我却陷入了深深的忧虑。因为当时我所在的大观区教育局的指导思想就是希望我能带动支教学校——十里中心学校的教师队伍培养，所以，我的工作室成员大部分是该校的年轻教师。而据我所知，其他县区的工作室成员是面向全区各校遴选的有一定基础的骨干教师。这，怎能不让我忧心忡忡呢？

但是，既然领了任务，就得实干啊！

在做足了各项准备工作后，我的工作室成立仪式如期举行。仪式上，成员们热情地表态，郑重地承诺，这着实让我的心头为之一热。那天，工作室成立仪式安排在我所在的市区名校高琦小学，距离她们上班和生活的地方都比较远。然而那一天，她们早早地就到了会场做着各项准备工作。后来，照相的时候，我被市电视台的记者拉去采访了，十几分钟之后我匆匆赶回，工作室成员一直在安静地等待着我。我一来便被推到中间，拿着牌子，与大家照下了我们团队的第一张合影。

照片上，我们每一个人都笑靥如花，满怀希冀。

那一刻，我开始意识到，这样的选择是多么正确！是的，她们是年轻的"80后""90后"，所以更需要引领与指导啊。而正是因为年轻，她们充满梦想，充满干劲，也拥有无限的可能！

那一刻，我对自己说，我要竭尽所能为她们搭建成长的平台，我要打造一个拥有鲜活生命力、不断生长的个性团队！

就这样，专题研修、课例展示、外出培训……活动一项接着一项，每一次，她们都以饱满的状态和出色的表现圆满完成了任务。还记得，和我去潜山县源潭中心学校送教那次，徐冬丽临时接受了评课任务，果敢的她毫不怯场，老道切实的点评让人刮目相看；还记得，去年的安庆市优质课比赛，大气的金静以一节荡气回肠的《十五从军征》征服全场，当场"圈粉"无数，获得市级一等奖的好成绩；还记得，年纪最小的吴艳含，反复锤炼，她的语文整合课《一只小鸟》喜获省教育厅推荐，参加全国"德育精品课"评选……还有宋巧巧、罗姗姗、石俊、杨曦……她们积极进取，刻苦钻研，也愈渐成熟。

目前，我们正在进行语文大阅读课程的研究。她们有各自的区级课题和研究方向，比如绘本教学、童话教学、古诗文吟诵、电影课程、小古文教学等。我热切地期待她们在各自的研究领域找到自信，结出硕果！

当然，我们除了做着与语文教学有关的事情之外，也做着看似与教学无关的事情。我们组建了"兰芷徽韵"诗社，每天清晨，带领全校师生进行经典诵读，用美妙的诗歌开启每一个黎明；我们热爱音乐和文学，自主编排的诗社节目《心在山水间》在各大活动中频频出演，我们为孩子们编排的经典诵读节目《倾听天籁》参加了市"我要上春晚"活动评选；我们喜欢一切新鲜有创意的事物，自编自导的微视频《追梦路上》获得2015年度市微视频评比一等奖；我们还开发、编写了校本课程《经典诵读读本》《用诗歌开启黎明——晨诵读本》《儿童阅读分级书目手册》……

看，就在我写此文的当儿，石俊兴冲冲地跑了进来说："嗨，大妞妞，明天，我就用刚刚学到的吟诵教学法来上《江畔独步寻花》，我要让老师和孩子们知道什么是真正的吟诵……"

"哈哈，太好了，我举双手赞成！"于是，我立刻在工作室群里和学校群里各发了如下一段话：

"明天上午汤瑾工作室小学语文'灵动'课堂展示继续，欢迎大家前来听课。其中第二节课，石俊老师将给大家带来不一样的古诗教学，让我们领略古人是怎么吟诵诗歌的。这也是她外出学习的汇报课，敬请关注！"

"啊，这就群发了?！大妞妞，'压力山大'啊！"她瞧见了，俏皮地吐吐舌头跑去准备了。

"大妞妞""汤汤""宝宝"，这些各式各样的叫法都是我的团队成员对我的称呼。她们想怎么叫就怎么叫。一方面，她们可能觉得我比她们大不了多少吧；另一方面，在她们心中，我压根不是什么领导，因为我们是朋友，更是"sister"！

"把浩瀚的海洋装进我胸膛，即使再小的帆也能远航，随风飞翔有梦作翅膀，敢爱敢做勇敢闯一闯，哪怕遇见再大的风险再大的浪也会有默契的目光……"

激昂的歌曲一直在反复循环着。

嗨，亲爱的姐妹们，就让我们把浩瀚的海洋装进胸膛，追逐雷和闪电的力量，一路随风奔跑吧！

岁月花开

周五上午，我因有事耽误到车站迟了几分钟，导致我只能拔足狂奔去追赶已经开动的公交车，但仍没有赶上那绝尘而去的汽车。我无奈地步行至前面一站，去等待下一班车的到来，心里懊恼地想：错过一班车就要等呀！哎！人生的车站是不是也有错过中一次次等待的人呢？

于是，我继续往前走，在前面一站的站牌下驻足。忽然，一位衣着时尚的女士看着我惊呼："汤老师，是你吗？"我定睛一看，哦，这不是我第一届学生朗宇的妈妈吗？

一阵寒暄之后，我们的话题自然少不了她的孩子，我的学生。母亲开心地打开手机给我看孩子的照片。哇，那个曾经有着"baby face"的稚气的男孩已长成了一个阳光帅气的小伙子！

母亲如数家珍地将孩子小学毕业后成长的故事一一道来。从辽科大曲艺系毕业后，孩子以第一名的成绩考取江苏海门的某艺术机构，从事曲艺表演与创作。看，那一张张获奖证书诉说着他成功背后的汗水；那一张张与曲艺大家的合影昭示着他对艺术的追求。

"真好！"我由衷地赞叹。

"孩子很努力，在艺术上还是很有想法的。汤老师，感谢您对他的培养！"她真诚地说道。

感谢我？我为他做过什么呢？

只记得幼时的他虽有些调皮但憨直可爱，有时还会受其他男生的欺负，有些不自信。我知道他擅长模仿，爱搞笑逗乐，所以经常让他在课堂上表演课本剧，说故事。他活灵活现的表演经常引爆全场。每次，在同学们的开怀大笑中，他兴奋得通红的小脸满是自豪。

朗宇是我带的第一届学生。

那时候，我几乎每天都和孩子们在一起，我的办公室就是教室，带着他们玩，跟着他们闹，阳光洒满每一个人的心。

那时候，我刚刚毕业，对机械僵化的语文教育很有意见，所以我的课堂是自由的，舒展的。我接受孩子们的质疑，我尊重他们的选择，我欣赏他们的独特。

那时候，我是个文艺女青年，做着文学梦、主持梦，教学中常在不经意处见诗情；我会向学生推荐各种书籍，进行相关课外拓展；我开展丰富多彩的语文综合活动，鼓励他们大胆展示自己……六年下来，我和他们像朋友一样彼此坦诚，像家人一样互相亲密……

孩子们小学毕业后，我也陆陆续续听到他们的消息，最让我感到欣慰的是大部分孩子一直保有对生活的热爱，对文艺的热爱。班长莹出色地主持了自己的大学谢师宴，令我惊艳；涛执着地坚持，终于走进北影，追逐心中的梦想；江学习成绩优异，却听从内心的声音，坚守自己的兴趣，从事音乐创作……

一届届的学生来了又走，走了又来，我的心里常常会冒出这样诗意的追问——如何让你们遇见我，在我最好的时候？

什么时候是我最好的时候呢？

带第一届学生的时候，我充满热情，干劲十足，但也许还不够智慧；再到后来，多了些经验和思想，却少了份不走寻常路的勇敢……但是，唯一不变的是我对语文教学那如同初恋般的爱恋！也许，最好的时候就在那未知的路上吧？

遥想未来的教育之路，我愿不负语文，不负与我有缘同行的每一个孩子，因为我深深地明白：
　　一个孩子向前走去，
　　他看见最初的东西，
　　他就变成那东西，
　　那东西就变成了他生命的一部分……

特别的"公开课"

"这边的同学，你们说呢？"

我手执麦克，一边在操场上奔跑，一边向同学们呼喊。

"走，我们读书去！"校园里回荡着孩子们响亮的回答。

如果我告诉你，这一幕出现在学校周一的"国旗下的讲话"的现场，你会不会感到奇怪呢？

是的，曾几何时，在这样的时间、在这样的场合，我也会板着面孔，滔滔不绝地说教；也会口若悬河地激扬文字，自我陶醉……

可是，看着这个时候或木然或神游或喧闹的孩子，我不得不反思：这样的演说还有价值吗？

要知道，孩子再多，也还是学生！操场再大，也还是学校！既然是学生，兴趣的激发就是关键；既然是学校，教学的策略就不能不讲！

如何上好这十几分钟室外的大型公开课？

回归原点，建构生本大课堂！

是课堂，就要摒弃一言堂。在演讲的每个关键处，巧妙地戛然而止，制造悬念，能极大地激发学生倾听的兴趣和思考的兴味。如果适时地加上一些互动性的对话，学生的参与热情就更高了，于是便出现了文章开头的一幕。

看，我微笑着，奔跑着，走近学生："4月23日是世界阅读日，同学们，你们知道这是为了纪念哪两位作家吗？""还记得去年的4月吗？我们在阅读月里都做了哪些有趣的事情？"就这样，有问有答，有张有弛，带着期许，留下思考……

当我走近学生，一次次把话筒递给学生时，他们怎能不热情高涨？瞧，问题，对答如流；想法，语出惊人；表达，丝丝入扣。当一份份小礼物送到学生的手中时，这意外的惊喜更加激发了他们参与的热情，于是，现场便出现了"1，2，3，开始！"这口令后全场热烈抢答的场面。教师或收或放，或引或拨，巧妙地将学生推到了课堂的中央。

一场好的演说除了要有趣，还要留有让人回味的余地。于是，我坚定地选择了与活动内容相契合的音乐。从听音乐到品音乐再到悟音乐，春风化雨，润物无声。其实，教育也可以如此诗意！

在这次阅读月启动仪式的演说中，我选用了许嵩的那首《书香少年》。操场上，学生们屏息凝视，静听歌曲，美妙的旋律荡涤着每一颗心。随后，我们便从歌词谈起。"云对雨，雪对风，晚照对晴空……"朗朗上口的《笠翁对韵》让孩子们情不自禁地轻声应和。

"为你写一首诗常常欲言又止，表达缺乏情致，书到用时才恨少，还真那么回事……"

中国风的歌曲如一枚青橄榄，细细咀嚼之中不禁令人浮想联翩……

做有"度"之师

记得曾经有一位踏上工作岗位不久的年轻教师困惑地问我:"今天,我该如何做教师?"看着一脸迷茫的她,我也陷入了沉思。——是啊,在当今社会,现在的教育需要怎样的教师?

教育有爱传"温度"

我常想,我们应该让人们提到"教育"、提起"教师"时脸上是有笑意的,心里是有暖意的。因为教育原本就是充满情感和爱的事业,它从来都不应该是冰冷的,它是有温度的。所谓:教育有爱,师者有爱!

心理学家曾说:"离开感情层面,不能铸造人的精神世界。"教育,当它以和蔼可亲的面目温暖人心地出现在人们面前时,才最易被人们所接受,才能最大限度地发挥作用。我想,无论什么时候,教师都必须将真诚的"爱"字写在教育的航标上,让师爱由心而发,春风化雨,绵延不绝!

有人说过:疼爱自己的孩子是人,热爱别人的孩子是神。我看到身边的很多教师就是这样的神!他们会为学生的每一点进步而欣喜,会为帮助学生而绞尽脑汁。而正是因为有了发自内心的爱,才会有无怨无悔的奉献。"捧出一颗心来,不带半根草去。"就让我们谨记陶行知先生的教诲,捧出一颗"奉献"之心,去传递爱的温度!

心底无私显"风度"

在生活中，我们由衷地敬佩某个人，可能不仅仅是因为他的才华，可能更多的是因为他的德行。这就是一位教师人格的魅力，师德的魅力！

记得著名作家林清玄说过："一个人面对外面的世界时，需要的是窗子，一个人面对自我时，需要的是镜子。"我们知道，通过窗子才能看见世界的明亮，使用镜子才能看见自己的污点。其实，窗子或镜子并不重要，重要的是你的心。你的心宽广了，世界就更大了；你的心明亮了，世界也就明亮了。我想，教师的反思就是一面镜子，只要经常地用心反观自己、反省自己，我们教育的世界也就亮了。

其次，需要摆正心态，拥有一颗平常心。平常心会让我们遇事少一些计较，多一些宽容；少一些浮躁，多一些踏实；少一些抱怨，多一些实干。平常心会让我们真正拥有"宠辱不惊，看庭前花开花落；去留无意，望天空云卷云舒"般洒脱的气度；会让我们明白一个朴素而深刻的道理：只要精神世界是充盈的，那便是人生最大的快乐。

"云山苍苍，江水泱泱，先生之风，山高水长。"多希望有一天，当我们离开教育岗位时，我们的孩子能从心里发出这样由衷的赞叹！

为人处事有"气度"

身为教师，我们每天都会接受来自周围各方面的关注与评价；身为教师，我们每天都要处理繁杂的教育教学工作，难免被别人误解、批评，甚至在某些时候受到质疑。这个时候，我们应该学会自我调节，要勇于接受批评的声音。

我参加工作的第二年便担任实验班的教学工作。这对一位年轻教师来说既是机遇，也是挑战。记得当时一些被分到我班的家长极不情愿，更有甚者牵着孩子到校长室直接要求换班。听说了这一切，年轻的我很是委屈，当时，幸得身边良师益友的开解、鼓励与帮助，让我正确地认识了自己，找到了努力的方向，获得了前进的动力。

这些良师益友用他们的实际行动告诉我：为人处事，心胸要宽广。遇事淡定从容，变压力为动力，执着于自我的完善，努力去做更好的自己。

确实，很多时候经历挫折、接受考验并不是一件坏事。让我敬佩的一位师长曾说过："问题和困难的出现恰恰培养了我们驾驭复杂现象的能力。"是啊，借此提升修养，磨练意志，培养能力，何乐而不为呢？我们要坚信：天道酬勤！

教育方法讲"尺度"

正所谓"物极必反"。教育方法的粗暴简单最易引起学生的反感。教育学生时我们应做到管理好自己的情绪，学会原谅与宽容，凡事把握尺度，留有余地。

相传古代有位老禅师，一日在禅院里散步，看见院墙边有一张椅子，他立即明白有位出家人违反寺规翻墙出去了。老禅师也不声张，静静地走到墙边，移开椅子，就地蹲下。过了半个时辰，果真听到墙外一阵响动。不一会儿，一位小和尚翻墙而入，黑暗中踩着老禅师的背脊跳进了院子。当他双脚着地时才发觉刚才自己踏上的不是椅子，而是自己的师傅。小和尚顿时惊慌失措，张口结舌，站在原地，等待师傅的责罚。让小和尚没想到的是，师傅并没有厉声责备他，只是以很平静的语调说：

"夜深天凉，快去多穿一件衣服。"

看，就是这么一句温暖的话，让小和尚警醒，并自觉改正了错误。

在教育实践中，我深深地体会到：教师对学生的批评，恰当的，就是一种激励；不恰当的，就会成为一种伤害，甚至还会导致逆反心理的产生。教师应当好好学习"情绪管理"，把握批评的"度"，讲究批评的艺术。其实，"忠言"也是可以"顺耳"的呀！

教学功底见"深度"

一次我乘坐公共汽车，正巧赶上中学生放学乘车的高峰。在拥挤的车上，我的耳边不断响起孩子们叽叽喳喳的声音。由于职业的关系，我的耳朵一直在敏锐地捕捉各种信息。这时，我听见他们饶有兴致地谈起了自己的老师。一位学生由衷感叹："嘿，今天这节课，真精彩！听这样的课真是一种享受啊！""是啊，有的老师上课就是有意思，别的班的同学都好羡慕我们的……"听着孩子们的议论，我不由心生感慨：是啊！把课上进学生的心里，让他们得到享受，不正是我们的教学追求吗？那么，教师最重要的一项修炼就是要精通自己所教的学科，让自己的课堂吸引学生。因此，教师一定要孜孜不倦地学习。

面对当今时代的发展、社会的进步、科技的飞跃，以及学生成长对"学高为师"的要求，教师如果不强化"自育"意识、学习意识，那么，做到"闻道在先""术业有专攻"就恐非易事。

其实，除了向书本学习，我们身边还有很多学习的资源。专项课题研讨、教学交流、校本培训……我们会从专家、老师那儿听到很多新鲜的词汇和有价值的信息，而这一切就有可能会给黑暗中摸索的我们打开一扇窗，而又恰恰由此开始，我们的教育教学生活会悄悄地发生改变。

在这个日新月异的时代，当一名合格的教师真的不是那么简单的事儿，当一名优秀的教师更是不容易。但是，只要我们调整心态，严于律己，加强学习，不断反思，就一定能够走出一条属于自己的教育之路！